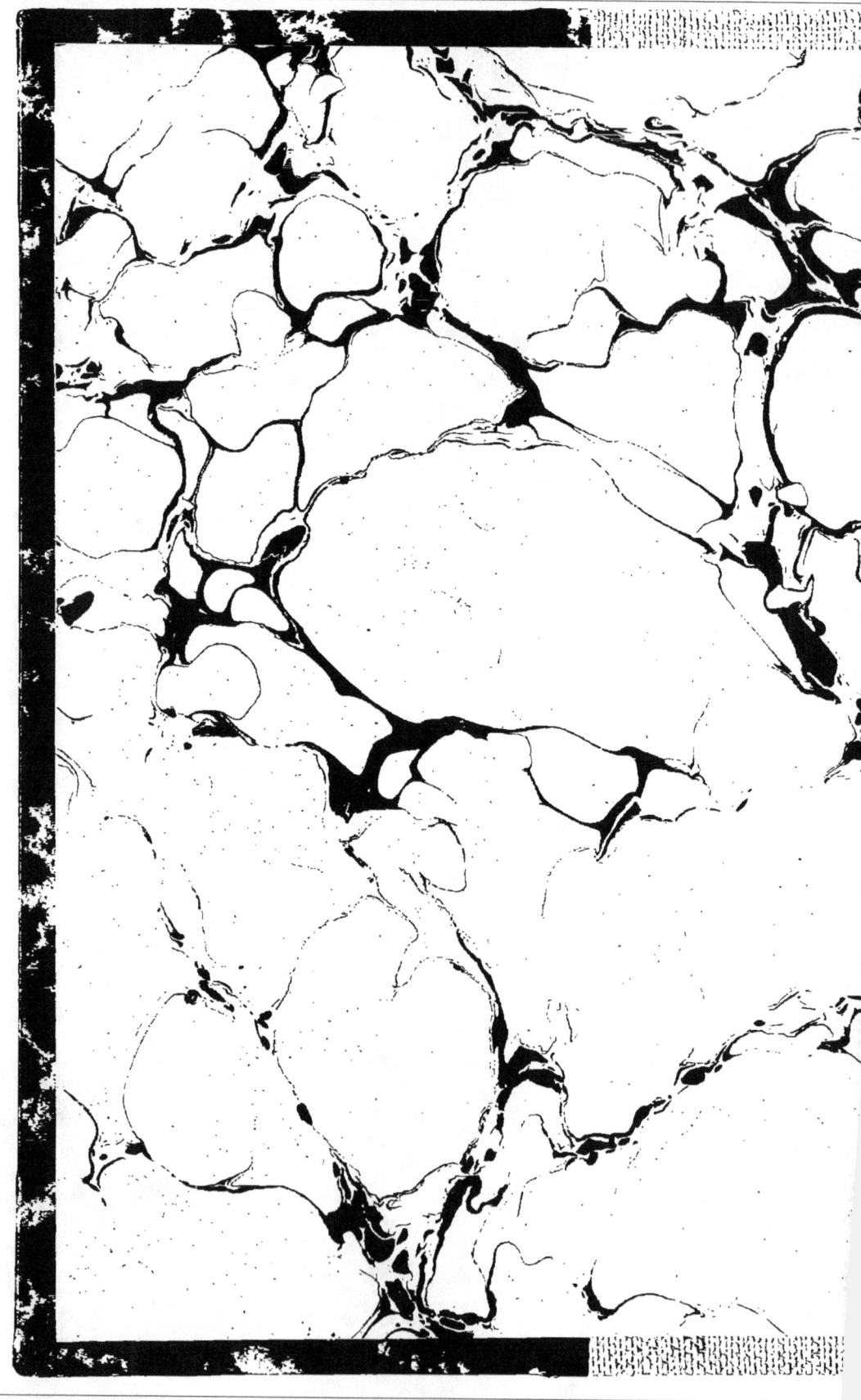

CL. HOUDART 1961

LES
FRANÇAIS AU CANADA

N° 71

PROPRIÉTÉ DES ÉDITEURS

Droits de reproduction et de traduction réservés pour tous les pays, y compris la Suède, la Norvège, la Hollande et le Danemark.

M. de Villiers surprit les sentinelles, et pénétra à travers les portes l'épée à la main.

MONTCALM ET LÉVIS

LES
FRANÇAIS AU CANADA

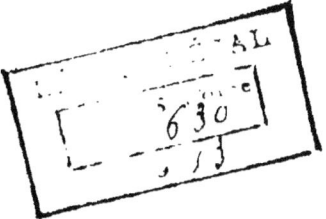

PAR

L'ABBÉ H.-R. CASGRAIN

DOCTEUR ÈS LETTRES, PROFESSEUR A L'UNIVERSITÉ DE QUÉBEC
LAURÉAT DE L'ACADÉMIE FRANÇAISE

TOURS
MAISON ALFRED MAME ET FILS

INTRODUCTION

La grande politique du xvii° siècle, inaugurée par Henri IV, avait fondé la Nouvelle-France ; la politique mesquine du xviii° siècle, inaugurée par la Régence, l'a perdue. Louis XIV, par de sages modifications, avait fait servir le régime féodal à l'avantage de la colonisation ; Louis XV, par d'intolérables abus, le fit servir à sa ruine.

A l'ouverture de la guerre de Sept ans, la monarchie française n'avait plus guère de fautes à commettre : elle était prête pour toutes les hontes. Quelques reflets de gloire militaire, voilà tout ce qui lui restait du grand siècle. Comment était-elle arrivée à ce degré d'abaissement? L'ignominie a ses étapes, comme la grandeur. Philippe d'Orléans, l'infâme régent, en avait été le précurseur et l'ouvrier. Après avoir poussé la France dans des aventures financières à la suite d'un rêveur, l'Écossais Law, et l'avoir ensuite jetée dans la banqueroute, il avait trouvé un ministre digne de lui dans le cardinal Dubois. Le premier soin de ce ministre, vendu à l'étranger, fut de jeter la France entre les bras de sa plus redoutable rivale, l'Angleterre. La politique de

Colbert n'était pas seulement reniée, elle était trahie. La mort presque simultanée du régent et de son ministre (1723), amenée par les mêmes désordres, eût été une délivrance, si le sceptre de la France ne se fût trouvé aux mains d'un enfant de treize ans, guidé par un vieillard septuagénaire, sans énergie et même sans ambition, quand il eût fallu celle d'un Richelieu. L'honnête cardinal Fleury était un de ces hommes d'État qui surgissent aux jours de décadence, comme si tout conspirait alors à la déterminer.

Effrayé par les désastres financiers qui avaient bouleversé les fortunes particulières en même temps que la fortune publique, le nouveau ministre n'y vit qu'un remède : l'économie. Il crut tout sauver en appliquant l'économie à toutes les branches de l'administration, et en forçant la France à se replier sur elle-même. C'était l'excès de la prudence après l'excès de l'audace. Une comparaison fera mieux ressortir cette faute politique. Le navire de l'État avait été désemparé par une tempête : on ne lui fournissait pas d'agrès ni de voiles, faute de moyens.

La conséquence d'un tel système fut la stagnation du commerce, l'affaiblissement de la marine, et, dans un avenir prochain, la perte des colonies.

Il ne manquait que le ridicule pour terme à cette administration sénile : la guerre de la succession d'Autriche, aussi injuste dans ses causes que désastreuse dans ses résultats, lui en fournit l'occasion. Le ministre, vaincu, se rendit la risée de l'Europe par ses dépêches écrites du ton d'un vieillard presque en enfance.

La France était cependant destinée à subir de plus grandes humiliations : ce fut le jour où l'on vit installer à Versailles et siéger au conseil des ministres une courtisane ! Et pour donner ce je ne sais quoi d'achevé à cet abaissement, la marquise de Pompadour se trouva à l'apogée de sa puissance au moment où l'Angleterre s'apprêtait à disputer à la France l'empire de l'Inde et de l'Amérique, c'est-à-dire la première place parmi les nations civilisées.

L'Angleterre avait eu sa part dans les hontes de ce temps ; mais elle allait se relever sous la main d'un grand homme. L'Angleterre avait, au reste, un immense avantage sur la France : c'est qu'elle n'était pas, comme celle-ci, une monarchie absolue, mais plutôt une république aristocratique, où l'opinion du peuple était souveraine. Cette opinion avait fini par l'emporter sur les répugnances personnelles du roi Georges II, qui avait dû accepter pour ministre le grand tribun dont la mâle éloquence avait soulevé le patriotisme anglais et dominé le parlement. Avec William Pitt au pouvoir, l'Angleterre pouvait prétendre à tout ce qu'elle a réalisé depuis. Il fut l'architecte de sa grandeur. En moins de dix ans, il lui donna l'empire des mers et la prépondérance dans l'Inde et dans l'Amérique.

Pitt avait pris la direction des affaires l'année même où avait été déclarée cette guerre de Sept ans qui devait changer la face de l'Amérique, et dont, par un singulier pronostic, le premier coup de canon fut tiré sur ses côtes.

Dans une guerre où la marine était appelée à jouer un si grand rôle, il était facile de prévoir quel serait le résultat définitif en considérant la force respective des deux flottes. Celle d'Angleterre se composait de cent vaisseaux de ligne et de soixante-quatorze frégates, tandis que celle de France ne comptait que soixante vaisseaux de ligne et trente et une frégates.

Cette énorme disproportion n'était cependant pas comparable à celle qui existait entre les colonies anglaises et la colonie française d'Amérique, cause première de la guerre. La Nouvelle-France, dont le territoire s'étendait du golfe Saint-Laurent au golfe du Mexique, des Alléghanys aux montagnes Rocheuses, ne comptait guère que quatre-vingt mille colons, tandis que les colonies anglaises, resserrées entre l'Atlantique et les montagnes qui lui servent de contreforts, avaient une population d'un million deux cent mille âmes. Les ressources des deux colonies étaient dans les mêmes proportions.

La raison principale de cette inégalité ne provenait pas, comme on l'a trop souvent répété, d'une politique plus prévoyante de la part de la Grande-Bretagne. A l'origine, celle-ci n'avait pas plus compris que la France l'importance de ces colonies transatlantiques. Cromwell, dont on ne contestera pas le génie, en avait si peu l'idée, qu'il proposa aux colons de la Nouvelle-Angleterre d'abandonner leur pays pour venir se fixer en Irlande, où il leur offrait les terres enlevées aux catholiques.

La grande cause de cette disproportion est dans le fait bien connu que la race française n'émigre pas. Habitant le plus beau et le plus riche pays du monde, elle s'y est si profondément enracinée, que son génie est devenu réfractaire à l'idée d'expatriation.

On sait comment s'est faite la colonisation de la Nouvelle-France; il n'a fallu rien moins que l'impulsion de l'Église et de l'État, à une époque où ces deux puissances étaient souveraines, pour déterminer un courant d'émigration. Et quel a été le résultat après un siècle d'efforts? En 1700, le nombre des immigrants venus de France n'avait pas atteint le chiffre de six mille, tandis que dans les colonies anglaises, à la même date, il dépassait celui de cent mille.

On a souvent reproché au gouvernement français de n'avoir pas, comme celui d'Angleterre, laissé ses colonies profiter des dissensions politiques et religieuses qui poussaient hors de son sein une partie de sa population. Mais on ne réfléchit pas que les circonstances étaient loin d'être les mêmes dans les deux pays. L'Angleterre, devenue toute protestante, ne s'était pas trouvée, comme la France, en face d'un dualisme religieux qui avait mis son existence en danger. Les protestants français, observe judicieusement M. Guizot, voulaient créer un État dans l'État, et ne craignaient pas, afin d'y réussir, de recourir à la trahison.

Pour ne parler que de la Nouvelle-France, n'a-t-elle pas été attaquée à trois reprises par des huguenots français passés à l'ennemi et chargés du commandement des troupes anglaises[1]? C'est à la suite

[1] L'expédition de Thomas Kerk contre Québec, celle de Claude de la Tour contre le fort Saint-Louis, celle de Charles de la Tour contre le fort de la rivière Saint-Jean.

de ces événements que le gouvernement français interdit aux huguenots l'entrée du Canada. Mais là où ce gouvernement commit une grave erreur, ce fut quand il refusa d'écouter la demande aussi juste que pacifique qu'ils firent d'aller se fixer dans les solitudes inhabitées de la Louisiane, n'exigeant d'autre privilège que celui d'y pratiquer librement leur religion à l'ombre du drapeau français. Pontchartrain, à qui avait été remise la requête des huguenots (1669), fit cette incroyable réponse : « Le roi n'a pas chassé les protestants de France pour les laisser se constituer en république dans le nouveau monde. » Sans cette malheureuse politique, les protestants français, au lieu d'aller enrichir les contrées ennemies en s'y transportant avec leurs familles et leurs fortunes, auraient émigré en grand nombre dans la Louisiane, où ils auraient formé en peu de temps une florissante colonie, qui, à mesure que l'antagonisme religieux aurait disparu, se serait rattachée à la France, la patrie des ancêtres. Et, au moment de la crise suprême, quand la France et l'Angleterre se disputèrent la prépondérance en Amérique, ils auraient été probablement en état de faire une puissante diversion qui eût pu complètement changer le sort des armes.

Quoi qu'il en soit de cette politique, elle avait eu pour résultat d'implanter sur les bords du Saint-Laurent une colonie indéracinable, et qui, après avoir passé à travers un siècle de formidables crises, allait présenter un des phénomènes les plus extraordinaires de vitalité et d'expansion dont l'histoire fasse mention.

En 1756, les Canadiens n'étaient qu'une poignée d'hommes, comparés à leurs redoutables voisins ; mais ils avaient sur eux un immense avantage, celui de l'unité. Formant une population homogène de race et de religion, ils étaient liés ensemble par une double hiérarchie civile et religieuse, aussi puissante l'une que l'autre, et se prêtant un mutuel concours. Ils présentaient ainsi une masse compacte d'autant plus difficile à entamer, qu'elle était protégée par un immense rempart de forêts et de solitudes inhabitées.

Les treize colonies voisines offraient une physionomie toute différente. Autant la colonie française était unie, autant celles-là étaient divisées. Fondées à l'origine sans lien commun, elles avaient grandi, l'une à côté de l'autre, sans se rapprocher ni se fondre ensemble. On reconnaissait bien en elles des traits généraux de ressemblance, les grandes lignes de la législation anglaise et du protestantisme, les mêmes tendances démocratiques découlant du gouvernement représentatif apporté de la mère patrie ; mais, au delà, c'était l'image du chaos. La masse de la population était d'extraction saxonne, mais il s'y mêlait beaucoup d'éléments ayant d'autres origines. De là une variété presque infinie de caractères, de croyances, de lois, de mœurs, de coutumes. Cette masse énorme, exubérante de vie, était encore inconsciente de sa force, ne l'ayant jamais essayée. L'esprit public n'existait pas, ou du moins ne s'étendait pas au delà des frontières de chaque province. La plupart se jalousaient, souvent se querellaient pour des rivalités d'intérêt ou de secte. La cour de Londres, dont la main était aussi douce en politique que dure en affaires de commerce, se gardait bien d'intervenir, afin de dominer l'une par l'autre ces provinces, dont la puissance lui donnait déjà des inquiétudes.

Mais voici venir le jour où l'Angleterre elle-même va apprendre aux colons américains à s'unir, à connaître leurs forces, à s'inspirer du même souffle patriotique. Ce jour-là ils essayeront leurs armes contre la France au Canada; mais le lendemain ils les tourneront contre leur mère patrie, et la déclaration d'indépendance des États-Unis, signée par le Congrès, recevra la ratification de l'Angleterre.

Il ne sera plus question alors de la petite colonie française abandonnée sur les bords du Saint-Laurent. La France, qui l'a perdue, achève de l'oublier. L'Angleterre, qui l'étreint, s'apprête à l'absorber. Va-t-elle disparaître? Sans doute que son nom va être effacé de ces rivages. La France avait désespéré du Canada longtemps avant d'avoir signé le traité de Paris; mais les Canadiens ne désespérèrent pas d'eux-mêmes. C'est alors que s'ouvre la plus belle page de leur histoire : cette lutte héroïque dont la guerre de Sept ans n'avait été que le prélude. Ils ont été décimés par les combats et la famine. Vaudreuil les a comptés avant de partir pour la France : ils ne sont plus que quatre-vingt mille, ruinés, dépouillés, désarmés[1]. Un grand nombre d'entre eux, dont les villages ont été brûlés par l'ennemi, n'ont d'autre abri que des huttes grossières qu'ils se sont construites avec des troncs d'arbres. Tous ceux des leurs

---

[1] Bougainville, *Considérations sur le Canada.*

dont la ruine n'était pas achevée ont pris le chemin de la France avec les débris de l'armée française. C'est dans ces conditions que s'est engagée la lutte suprême. La bataille a duré un siècle; elle a été acharnée, sans relâche, mais les courages ont été plus grands que les dangers.

Aujourd'hui le triomphe est assuré. Ce que la France n'avait pu faire avec toute sa puissance, les quatre-vingt mille l'ont fait à eux seuls. Ils ont fondé une France en Amérique. Ils ont gardé intact tout ce que la mère patrie leur avait légué : sa langue, sa religion, ses lois, ses traditions. A l'heure présente, ils sont plus nombreux et plus unis que n'étaient les colonies anglaises lorsqu'elles ont proclamé leur indépendance.

LES FRANÇAIS AU CANADA

I

PREMIÈRES ANNÉES DE MONTCALM ET DE LÉVIS
LA NOUVELLE-FRANCE

Le 14 mars 1756, le général marquis de Montcalm descendait les degrés du palais de Versailles, où il venait de recevoir les derniers ordres du roi Louis XV. Il partait pour le Canada, où il allait remplacer le baron de Dieskau, fait prisonnier, l'année précédente, à la malheureuse affaire du lac Saint-Sacrement. Le prince, à qui le marquis de Montcalm avait été recommandé comme un des plus brillants officiers de son armée, l'avait élevé au grade de maréchal de camp et nommé commandant des troupes qu'il envoyait soutenir la guerre dans cette colonie.

Le lendemain, le général partit de Versailles pour Brest, en compagnie de son premier aide de camp, M. de Bougainville, jeune homme alors peu connu, mais qui devait plus tard se rendre célèbre par ses voyages autour du monde.

Montcalm était plein d'espérance et de joie à son départ, car le roi avait mis le comble à ses bontés en nommant son fils, à peine âgé de dix-sept ans, colonel d'un régiment de cavalerie. L'heureux père s'était empressé de faire part de ce joyeux événement à sa femme et à sa mère, en leur annonçant qu'il était allé avec son fils remercier le roi et présenter le jeune colonel à toute la famille royale.

Avant même son départ de Versailles, Montcalm avait conçu la meilleure opinion de Bougainville : « C'est un homme d'esprit et de société aimable, » écrivait-il à sa mère. Et un peu plus tard, il disait dans son journal : « C'est un jeune homme qui a de l'esprit et des belles-lettres, grand géomètre, connu par son ouvrage sur le calcul intégral ; il est de la Société royale de Londres, aspire à être de l'Académie des sciences de Paris... Il sait très bien l'anglais, et a mis à profit un voyage qu'il a fait en Angleterre et en Hollande. Il m'est très recommandé par Mme de Pompadour. »

De son côté, Bougainville avait été entièrement subjugué par les manières du marquis de Montcalm : « Je suis enchanté de mon général, écrit-il à son frère ; il est aimable, plein d'esprit, franc et ouvert. »

Le voyage à travers la Bretagne fut assez agréable, grâce aux premiers beaux jours du printemps, qui commençaient à faire éclater les bourgeons et reverdir les coteaux.

Montcalm trouva à Brest toute sa maison qui l'y avait précédé, et son deuxième aide de camp, M. de la Rochebeaucour, « homme de condition, natif du Poitou, lieutenant au régiment de cavalerie de Montcalm. » Il y fut rejoint peu après par son troisième aide de camp, M. Marcel, sergent au régiment de Flandres, promu au grade d'officier.

A Brest vivait alors un des hommes les plus intègres qui eût exercé les fonctions d'intendant au Canada, M. Hocquart, qui fit grand accueil à Montcalm et aux officiers supérieurs qui le suivaient.

« M. et Mme Hocquart m'ont très bien reçu. C'est un couple bien assorti ; honnêtes gens, vertueux, bien intentionnés, tenant une bonne maison. Aussi M. Hocquart a-t-il été vingt ans intendant au Canada sans avoir augmenté sa fortune, contre l'ordinaire des intendants des colonies, qui n'y font que de trop grands profits aux dépens du pays. »

Dans le salon de Mme Hocquart se trouvait un homme avec qui Montcalm venait de nouer les premiers liens d'une amitié qui ne devait jamais se démentir : c'était le chevalier de Lévis, arrivé la veille à Brest, et qui avait été choisi pour commander en second sous ses ordres avec le grade de brigadier.

Personne depuis lors n'a possédé autant que Lévis la confiance de Montcalm. Il a été son ami le plus intime, son conseiller, le confident de tous ses secrets. Sa correspondance avec Lévis, découverte récemment, révèle qu'il reconnaissait en lui un maître dans l'art militaire.

Ils ont été tous deux, avec des fortunes diverses, les derniers défenseurs d'une cause perdue, et ont concentré autour d'eux les dernières gloires des armes françaises en Amérique.

Louis-Joseph, marquis de Montcalm, seigneur de Saint-Véran, était né le 29 février 1712, au château de Candiac, près de Nîmes. Il appartenait à une antique famille originaire du Rouergue. Ses ancêtres s'étaient illustrés de père en fils sur les champs de bataille. « La guerre, disait-on dans le pays, est le tombeau des Montcalm. »

La marquise de Saint-Véran, née Marie-Thérèse de Lauris de Castellane, mère de Louis-Joseph, était une femme d'un caractère éminent et d'une piété plus éminente encore. Elle avait converti au catholicisme son mari, né de parents huguenots, et avait exercé une influence extraordinaire sur son fils. Si les principes qu'elle lui inspira ne le préservèrent pas de tous les écarts, dans ce siècle de débordement et d'impiété, ils lui firent une impression qui ne s'effaça jamais et qui détermina les grandes lignes de sa vie.

Les premières années de son enfance s'écoulèrent à Roquemaure, auprès de son aïeule maternelle, Mme de Vaux, « laquelle, comme toutes les grand'-mères, le gâta un peu ; ce qui, dit-il, joint à ma santé délicate, fit qu'en 1718 je ne savais pas lire. »

Il fut alors confié aux soins de M. Louis Dumas, son oncle de la main gauche, esprit original, qui avait les qualités et les défauts d'un savant et d'un pédagogue. Heureusement qu'il ne trouva pas en Louis-Joseph un disciple aussi docile qu'en son frère cadet, qu'il fit mourir, à l'âge de sept ans, d'un excès de travail. Il avait fait de cet enfant un petit prodige, qui, dès l'âge de six ans, savait l'hébreu, le grec et le latin, outre le gascon qu'il parlait si bien, qu'il semblait ne connaître que cette langue. Il pos-

Le marquis de Montcalm,
d'après un portrait appartenant à M. le marquis Victor de Montcalm.

sédait aussi les éléments de l'histoire de France, l'arithmétique, la géographie et le blason.

Louis-Joseph, malgré de fréquentes révoltes contre le système de son rude maître, fit de rapides progrès dans l'étude du latin, du grec et de l'histoire, grâce à une intelligence vive et à une heureuse mémoire.

Le marquis de Saint-Véran, qui avait transporté dans sa nouvelle croyance l'âpreté du calvinisme, n'était pas moins sévère que M. Dumas pour le jeune Montcalm ; il l'obligeait à tenir un journal où il lui rendait compte de son temps et de ses progrès. L'enfant s'oubliait assez souvent ; il était si jeune ! Son père l'en gourmandait, et il est amusant de lire comment le fils plaidait sa propre cause.

A peine entré dans sa quatorzième année, il suivit les traditions de famille et joignit l'armée, mais sans abandonner son cours d'études. M. Dumas voyait tant de différence entre ses progrès et ceux qu'il avait vu faire au petit prodige, dont il ne s'attribuait pas la mort, qu'il en était désespéré. Mais ce qui le désolait pour le moins autant, c'était l'écriture de son élève : elle était désastreuse. C'était un défaut radical dont, malgré des efforts héroïques, Montcalm ne devait jamais se corriger, et qui était destiné à faire le désespoir de ses biographes après avoir fait celui de son précepteur.

La carrière de Montcalm l'appelait à être un homme d'action : il en avait les goûts et les aptitudes. Il fut un militaire à la façon antique, faisant toujours une large part à l'étude dans la vie des camps. Il écrivait de l'armée à son père en 1734 :

« J'apprends l'allemand.... et je lis plus de grec,

grâce à la solitude, que je n'en avais lu depuis trois ou quatre ans. »

Montcalm reçut le baptême de feu sous les murs de Kehl (1733), et ne démentit pas la vaillance de ses aïeux. L'année suivante, il assistait à la prise de Philippsbourg, où il vit le vieux maréchal de Berwick, victorieux comme Turenne, emporté comme lui par un boulet.

La mort de son père ramena le jeune officier au château paternel, à son cher Candiac, devenu sa propriété.

Il ne reste plus aujourd'hui que la moitié du château de Candiac; mais sa masse sévère est encore imposante. Entourée d'arbres fruitiers, elle domine la campagne ondulée et solitaire qui lui sert d'horizon[1]. C'est là, sous le ciel ensoleillé du Languedoc, parmi les plantations d'oliviers et d'amandiers qu'il cultivait, que le futur héros du Canada passa les quelques années de paix et de bonheur qui lui étaient réservées. C'est là qu'il conduisit sa jeune femme, dont, par une singulière coïncidence, la famille avait eu des rapports avec le Canada. Son grand-oncle, l'intendant Talon, y avait été le fondateur de l'administration royale.

Angélique-Louise Talon du Boulay, que Montcalm avait épousée en 1736, lui avait apporté quelques biens qui ne l'avaient pas rendu riche.

La marquise était plus à la hauteur de son mari par le cœur que par l'intelligence, mais elle était

---

[1] Lorsque je visitai le château de Candiac, en 1873, il était devenu la propriété de la famille de Bernis.

épouse aussi tendre que mère dévouée. Ils eurent dix enfants, dont six vécurent : deux garçons et quatre filles.

Montcalm avait à un haut degré l'esprit de famille ; il était profondément attaché à ce coin de la France, où il trouvait dans la compagnie de sa mère, de sa femme et de ses petits enfants, tous les plaisirs qu'il aimait. De fait, il y jouissait de l'existence féodale avec tous ses charmes. Aussi, quand il sera exilé à quinze cents lieues de là, au fond des forêts d'Amérique, on l'entendra bien des fois soupirer :

« Quand reverrai-je la patrie? Quand reverrai-je mon cher Candiac? »

Durant les fréquentes et longues absences auxquelles l'obligeait le service militaire, l'avenir de sa jeune famille le préoccupait. Alors, avec cet esprit de foi qu'il tenait de sa mère, il demandait à Dieu, — c'est lui-même qui l'écrit, — de les conserver tous et de les faire prospérer pour ce monde et pour l'autre. « On trouvera, ajoutait-il, que c'est beaucoup et surtout quatre filles pour une fortune médiocre; mais Dieu laissa-t-il jamais ses enfants au besoin?

Aux petits des oiseaux il donne la pâture,
Et sa bonté s'étend à toute la nature. »

Pendant la guerre de la succession d'Autriche, Montcalm avait suivi son régiment en Bohême, et eut sa part des souffrances de l'armée française. Plus tard, au Canada, il rappellera à ses soldats la famine qu'ils eurent à endurer pendant cette terrible campagne, et il écrira à Lévis (1757) : « Les temps vont être plus durs, à certains égards, qu'à Prague...

Accoutumés à se prêter à tout et en ayant déjà donné des preuves à Prague, je n'attends pas moins d'eux dans les circonstances présentes. »

Une étroite amitié l'avait uni alors à l'intrépide Chevert, dont il sentait l'âme égale à la sienne.

Montcalm était colonel du régiment d'Auxerrois-infanterie durant la campagne d'Italie (1746), où il faillit terminer sa carrière. Fait prisonnier tout sanglant sur le champ de bataille, après la défaite des Français devant Plaisance, il écrivait à sa mère : « Nous avons eu hier une affaire des plus fâcheuses. Il y a eu nombre d'officiers, généraux et colonels, tués ou blessés. Je suis des derniers, avec cinq coups de sabre. Heureusement aucun n'est dangereux, à ce que l'on m'assure, et je le juge par les forces qui me restent, quoique j'aie perdu de mon sang en abondance, ayant une artère coupée. Mon régiment, que j'avais deux fois rallié, est anéanti. »

Promu au grade de brigadier à sa rentrée en France, il alla se faire écharper de nouveau dans une gorge des Alpes, où le frère du maréchal de Belle-Isle se fit tuer follement avec quatre mille Français. Les deux nouvelles blessures qu'il avait reçues à cette affaire lui valurent les félicitations du roi, le grade de mestre de camp et le commandement d'un nouveau régiment de cavalerie, désigné sous le nom de Montcalm.

La paix d'Aix-la-Chapelle (1748) lui procura quelques années de repos, les dernières qu'il eut à passer au château de Candiac. Nous l'y trouvons en février 1756, lisant à sa mère et à sa femme la lettre suivante que venait de lui adresser le garde des sceaux :

« A Versailles, 26 janvier, à minuit.

« Peut-être ne vous attendiez-vous plus, monsieur, à recevoir de mes nouvelles au sujet de la dernière conversation que j'ai eue avec vous le jour que vous m'êtes venu dire adieu à Paris. Je n'ai pas cependant perdu de vue un instant, depuis ce temps-là, l'ouverture que je vous ai faite alors, et c'est avec le plus grand plaisir que je vous en annonce le succès. Le roi a donc déterminé sur vous son choix pour vous charger du commandement de ses troupes dans l'Amérique septentrionale, et il vous honorera à votre départ du grade de maréchal de camp.

« D'ARGENSON. »

La lecture de cette lettre jeta dans le désespoir la marquise de Montcalm, dont le caractère timide, un peu effacé, s'élevait difficilement au-dessus du cercle de famille. Elle ne put jamais consentir à laisser partir son mari pour cette expédition lointaine. La marquise de Saint-Véran, au contraire, forte comme une Romaine, quoique brisée de douleur, conseilla à son fils d'accepter ce poste d'honneur et de confiance que lui confiait son souverain. La marquise de Montcalm ne pardonna jamais ce conseil à sa belle-mère et lui reprocha plus tard la mort de son mari[1].

A Brest, Montcalm avait rencontré dans le chevalier de Lévis un compagnon d'armes qui s'était trouvé avec lui sur plus d'un champ de bataille.

---

[1] Je tiens cette tradition du marquis Victor de Montcalm.

Gaston-François de Lévis était, comme Montcalm, originaire du Languedoc. Il était né le 23 août 1720, au château d'Azac, d'une des plus antiques maisons de France. Dès la troisième croisade, Philippe de Lévis accompagnait le roi Philippe-Auguste en terre sainte.

Deux membres de cette famille, Henri de Lévis, duc de Ventadour, et François-Christophe de Lévis, duc de Damville, avaient été vice-rois de la Nouvelle-France (1625-1644). Dès l'âge de quatorze ans, le chevalier de Lévis portait l'épée et annonçait des talents aussi solides que brillants. Le régiment de la marine où il était lieutenant se battit à l'affaire de Clausen. Le jeune Lévis se fit remarquer par une bravoure et un sang-froid surprenants pour son âge; il obtint une promotion. Ce fut, dit-on, pendant la campagne de Bohême que Montcalm et lui se virent pour la première fois. Lévis, blessé à la cuisse d'un éclat de bombe au siège de Prague, était probablement au nombre des invalides laissés dans cette ville à la garde de l'héroïque Chevert.

Il soutint un combat opiniâtre sur les bords du Mein, à la tête d'un détachement de cent hommes, et assista à la bataille de Dettinghen (27 juin 1743). Les pertes que le régiment de la marine essuya dans cette bataille ne lui permirent pas de rentrer en campagne. Le chevalier de Lévis revint en France.

Peu de temps après, il passa à l'armée de la Haute-Alsace, sous les ordres du maréchal de Coigny, qu'il suivit en Souabe, où il ne se distingua pas moins que dans les campagnes précédentes.

En 1745, il servit sous le prince de Conti et se

Le maréchal de Lévis,
d'après un tableau appartenant à la galerie de M. le comte Raimond de Nicolay.

trouvait au passage du Rhin. Il suivit, l'année suivante, son régiment dirigé sur Nice pour défendre les frontières de la Provence.

Nommé aide-major de l'armée d'Italie en 1747, il se signala aux sièges de Montalban, de Valence, de Cazal, de Villefranche et du château de Vintimille. A la désastreuse bataille de Plaisance, il eut un cheval tué sous lui, et fut blessé à la tête d'un coup de feu, près de Biéglis, où il avait été détaché pour faire une reconnaissance.

Pendant cette campagne, le chevalier de Lévis avait fait admirer sa valeur, sa présence d'esprit et de rares qualités militaires. On cite de lui un brillant fait d'armes qui eut du retentissement. Le duc de Mirepoix, Gaston de Lévis, son cousin, commandant le régiment de la marine, l'avait choisi pour aide de camp à l'attaque de Montalban. Ils se trouvèrent tous deux sans escorte, au débouché d'une gorge, en présence d'un bataillon de Piémontais :

« Bas les armes ! crient-ils à l'ennemi, vous êtes entourés. »

Le bataillon fut fait prisonnier.

Tels étaient les services militaires qui avaient mis en vue le chevalier de Lévis, et qui avaient déterminé le comte d'Argenson à l'adjoindre à Montcalm dans le commandement des troupes du Canada.

Ces deux hommes ont joué un si grand rôle à cette période de notre histoire, qu'il est nécessaire, avant d'aller plus loin, de bien définir leur caractère. Rarement deux commandants furent unis d'une si étroite amitié et s'entendirent si bien ensemble dans toutes leurs opérations ; et cependant leurs caractères présentaient des contrastes frappants. Autant l'un était ardent, autant l'autre était tempéré.

Montcalm était le véritable Méridional : son tempérament avait la chaleur du ciel de Provence ; il s'emportait facilement, mais redevenait maître de lui-même avec la même facilité. Un jour, — c'était avant ses campagnes d'Amérique, — il commandait à une grande revue dans une des villes du Midi. Un de ses officiers, qu'il eut à réprimander pour sa tenue, hasarda quelques remarques un peu vives. Montcalm fut suffoqué de colère et accabla le malheureux officier d'un tel flot d'invectives, que toute sa suite en fut consternée. Il s'en aperçut et resta confus de lui-même. Peu de temps après, dans une circonstance tout aussi solennelle, ayant vu venir le même officier, il courut à lui, l'embrassa en le serrant dans ses bras et en lui disant :

« Je vous aime comme mon fils, voilà pourquoi je vous reprends comme un père[1]. »

Ce trait peint Montcalm au naturel : caractère impétueux, irascible, mais bon enfant. C'est dans ces qualités et ces défauts qu'il faut chercher l'explication des succès et des revers du général.

Le chevalier de Lévis, quoique né dans le Midi comme Montcalm, n'avait rien de son impétuosité ni de sa loquacité. Il était calme, froid, sobre de paroles.

Tous deux étaient également ambitieux, rêvant toujours de l'avancement dans la carrière militaire et des honneurs, ayant les yeux sans cesse tournés vers

---

[1] Cette anecdote est de tradition dans la famille du général, et m'a été racontée par le marquis Victor de Montcalm.

la cour de Versailles pour demander ce que, dans le style du temps, on appelait des grâces. Mais Montcalm se créait facilement des obstacles, tandis que Lévis les évitait avec le plus grand soin, ne perdant jamais de vue le but qu'il poursuivait. Dans tout le cours de l'expédition, on verra apparaître ce grand mobile de leurs actions. Au reste, chefs et soldats sont animés du même esprit. L'avenir de la colonie qu'ils vont défendre les intéresse assez peu. C'est une contrée lointaine, affligée d'un climat rigoureux, peuplée d'une poignée de Français, dont on ne comprend plus guère l'importance, et que Voltaire, l'oracle du siècle, appelle *quelques arpents de neige*, en attendant que le ministre Choiseul se félicite d'en être débarrassé.

Si, pour les soldats de France, ce n'est pas une terre étrangère, elle va le devenir ; ils le sentent, ils le prévoient. D'ici là c'est pour eux un champ de bataille où ils vont cueillir des lauriers et gagner des grades. Il ne faut pas perdre cela de vue dans l'étude des dernières années du régime français au Canada. Les intérêts de la colonie seront souvent en conflit avec ceux de l'armée ; il en résultera bien des erreurs et des fautes.

Dans la rade de Brest, une flottille de six voiles était prête à appareiller pour transporter le corps expéditionnaire placé sous les ordres de Montcalm. Ce corps se composait des seconds bataillons des régiments de la Sarre et de Royal-Roussillon, commandés le premier par M. de Senezergues, le second par le chevalier de Bernetz, et formant un effectif de onze cent quatre-vingt-neuf hommes.

L'arrivée de ces régiments avait fait sensation dans la ville, où les généraux, entourés de brillants états-majors, les avaient passés en revue au milieu d'une foule qui les avait suivis jusque sur les quais, en les accompagnant de ses acclamations.

Plusieurs officiers de la garnison s'étaient même pris d'enthousiasme pour l'expédition, qui avait l'attrait d'une aventure, et avaient offert des sommes d'argent pour remplacer ceux qui partaient.

Les régiments, vêtus et armés à neuf, avaient une tenue superbe. L'uniforme de la Sarre était blanc, à revers et parements bleus, tandis que celui de Royal-Roussillon était de même, à revers et parements rouges.

« On ne peut rien ajouter, écrivait Montcalm au ministre, à la bonne grâce, à l'air de satisfaction et de gaieté avec lesquels l'officier et le soldat se sont embarqués. »

De son côté, Bougainville ajoutait :

« Les soldats avant que d'aller à bord eurent à déjeuner, et tous s'embarquèrent sans confusion ni désordre, avec une ardeur et une gaieté incroyables. Quelle nation que la nôtre ! Heureux qui la commande et qui en est digne... »

Les trois frégates avaient été destinées aux chefs de l'expédition : Montcalm montait la *Licorne*, Lévis la *Sauvage*, et le colonel de Bourlamaque, troisième commandant, la *Sirène*. Les troupes avaient été réparties sur les trois vaisseaux, le *Héros*, l'*Illustre* et le *Léopard*.

Pendant les préparatifs du départ, Montcalm, accablé d'ouvrage, avait eu peu de temps à donner à sa correspondance; mais dès qu'il se vit installé à bord de son navire, sa première pensée fut pour Candiac, et il se hâta d'y envoyer des nouvelles rassurantes.

« Ma frégate *la Licorne*, disait-il, est neuve et bien propre à résister aux tempêtes; et l'on me donne le sieur Pélegrin, capitaine de port de Québec, qui irait les yeux fermés dans le fleuve Saint-Laurent. Vous voyez que M. le garde des sceaux veut me conserver. M. de la Rigaudière (commandant la *Licorne*) est un officier d'un grand mérite et très aimable. »

Telle était à cette date la décadence de la marine française, qu'elle n'osait plus se mesurer avec celle d'Angleterre; à tel point que le marquis de Conflans, marin aussi brave qu'expérimenté, ne se crut pas en état, faute d'équipage, d'envoyer deux vaisseaux à la découverte avant la sortie du corps expéditionnaire.

Montcalm avait l'âme d'un soldat, mais il avait une mère, une femme, des enfants; et il éprouvait un serrement de cœur en regardant les côtes de France, qu'il ne devait plus jamais revoir. Il tâchait de se fortifier et de consoler les siens en se persuadant et en les assurant qu'il reviendrait.

« J'espère, madame, écrivait-il à sa belle-mère, la marquise du Boulay, que Dieu nous conservera l'un et l'autre, et me procurera la grâce la plus chère et la plus flatteuse pour moi, qui est celle de vous embrasser au retour de l'expédition du Canada. Heureusement je m'en crois sûr, et ce pressentiment me soutient. »

La première semaine de la traversée fut fort

agréable; mais le 12, vers les 4 heures du soir, le temps changea soudainement.

« Il y eut un grain de vent, suivi d'une espèce de tempête, qui nous a obligés de mettre à la cape et d'y rester toute la nuit; ce gros temps nous a fort fatigués et rendus presque tous malades. »

Le coup de vent du 12 n'était que le prélude d'une épouvantable tempête qui dura quatre-vingt-dix heures, sépara les vaisseaux et les mit en danger.

« Le jour de Pâques, ajoute Montcalm, nous ramena un temps favorable, ce qui nous fit plaisir à tous. Nous eûmes la consolation d'entendre la messe, qui ne put se dire qu'avec beaucoup de précaution, en faisant tenir le calice par un matelot assuré. Je n'oublierai pas de sitôt cette semaine sainte.

« On est sur les vaisseaux d'une manière édifiante; on y prie Dieu trois fois par jour : le matin, le soir avant que l'équipage soupe, et on dit les litanies de la Vierge à l'entrée de la nuit. A chaque fois on prie Dieu pour le roi, pour l'équipage, et on termine toujours les prières par des cris de : *Vive le roi!* Les dimanches et les fêtes on dit les vêpres sur le pont, afin que tout l'équipage puisse y assister, même sans quitter les manœuvres. »

En somme, la traversée avait été heureuse. Avant même d'avoir mis pied à terre, Montcalm se hâta de rassurer sa famille, en adressant à sa mère une lettre datée « du mouillage à dix lieues de Québec, le 11 mai ».

Malgré tout ce que les officiers français avaient entendu dire du fleuve Saint-Laurent, ils furent frappés de son immensité et de la majesté de ses rivages. L'époque était favorable pour faire ressortir ses sauvages beautés, car la saison était plus avancée que d'habitude, et la nature commençait à prendre l'aspect réjoui du printemps.

« La journée a été tempérée, observe Montcalm, le 8 mai; il a même fait chaud comme en France dans le commencement de l'été. »

On l'entendra plus tard vanter le ciel éclatant du pays, la pureté de l'atmosphère. Les voyageurs oubliaient les longueurs de la route en contemplant les grands horizons, les larges découpures boisées des Laurentides, au pied desquelles cinglait le navire.

« Depuis le cap Tourmente jusqu'à Québec, remarque le général, la côte présente le plus beau pays du monde, et elle est très cultivée et remplie d'habitations. Du côté du sud, elle commence à offrir un beau pays depuis Kamouraska, et il y a une paroisse de deux lieues en deux lieues. »

La *Licorne* était venue mouiller non loin du cap Tourmente, où elle attendit plusieurs jours le bon vent, qui ne s'élevait pas. Ces contretemps, au terme du voyage, étaient une trop rude épreuve pour la nature vive de Montcalm. Il s'impatiente; les pieds lui brûlent dans cette prison flottante où il est enfermé depuis six semaines. Il veut débarquer. Le rivage de Saint-Joachim est si proche! La plage est belle, et il n'y a que dix lieues de là à Québec. On lui représente qu'à cette saison les chemins sont presque impraticables. N'importe, il essayera. Il ordonne de descendre le canot et se met en frais d'aller à terre.

Je cite son *Journal* :

« Du 10 mai 1756. — Les vents continuant d'être toujours contraires, j'ai pris mon parti pour débarquer à la Petite-Ferme et me rendre par terre à Québec avec des petites voitures du pays, charrettes et calèches, qui sont comme nos cabriolets, conduites par un seul cheval. L'espèce de chevaux est dans le goût de ceux des Ardennes pour la force, la fatigue et même la tournure. Le chemin de la Petite-Ferme à Québec est beau, on le fait dans la belle saison en six heures ; on change à chaque paroisse de voiture, ce qui retarde, à moins qu'on n'en ait fait prévenir. On paye ces voitures à un cheval à raison de vingt sols par lieue. Les lieues sont déterminés sur celles de l'Ile-de-France. Je fus obligé de coucher en chemin chez M. du Buron, curé de la paroisse du Château-Richer. Les cures sont ordinairement possédées par des gens de condition ou de bonne famille du pays ; ils sont plus considérés qu'en France, mieux logés, et, comme ils ont la dîme de tous grains, les moindres cures valent douze cents livres et communément deux mille livres. »

En apercevant, des hauteurs de Montmorency, le promontoire escarpé de Québec, Montcalm ne put s'empêcher d'admirer sa position stratégique. Il examina du même coup d'œil militaire le vaste panorama qu'il avait sous les yeux, les hautes falaises de Lévis, l'immense rade, les côtes de Beauport, où il devait, trois ans plus tard, remporter sa dernière victoire. En franchissant d'un cœur léger les murs de Québec, il était bien loin de soupçonner que la cime de ce rocher allait lui servir de tombeau.

Le général a consigné dans son *Journal* ses premières impressions en mettant pied à terre au Canada :

« La côte, depuis l'endroit où j'ai débarqué, jusqu'à Québec, m'a paru bien cultivée, les paysans très à leur aise, vivant comme de petits gentilshommes de France, ayant chacun deux ou trois arpents de terre sur trente de profondeur. Les habitations ne sont pas contiguës, chaque habitant ayant voulu avoir son domaine à portée de sa maison.

« J'ai observé que les paysans canadiens parlent très bien français ; et comme sans doute ils sont plus accoutumés à aller par eau que par terre, ils emploient volontiers les expressions prises de la marine.

« Le Canada doit être un bon pays pour y vivre à bon marché en temps de paix ; mais tout est hors de prix depuis la guerre. Les marchandises qu'on tire de France viennent difficilement ; et comme tout habitant est milicien, et qu'on en tire beaucoup pour aller à la guerre, le peu qui reste ne suffit pas pour cultiver les terres, élever les bestiaux et aller à la chasse ; ce qui occasionne une grande rareté pour la vie.

« Le seul gouvernement de Québec a fait marcher depuis le 1ᵉʳ mai trois mille miliciens, dont dix-neuf cents guerriers et onze cents hommes pour le service ; et le roi, qui ne leur donne aucune solde, est obligé de les nourrir.

« M. Bigot, intendant, m'a donné à dîner avec quarante personnes. La magnificence et la bonne chère annoncent que la place est bonne, qu'il s'en fait honneur, et un habitant de Paris aurait été surpris de la profusion de bonnes choses en tout genre.

« L'évêque, M. de Pontbriand, prélat respectable, voulut me donner à souper, ainsi que M. le chevalier de Longueil, commandant la place en l'absence de M. de Vaudreuil, gouverneur général, que les opérations de la campagne retiennent à Montréal. »

Montcalm fut vivement intéressé en visitant la petite ville de Québec, qui occupait déjà une si grande place dans l'histoire de la Nouvelle-France. Tout était nouveau pour lui dans ce nouveau monde : cette société si jeune comparée à la société si vieille qu'il venait de quitter, cette nature immense et sauvage comparée à la gracieuse nature de France.

La petite enceinte de Québec regorgeait de soldats, de miliciens et de Peaux-Rouges, qu'on dirigeait rapidement vers les frontières, où ils allaient rencontrer l'ennemi. C'était un assemblage aussi bizarre par les costumes que par les mœurs.

Avec son activité brûlante, le marquis eut bientôt parcouru la ville et les remparts. M. de Longueil et l'intendant qui l'accompagnaient lui en avaient indiqué les principaux points : le château Saint-Louis, dont la masse sévère et imposante dominait la crête du cap ; au pied, la ville basse, centre principal des affaires avec le mouvement de la navigation. Du sein des rues étroites et tortueuses surgissaient les clochers des églises de Notre-Dame, des jésuites, des récollets, le séminaire, le palais de l'évêque, le monastère des Ursulines, les ruines de l'Hôtel-Dieu, incendié l'année précédente[1], et plus loin, dans la

---

[1] Ces hospitaliers occupaient alors une aile du collège des jésuites.

vallée du Saint-Charles, le monastère de l'Hôpital-Général ; enfin, tout au pied de la falaise, le palais de l'intendant. Il n'était pas besoin d'en voir davantage pour reconnaître que c'était bien là le cœur de la Nouvelle-France. Les trois palais du gouverneur, de l'intendant et de l'évêque, c'étaient l'expression de la triple puissance qui rayonnait d'ici jusqu'aux extrémités de cet immense continent. Dans la seule enceinte des murs, cinq églises, trois monastères, un collège, un séminaire révélaient quelle était la part qu'avait le catholicisme dans cette impulsion.

La colonie ne consistait qu'en deux lisières de paroisses échelonnées de chaque côté du Saint-Laurent. Au delà, dans toutes les directions, régnait la forêt primitive, la forêt interminable, couvrant de son vaste et uniforme manteau de verdure montagnes, plaines et ravins ; la forêt avec ses lacs, ses savanes, ses rivières sans nombre, avec ses cataractes grondant nuit et jour, avec ses myriades de ruisseaux gazouillant sous la feuillée, avec ses rochers et ses caps dénudés ou moussus, dressant leur front immobile au vent ou à la neige, à la pluie ou au soleil, solitudes redoutables, servant de repaires aux bêtes féroces et aux tribus indigènes plus féroces encore. Ces tribus étaient disséminées un peu partout. A l'est vivaient les Etchemins, les Abénakis, les Micmacs, éternels ennemis des Anglais ; au sud, les cinq nations iroquoises, ennemies traditionnelles des Français, aujourd'hui indécises, cherchant une occasion pour se déclarer ; plus loin, c'étaient les Chaouenons, les Miamis, les Chéroquis ; et, vers le grand ouest, les Poutéotamis, les Outaouais, les Illinois, les Sakis, et une multitude d'autres tribus indigènes presque toutes sympathiques aux Français. J'ai indiqué ailleurs la raison de cette sympathie; il suffit de rappeler ici, en passant, que la colonisation anglaise était partie d'un tout autre principe que la colonisation française : l'égoïsme en avait été le mobile; et cette différence n'avait pas échappé à la sagacité indienne.

Le Canada n'était vulnérable que par trois points : les trois voies maritimes du Saint-Laurent, du lac Champlain et des grands lacs. La citadelle de Louisbourg gardait l'entrée du golfe; le fort Saint-Frédéric protégeait la tête du lac Champlain, et le fort Frontenac la sortie des grands lacs.

Les pays d'en haut, qui s'étendaient à des distances indéterminées, étaient le vaste champ d'exploitation des coureurs de bois. C'est là que se formait cette race de hardis pionniers, d'où étaient sortis les plus illustres découvreurs : les Joliet, les Nicolas Perrot, les Nicolet, les La Vérendrye et tant d'autres. Race indomptable, indisciplinée, cruelle parfois à force d'être témoin de cruautés sans nom. Vêtus à l'indienne, accoutumés à toutes les fatigues, connaissant tous les sentiers aussi bien que les sauvages, alliés souvent à eux par des mariages plus ou moins réguliers, ayant parmi leurs tribus une grande influence, les coureurs de bois étaient d'une utilité inappréciable en temps de guerre.

A certaines époques de l'année, on les voyait arriver, accompagnés la plupart du temps de sauvages pagayant comme eux les canots d'écorce et fredonnant des chansons canadiennes. Ces enfants perdus de la civilisation avaient pris les allures de leurs hôtes habituels, fiers et nonchalants comme eux ; les bras, la poitrine et les mains tatoués, les muscles secs et durs, les yeux perçants, éclairant des traits et un teint de cuivre. Ils venaient de toutes les profondeurs du désert, où ils avaient rempli leurs pirogues de paquets de fourrures achetées des sauvages.

Braves souvent jusqu'à la témérité, mais ne comprenant pas la bravoure comme les Européens, ils se battaient à la manière des sauvages, c'est-à-dire en guérillas. Pour eux, reculer n'était pas une fuite ni une honte, c'était une manière de prendre une meilleure position. Leur discipline était un danger pour les armées régulières, qu'elles exposaient à se débander ; aussi les employait-on de préférence dans les expéditions à la découverte et pour les coups de main.

Depuis le jour où le plus grand des découvreurs français, Champlain, avait pénétré le premier dans la vallée des grands lacs, ces vastes régions étaient devenues le domaine de la France. Elle y avait conquis un double droit, celui de premier occupant et celui de puissance civilisatrice, seul droit, en définitive, qui puisse justifier aux yeux de la raison l'envahissement d'un pays barbare.

En 1673, Joliet et Marquette s'étaient confiés aux eaux inconnues du Mississipi et avaient suivi leurs gigantesques méandres jusqu'à l'Arkansas ; La Salle avait reconnu son embouchure et sondé son delta sous le ciel des tropiques (1682). C'étaient des Français qui, en apercevant du haut des Alléghanys le magnifique bras du Mississipi, qui étalait ses flots dorés en serpentant à travers la vallée de l'Ohio, avaient poussé cette exclamation : « La Belle-Rivière ! » qui fut son premier nom. La Vérendrye avait, le premier, fixé ses regards sur les cimes des montagnes Rocheuses (1743).

Avant que les explorateurs eussent dressé les cartes de ce pays, les missionnaires l'avaient arrosé de leur sang. Dans les bourgades les plus lointaines et les plus farouches, on voyait souvent une petite croix surmonter une cabane d'écorce, et sur le seuil apparaître la robe noire ou le manteau de bure de quelque moine.

A l'éternel honneur de la France, on peut dire avec un historien protestant :

« Paisibles, bénignes et bienfaisantes furent les armes de sa conquête. La France cherchait à soumettre non par le sabre, mais par la croix; elle aspirait non pas à écraser et à détruire les nations qu'elle envahissait, mais à les convertir, à les civiliser et à les embrasser dans son sein comme ses enfants[1]. »

Et ailleurs : « Les colons français agirent, à l'égard de l'inconstante et sanguinaire race qui réclamait la souveraineté de cette terre, dans un esprit de mansuétude bien propre à contraster d'une éclatante manière avec la cruauté rapace des Espagnols et la dureté des Anglais.

« Dans le plan de la colonisation anglaise, il n'était tenu nul compte des tribus; dans le plan de la colonisation française, elles étaient tout. »

Ainsi, hostilité ou indifférence à l'égard des

---

[1] Parkman, *Pioneers of France in the New-World*, p. 417.

Indiens, tel était l'esprit dans lequel étaient nées et avaient grandi les colonies voisines. Elles s'étaient tenues confinées sur le versant oriental des montagnes qui les séparaient de nous, tant que l'intérêt et l'ambition n'avaient pas tourné leurs yeux et leurs pas vers le couchant. Il leur avait fallu plus d'un siècle pour les décider à s'y aventurer, car leur conduite traditionnelle envers les indigènes avait rendu leur accès auprès d'eux aussi difficile qu'il était facile aux Français. Du moins, après un siècle, l'expérience les avait-elle instruits? Apportaient-ils aux Indiens une idée élevée, un bienfait, la civilisation? Non ; rien de tout cela. Trafic et boissons, voilà tout ce qu'ils leur offraient. Mais ils étaient aussi riches de ces objets qu'ils étaient dépourvus de tout le reste.

On achèvera de comprendre l'esprit de démoralisation qui marchait avec ces nouveaux envahisseurs, quand on saura qu'ils se composaient de l'écume de la population[1].

Tels furent les premiers conquérants américains de l'Ouest.

En peu d'années, grâce à leurs moyens, ils firent une concurrence redoutable aux trafiquants français et attirèrent un bon nombre de tribus à qui ils vendaient, à des conditions plus avantageuses, des armes, des munitions, des marchandises et tout ce qui pouvait les tenter.

---

[1] Dinwiddie, gouverneur de la Virginie, cité par M. Parkman, écrivait à Hamilton, gouverneur de la Pensylvanie, en parlant de ces trafiquants : « They appear to me to be in general a set of abandoned wretches. » Et Hamilton lui répondait : « I concur with you in opinion that they are a very licencious people. »

En 1748, le Canada était gouverné par un officier de marine sans grâce extérieure, parce qu'il était bossu, mais extrêmement intelligent, instruit, actif, perspicace, et qui devait s'illustrer plus tard par une belle victoire sur les Anglais devant l'île de Minorque. Le comte de la Galissonnière attira fortement l'attention de son gouvernement sur le danger qui menaçait la Nouvelle-France du côté des Alléghanys, et sur la nécessité de la protéger par un système de forts qui la rattachât en même temps à la Louisiane.

La Nouvelle-France était faite à l'image des deux grands fleuves qui la traversaient et dont les sources se rapprochent et ne se touchent pas. A mesure qu'on s'éloignait des points d'appui qu'elle avait, l'un au nord, à l'entrée du Saint-Laurent, l'autre au midi, aux bouches du Mississipi, ses forces diminuaient et finissaient par disparaître avant de s'être rejointes. La colonie allait être coupée en deux si on ne se hâtait d'exécuter les plans de la Galissonnière. Ce fut la préoccupation des administrations qui suivirent.

Une chaîne de forts fut construite, à d'énormes frais, sur les principaux points par où l'ennemi pouvait déboucher : le fort Niagara, sur le lac Ontario, à l'embouchure de la rivière de la Chute ; le fort Duquesne, à la jonction de la rivière Alléghany avec l'Ohio ; les forts Machault, Le Bœuf et Presqu'île, qui établissaient la communication avec le lac Erié ; le fort Miamis, sur la rivière du même nom ; le fort Vincennes, sur le Ouabache ; enfin, sur le Mississipi, le fort de Chartres, le seul qui fût digne du nom de fort, bâti en pierre avec quatre bastions imprenables sans artillerie.

Avant la déclaration formelle de la guerre qui avait amené Montcalm au Canada, trois rencontres fameuses avaient eu lieu sur les frontières indécises qui séparaient les deux colonies : l'une au fort Nécessité, où avait été tué Jumonville; l'autre près du fort Duquesne, où le général Braddock avait payé de sa vie son orgueilleuse témérité; la troisième à la tête du lac George, où le baron de Dieskau avait été battu, blessé et fait prisonnier.

L'explication détaillée de ces événements avait absorbé l'attention de Montcalm dès ses premières conversations à Québec, parce qu'elle lui donnait la clef de la situation. Il avait entendu ce récit de la bouche même des officiers français et canadiens qui avaient pris part à l'une ou l'autre de ces actions. Le marquis n'avait pas observé avec un moindre intérêt la société coloniale dont on lui avait vanté l'originalité et l'agrément, et dont il se promettait bien de tirer parti pour tromper les ennuis de l'exil.

Montcalm n'aurait pas été un homme du xviiie siècle, s'il n'avait pas aimé le plaisir; mais il savait le concilier avec le travail. La société de bon ton était pour lui un besoin. Avant même son départ pour le Canada, il s'était enquis de celle qu'il y rencontrerait. « Je lis avec grand plaisir, écrivait-il de Lyon, l'histoire de la Nouvelle-France par le Père de Charlevoix. Il fait une description agréable de Québec : compagnie choisie. »

Montcalm ne fut pas désappointé. Accueilli avec empressement par toute la société, qui le recherchait à cause de sa haute position, mais aussi à cause des grâces de son esprit, de la gaieté et des charmes de sa conversation, il fut enchanté d'elle autant qu'elle le fut de lui.

Ce petit monde était une miniature de la société française, ayant comme elle ses stratifications, ses degrés hiérarchiques bien caractérisés. Au sommet, c'était la noblesse d'épée ou de robe : les seigneurs, les fonctionnaires publics, le haut clergé ; au second plan venaient les bourgeois, les commerçants, auxquels pouvait s'adjoindre le clergé des campagnes ; enfin au troisième rang était le peuple, ce qu'on appelait et ce qu'on appelle encore aujourd'hui les habitants, cette classe nombreuse de cultivateurs qui n'a rien de commun avec le paysan français, surtout celui d'autrefois, mais qui a la conscience de son importance et de sa dignité, « vivant, selon l'expression de Montcalm, comme de petits gentilshommes de France. »

L'esprit de révolte contre toute loi divine et humaine, qui soufflait alors sur la France, n'était pas parvenu jusqu'ici. L'autorité civile et religieuse était acceptée sans conteste. Cette autorité était concentrée en trois mains : celle du gouverneur, celle de l'intendant et celle de l'évêque, qui d'ordinaire se prêtaient un mutuel appui. Il en résultait une forte unité d'action qui en temps de guerre était d'une valeur inappréciable, et qui explique la longue résistance du Canada à un ennemi infiniment supérieur en nombre et en ressources de tout genre, mais divisé.

Cet absolutisme, si utile au dehors, était fatal au dedans : il tuait toute initiative ; il tenait le peuple dans un perpétuel état d'enfance, et ouvrait la porte à tous les abus. Tandis qu'au delà de la frontière l'esprit démocratique était poussé jusqu'à l'exagération, ici le régime monarchique dégénérait en autocratie.

De tout temps le peuple avait été soigneusement écarté des affaires publiques; il ne comprenait pas ses droits, il n'aspirait pas à conquérir sa liberté. Cependant tout esprit d'indépendance n'était pas étouffé au sein de cette rude et vaillante race. On ne saurait si bien comprimer la nature humaine, qu'elle ne trouve une issue quelque part. L'issue ici, c'était la forêt, qui s'ouvrait de tous côtés avec ses mille sentiers mystérieux, avec ses tribus vagabondes, avec la délivrance de tout lien, avec l'attraction de ses aventures. Toute la jeunesse canadienne avait une tendance vers la forêt, nourrissait l'amour des voyages. Les natures les plus ardentes ne pouvaient y résister, et elles allaient grossir l'armée des coureurs des bois.

11

EXPÉDITION CONTRE LE FORT CHOUAGUEN

Montcalm emporta de Québec l'impression la plus favorable, quoiqu'il n'y eût séjourné qu'une dizaine de jours.

Il avait dépêché un courrier à M. de Vaudreuil pour lui annoncer son arrivée; et dès qu'il eut appris que le reste de la flotte était dans les eaux du fleuve, avant même l'arrivée du chevalier de Lévis, il se rendit à Montréal pour conférer avec le gouverneur sur le plan de campagne à suivre.

Rien ne fit pressentir, dans cette première entrevue, la terrible animosité qui devait bientôt surgir entre ces deux hommes, devenir si fatale à l'un et à l'autre et encore plus fatale à la colonie. La réserve diplomatique qu'ils eurent à s'imposer durant cette conférence tout officielle disparut sous les formes courtoises, sous les grands airs de cour auxquels chacun d'eux était habitué.

Vaudreuil était un gentilhomme de belle taille, fier de sa personne autant que de sa vieille origine. Plus d'une fois, au cours de l'entretien, il toisa des pieds à la tête, sans qu'il y parût, le petit homme allègre, au regard perçant, à la parole brève, véhémente, qui gesticulait devant lui avec une pétulance extraordinaire. Il le sentit grandir à mesure qu'il parlait, et il dut entrevoir dès lors ce qu'il y avait de dominateur dans cette volonté qui trouvait une expression si énergique. Il dut regretter aussi plus que jamais de n'avoir pu faire prévaloir l'avis qu'il avait donné au ministre peu de mois auparavant, dans un mémoire où il disait qu'il n'était nullement nécessaire d'envoyer un officier général pour remplacer le baron de Dieskau.

Vaudreuil aurait eu raison de parler de la sorte, s'il avait été un Frontenac; car le partage du commandement militaire, tel que entendu par la cour, était plein d'inconvénients. Mais Vaudreuil était loin d'avoir l'étoffe d'un Frontenac.

Montcalm, de son côté, n'ignorait probablement pas les démarches faites par Vaudreuil; mais il se flattait que sa supériorité militaire ferait accepter ses services de bonne grâce.

La cour avait cru éviter le dualisme dans le commandement en affirmant l'autorité du gouverneur. La lettre du roi à Vaudreuil disait formellement : « M. le marquis de Montcalm n'a pas le commandement des troupes de terre; il ne peut l'avoir que sous votre autorité, et il doit être en tout et pour tout sous vos ordres. »

Pierre-François Rigaud, marquis de Vaudreuil-Cavagnal, était le fils du gouverneur de ce nom qui avait administré la Nouvelle-France pendant vingt-deux ans (1703-1725), avec autant de sagesse que de fermeté. D'abord gouverneur de la Louisiane, il avait succédé au marquis Duquesne en 1755. Comme son père, il était très aimé des Canadiens, qui étaient fiers d'avoir un des leurs à leur tête. Au reste, ses défauts comme ses qualités étaient d'une nature à le rendre populaire.

Il était doux, affable et complètement dévoué aux colons, qu'il traitait comme ses enfants, et qui le regardaient avec raison comme leur père ; mais il était d'un caractère faible, irrésolu, peu éclairé, jaloux de son autorité et exploité par un entourage corrompu, qu'il était incapable de dominer.

Montcalm ne remarqua guère ces défauts au premier abord, et il parut très satisfait des préparatifs de campagne ordonnés par Vaudreuil. Celui-ci, de son côté, ne le fut pas moins du concours franc et efficace que lui offrit le général.

La première pensée de Montcalm, au sortir de cette entrevue, fut d'en écrire à son ami Lévis.

C'est à partir de ce moment que commence, entre lui et Montcalm, cette correspondance dont j'ai déjà parlé, et qui jette un jour nouveau sur ces deux hommes et sur les événements dont ils ont été les principaux acteurs. On voit dès lors quelle confiance Montcalm avait en Lévis, quel cas il faisait de ses avis et quelle amitié les attachait l'un à l'autre.

Le 29 mai, il lui dépêchait M. Doreil, commissaire des guerres, avec une lettre où il lui prescrivait le mouvement des troupes débarquées à Québec. Royal-Roussillon devait monter par terre, et la Sarre par eau, dans des bateaux conduits par des Canadiens. « Les soldats, ajoute-t-il, percheront, rameront et tireront à la cordelle, et porteront indistinctement avec les Canadiens, laissant cependant aux derniers la direction et la conduite des bateaux, et exécuteront ce qu'ils leur demanderont pour la manœuvre.

« Défense aux soldats et Canadiens d'avoir des disputes ensemble. Lorsqu'ils auront des démêlés, ils en rendront compte à celui qui commandera le bateau, et, si le cas mérite attention, au commandant de division. »

Puis Montcalm ajoute en terminant :

« ... Si M. Doreil n'était pas porteur de ma lettre, je vous écrirais des volumes ; mais il suppléera à tout, et je n'ai pas besoin de lui recommander de parler au chevalier de Lévis avec vérité et confiance... Ne doutez pas de ma tendre amitié, mon cher chevalier. »

Nous venons de voir quels soins prenait Montcalm pour empêcher toute altercation entre les soldats et les Canadiens. C'est qu'il existait entre les troupes régulières et les miliciens un esprit d'antagonisme qui s'était envenimé depuis la défaite de Dieskau, que chacun des deux partis se reprochait amèrement l'un à l'autre. Les causes qui l'avaient amené étaient sur le point de faire éclater le même antagonisme entre les deux chefs de l'armée. On verra alors officiers et soldats de chaque corps suivre leur exemple, se montrer aussi injustes les uns envers les autres, et préparer ainsi le désastre final.

Les forces de la colonie se composaient de trois éléments distincts : les troupes de terre, les troupes de la marine et les milices. Les troupes de terre consistaient en divers détachements de l'armée régulière, venus de France. Ils formaient un effectif d'à peu près trois mille hommes, choisis parmi l'élite de l'armée et répartis entre les bataillons de la Reine, de Béarn, de Languedoc et de Guyenne, amenés par le baron de Dieskau, et ceux de la Sarre et de Royal-Roussillon qui venaient d'arriver. Dans ce chiffre ne sont pas compris les onze cents hommes de la garnison de Louisbourg, composée des bataillons de Bourgogne et d'Artois.

Les troupes de la marine étaient l'armée régulière de la colonie, chargée du maintien de l'ordre et de la défense des places. A la différence des troupes de terre qui étaient expédiées par le ministère de la guerre, celles-là dépendaient du ministère de la marine, de qui relevaient les colonies. Établies depuis longtemps dans le pays, elles y avaient de fortes attaches, d'abord parce qu'une partie des officiers et des soldats étaient recrutés parmi la population ; ensuite parce que beaucoup d'autres avaient l'intention de s'y fixer, s'y étaient mariés ou se livraient, durant les loisirs de la vie de garnison, à certaines industries qui leur assuraient quelque avenir. Ce corps de troupes formait environ deux mille hommes, assez bien disciplinés, plus portés à sympathiser avec les miliciens qu'avec les troupes de ligne, dont elles n'avaient pas les états de services..

La milice embrassait toute la population mâle de la colonie, depuis seize jusqu'à soixante ans. Elle était sous les ordres du gouverneur et devait prendre les armes à son appel. C'était la conscription dans toute sa rigueur, avec cette aggravation que le service militaire n'était pas payé. Les hommes étaient seulement armés, équipés et nourris aux dépens du roi. Les premières levées avaient fourni un contingent d'une douzaine de mille hommes; mais ce chiffre s'accrut d'année en année et atteignit celui de quinze mille au moment de la dernière crise.

Les milices de Montréal, plus exposées aux attaques, étaient plus aguerries que celles de Québec, surtout à l'ouverture des hostilités; mais l'élite de ces troupes se recrutait parmi les coureurs de bois, qui eux-mêmes se recrutaient dans toutes les paroisses, parmi la jeunesse hardie et aventurière qu'ils venaient périodiquement embaucher.

Si on ajoute à ces différents corps d'armée les renforts irréguliers qu'apportaient les sauvages alliés, on aura une idée des forces dont disposait le Canada.

Il faudrait avoir vu sur une place d'armes ou sur un champ de bataille ces diverses troupes, avec leur escorte d'Indiens, pour se rendre compte du coup d'œil pittoresque qu'elles présentaient. L'uniforme des troupes de ligne était celui de l'infanterie française.

La troupe indisciplinée des sauvages, qui remuait autour de l'armée, était accoutrée selon le caprice de chaque guerrier. C'était un assemblage de loques et de peaux de bêtes, prises de partout, qui défiait toute description.

Les chefs étaient faciles à reconnaître aux hausse-cols et aux grandes médailles d'argent, dons du roi, qui brillaient sur leurs poitrines, ainsi qu'aux horribles scalpes, tendus sur des cerceaux, qui flottaient tout sanglants à leur ceinture. Chaque sauvage, armé en guerre, avait la corne à poudre et le sac à plomb suspendus au cou, le tomahawk et le couteau à scalper accrochés à la ceinture, et le fusil sur l'épaule. Plusieurs de ces sauvages, venant des tribus les plus éloignées, portaient encore l'arc et le carquois, quelquefois la lance.

A Québec, le chevalier de Lévis avait tout mis en mouvement dès son arrivée. Au moment de partir pour Montréal, il écrivit au ministre de la guerre, le comte d'Argenson (11 juin) :

« Je laisse ici beaucoup de malades, dont la plus grande partie étaient embarqués sur le *Léopard*. Il n'y en a presque pas de ceux qui étaient dans les autres vaisseaux, et malheureusement cela tombe sur les compagnies de grenadiers. J'espère cependant qu'il n'en mourra pas beaucoup. Nous devons cela à la bonté des hôpitaux et aux soins que tout le monde y prend, dont nous ne pouvons assez nous louer. M. l'évêque en montre l'exemple ; il va deux fois par jour en faire la visite et y porter tous les secours possibles à tous égards. »

Le lendemain de l'arrivée du chevalier de Lévis à Montréal (15 juin), Montcalm écrivait à sa mère :

« Mon établissement ici me donne beaucoup de peine, comme dans tous les commencements ; tout est d'une cherté horrible, et j'aurai bien de la peine à joindre les deux bouts de l'année ensemble avec les vingt-cinq mille francs que le roi me donne. M. le chevalier de Lévis ne m'a joint qu'hier en fort bonne santé. Je vais le faire partir d'ici à quelques jours pour un camp, et M. de Bourlamaque pour l'autre. Car nous avons trois camps : un à Carillon, du côté où M. de Dieskau eut son affaire l'année dernière,

Le marquis de Vaudreuil, gouverneur du Canada, d'après un portrait appartenant à Mme la comtesse de Clermont-Tonnerre, née Vaudreuil.

c'est à quatre-vingts lieues d'ici ; l'autre à Frontenac, à soixante lieues ; et le troisième à Niagara, à cent quarante. Je ne sais ni où ni quand je marcherai, cela dépend des mouvements des ennemis, et nous en sommes assez mal instruits. Il me paraît que tout se fait lentement dans ce nouveau monde. Mon activité a bien à s'y tempérer. En tout il n'y a que le service du roi et l'envie d'avoir fait la fortune de mon fils qui puissent m'empêcher de trop songer à mon expatriement, à mon éloignement de vous et à l'ennui qui serait encore plus grand dans ce pays-ci, si je ne conservais un peu de ma gaieté naturelle. Je serai bien content quand je pourrai recevoir de vos nouvelles. Je ne demande à Dieu que la paix pour cet hiver ; si jamais quelqu'un a dû la désirer, c'est moi, d'autant mieux que le succès en est toujours incertain. Les sauvages paraissent assez bien disposés pour nous. Ce sont de vilains messieurs, même en sortant de leur toilette, où ils passent leur vie. Vous ne le croiriez pas, mais les hommes portent toujours avec le casse-tête et le fusil un miroir à la guerre pour se bien barbouiller de diverses couleurs, arranger leurs plumes sur la tête, leurs pendeloques aux oreilles et aux narines ; une grande beauté chez eux, c'est de s'être fait déchiqueter de bonne heure l'aile des oreilles, l'avoir bien allongée pour la faire tomber sur les épaules ; souvent ils n'ont point de chemises, quoique portant un habit galonné : vous les prendriez pour des diables ou pour des mascarades. Il faut avoir avec eux une patience d'ange. Depuis que je suis ici, ce ne sont que visites, harangues et députations de ces messieurs. Les dames des Iroquois.

qui ont toujours part chez eux au gouvernement, en ont été aussi, et ils m'ont fait l'honneur de m'apporter des colliers, ce qui m'engagera à les aller voir et chanter la guerre chez eux, avant que d'y aller. Ils ne sont qu'à cinq lieues d'ici. Hier nous en avions quatre-vingt-trois, qui sont partis pour la guerre. Au reste ces messieurs font la guerre avec une cruauté étonnante ; ils enlèvent tout, femmes et enfants, et vous enlèvent la chevelure très proprement, opération dont on meurt à l'ordinaire.

« Au reste, Duché, le fils, peut vous prêter le cinquième et le sixième volume du P. Charlevoix. En général, tout ce qu'il dit est vrai, à l'exception de brûler les prisonniers ; cela a quasi passé de mode. Cette année-ci, ils en ont encore brûlé un vers la Belle-Rivière, pour n'en point perdre l'habitude, et ils auraient brûlé une femme anglaise avec son fils, sans la générosité d'un soldat qui leur a donné cinq cent livres pour les racheter. Nous leur rachetons de temps en temps des prisonniers qui, passant dans nos mains, sont traités suivant les lois de la guerre. »

Bougainville avait suivi de près Montcalm à Montréal. Embarqué sur le bateau qui transportait les équipages du général, il avait fait le voyage en compagnie d'un officier du génie, Jean-Nicolas Desandrouins, jeune homme âgé de vingt-huit ans, aussi modeste qu'intelligent, qui a laissé de précieux mémoires sur la guerre du Canada et sur la guerre de l'indépendance américaine, à laquelle il prit part quelques années après.

Le *Journal* de Desandrouins est utile à consulter

même après ceux de Montcalm, de Lévis et de Bougainville.

C'était la première fois que ces deux jeunes officiers faisaient l'épreuve du mode de voyager au Canada. Desandrouins, qui n'avait apporté avec lui « ni couvertures ni matelas », eut à passer les nuits froides du mois de mai couché à la belle étoile, sur le pont du bateau. Bougainville, dont les douleurs d'un asthme chronique avaient aigri le caractère et qui avait d'ailleurs de graves inquiétudes au sujet de sa famille, commença dès lors à prendre le Canada en grippe et à mettre plus d'humeur que de raison dans ses jugements sur ce pays. « Je me dis tous les jours, écrivait-il à son frère (4 juin), que j'ai encore au moins un an à y rester. Cette perspective me rend presque fou ; je ne m'y accoutumerai jamais. » Il ajoute dans la même lettre : « Tout est ici en mouvement pour commencer la campagne. Je crois que nous y aurons pour objet de garnir toutes nos positions, de telle manière qu'on ne puisse nous entamer. Si les circonstances nous permettent de faire quelque entreprise, à la bonne heure ; mais on ne transporte ici les munitions de guerre et de bouche qu'avec des peines et des longueurs infinies. Ce ne sont pas les campagnes de Flandres ! »

Bougainville ne se serait pas plaint si amèrement du sort qui l'avait amené au Canada, s'il avait prévu que cette expédition allait lui révéler sa vocation d'homme de mer. Durant la traversée, écrivait-il à son frère, il n'avait pas éprouvé la moindre attaque d'asthme, et s'était senti un homme nouveau. La mer était donc son élément : elle allait lui apporter la guérison, et avec elle la passion des voyages, et enfin faire de lui le grand navigateur connu du monde entier.

Dans l'impossibilité où l'on était de savoir si les Anglais dirigeraient leur attaque du côté du lac Champlain ou du lac Ontario, le premier soin était de fortifier les avant-postes de Niagara, de Frontenac et de Carillon. Les ingénieurs français, accoutumés aux chefs-d'œuvre des fortifications européennes, levaient les épaules de pitié à la vue des travaux de défense faits sur nos frontières. Ils ne se rendaient pas compte des immenses difficultés qu'il y avait à transporter des matériaux et à travailler à ces énormes distances dans la forêt.

Pendant qu'un ingénieur canadien, M. de Lotbinière, fortifiait Carillon, et que le capitaine Pouchot, du régiment de Béarn, rebâtissait Niagara, Desandrouins était chargé de réparer Frontenac. Ce poste était en très mauvais état, et, comme il semblait en ce moment le point le plus menacé, le colonel Bourlamaque, qui se recommandait plus par le talent d'organisation que par le coup d'œil militaire, reçut ordre d'aller y préparer la défense. Il rencontra sur sa route les longues files de bateaux et de canots d'écorce, chargés de troupes et de munitions, qui remontaient le Saint-Laurent, tantôt à la rame ou à l'aviron, tantôt à la cordelle, tantôt en faisant portage le long des rapides, à travers des difficultés et des fatigues dont il ne s'était pas formé une juste idée. Malgré cela, dès les premiers jours de juillet, le bataillon de Béarn, avec un corps de Canadiens et de sauvages, avait franchi le lac Ontario et dressé ses tentes sous les bastions restaurés de Niagara. A Frontenac, où il s'était reposé en passant, il avait été remplacé par Guyenne et la Sarre, tandis que, du côté du Richelieu, une flottille avait traversé le lac Champlain et débarqué à Carillon les bataillons de Languedoc et de la Reine, avec un détachement de Canadiens et de sauvages. Royal-Roussillon, cantonné à Montréal, formait la réserve et se tenait prêt à voler au secours du poste le plus menacé.

Malgré les reproches d'irrésolution et de lenteur répétés contre Vaudreuil, il avait fait preuve d'activité et d'énergie depuis l'ouverture de la campagne. Avant l'arrivée des renforts de France, tous ses corps d'armée étaient en marche, et il n'était pas un point de la frontière, depuis la Virginie jusqu'à la Nouvelle-Écosse, où ses partis de sauvages et de coureurs de bois n'eussent frappé coup et rapporté d'horribles trophées de chevelures, seul moyen qu'on avait de s'assurer des exploits dont se vantaient continuellement les Indiens.

La neutralité qu'observaient les Iroquois, avec une habileté qui a excité l'admiration des Européens, leur permettait de passer impunément d'un camp dans un autre. Caressés par les deux partis, ils leur servaient tour à tour d'espions; mais les renseignements qu'ils fournissaient, et qu'ils se faisaient chèrement payer, étaient aussi peu dignes de confiance que leurs protestations d'amitié. Toutefois, d'après l'ensemble de ces rapports, confirmés par les éclaireurs canadiens, il parut évident que les Anglais préparaient une attaque contre Carillon. Le plan de campagne adopté en conséquence fut de faire une démonstration offensive de ce côté, et de se rabattre ensuite à l'improviste sur Chouaguen pour en faire le siège. Le bataillon de Royal-Roussillon, appuyé d'un corps de miliciens et de sauvages, fut dirigé sur Carillon. Pendant ce temps, un détachement de six cents hommes de la colonie et de quelques sauvages commandés par M. de Villiers poussait une reconnaissance vers Chouaguen.

Montcalm et Lévis dirent adieu à M. de Vaudreuil, remontèrent en canot la rivière Richelieu, côtoyèrent la rive occidentale du lac Champlain, et, après avoir séjourné quelque temps au fort Saint-Frédéric pour en examiner les travaux et donné des ordres au commandant, M. de Lusignan, ils débarquèrent le 3 juillet à Carillon.

On montre aujourd'hui aux voyageurs, sur la pointe de Ticondéroga, quelques pans de murs en ruine qu'on désigne sous le nom de fort Carillon ou Ticondéroga. Ces ruines appartiennent à des fortifications plus récentes, élevées sur l'emplacement de l'ancien fort Carillon, qu'achevait de terminer M. de Lotbinière à l'arrivée de Montcalm. Le fort, placé « sur la montagne », consistait en un parallélogramme flanqué de quatre bastions et entouré de fossés. L'enceinte, moitié en pierre, moitié en bois, était un assemblage de troncs d'arbres reliés ensemble par des pièces transversales, dont les interstices étaient remplis de cailloux et de graviers. Quelques travaux extérieurs en défendaient l'approche. Le plateau déboisé qui l'environnait formait un triangle borné à droite par le lac Champlain, ou rivière Saint-Frédéric, à gauche par la rivière de la chute, et en face par le rideau de la forêt. C'est là que s'élevait le camp avec les tentes des troupes regulières et les huttes de toute espèce, bâties par les miliciens; car le gouvernement, qui ne payait pas la milice, ne la fournissait pas même de tentes.

Pendant que les salves d'artillerie, tirées du haut des remparts, annonçaient l'arrivée du général, les principaux officiers de l'armée étaient accourus à sa rencontre sur le bord du rivage. La plupart d'entre eux ne l'avaient jamais vu et n'étaient pas moins attirés par la curiosité que par le devoir. On remarquait surtout à leur tête l'excentrique commandant du bataillon de la reine, M. de Roquemaure, qui, l'année précédente, avait habilement exécuté la retraite de l'armée après la défaite de Dieskau; M. de Privas, commandant du bataillon de Languedoc; le chevalier de Montreuil, officier plein de mérite, mais plus plein de lui-même; le rude capitaine d'Hert, surnommé Bras-de-Fer; le vieux capitaine des grenadiers d'Aiguebelle; le spirituel mais inconsidéré chevalier Duchat; enfin le « petit » Joannès, ce joueur effréné, à qui sera réservé le triste honneur de conclure la capitulation de Québec. Parmi les officiers de la colonie : M. de Lotbinière et les chefs de partisans déjà fameux, M. de Contrecœur, le chevalier de La Corne, MM. de Florimond, de La Colombière.

Depuis la grève, décorée du nom de basse ville, où s'étalaient quelques baraques et de longues files de canots d'écorce, jusqu'au fort, les troupes qui faisaient la haie avaient peine à contenir la multitude désordonnée des sauvages, qui faisaient brûler leur poudre en l'honneur du général. A l'arrivée au fort, il fallut subir les compliments des chefs avec tout le cérémonial, que le bouillant marquis supporta avec une patience héroïque.

Il se transporta de sa personne aux avant-postes, pour se rendre compte par lui-même de la position. Il poussa des reconnaissances sur le lac Saint-Sacrement jusqu'à l'île à la Barque, et, vers la tête du lac Champlain, jusqu'aux Deux-Rochers.

Le lac Saint-Sacrement, appelé lac George par les Anglais, se décharge dans le lac Champlain par un cours d'eau dont la navigation est interrompue par une cascade, qui a fait donner à cette décharge le nom de rivière à la Chute. Deux camps y furent établis : l'un de trois cents hommes, sous les ordres de M. de Contrecœur, pour garder la rive gauche du lac ; l'autre de cinq cents hommes, sous les ordres du chevalier de La Corne, pour garder la rive droite « avec un poste intermédiaire à la Chute, qui se relevait tous les quatre jours ».

Les travaux du fort Carillon, que M. de Lotbinière faisait avancer trop lentement au gré du général, furent poussés avec plus de vigueur. Tout le service fut soumis à une sévère inspection. Montcalm s'appliqua surtout à établir plus d'économie et de régularité dans l'approvisionnement de l'armée et une discipline plus sévère dans le camp. Les milices, jusque-là peu exercées, attirèrent toute son attention. Il inaugura un système qui eut dans la suite les meilleurs résultats, celui de les incorporer peu à peu dans l'armée régulière. Il versa alors six compagnies de miliciens dans les troupes de la marine.

Des patrouilles furent organisées pour veiller avec

plus de soin à la garde du camp et des ouvriers, tandis que des détachements allaient s'assurer des forces et du mouvement des ennemis. Le chevalier de Lévis se mit en personne à la tête d'un parti de Canadiens pour explorer, à l'ouest de Carillon, une issue appelée le chemin des Agniers, par où l'on craignait que les Anglais ne vinssent à déboucher et à menacer les derrières de l'armée. Lévis étonna les coureurs de bois par son entrain et par sa résistance aux fatigues, les suivant à pied à travers les montagnes et les forêts, partageant leur nourriture et couchant comme eux à la belle étoile. Il avoua cependant que cette expédition avait été une de ses plus dures épreuves.

À la rentrée de Lévis au camp, Montcalm lui remit le commandement avec ses instructions, et quitta Carillon sans trop d'inquiétudes, car il ne pouvait confier l'armée à des mains plus vaillantes ni plus habiles.

Montcalm n'ignorait pas les grands préparatifs que l'Angleterre avait faits pour cette campagne. Le Parlement britannique avait, en effet, accordé tous les secours qui lui avaient été demandés, en hommes et en argent, pour venger les deux désastres, qui l'avaient si profondément humilié l'année précédente : celui du général Braddock, à Monongahéla, et celui de l'amiral Byng, devant l'île de Minorque. Il avait voté en faveur des colonies une indemnité de cent quinze mille livres sterling; expédié de Plymouth pour New-York deux régiments avec les généraux Abercromby et Webb, et de nombreux transports chargés de tentes, de munitions, d'artillerie et d'outils pour les travaux de fortification ; enfin. nommé gouverneur de la Virginie et général en chef des armées de l'Amérique septentrionale un vieil officier d'un tout autre esprit que Braddock, lord Loudon. De leur côté, les colonies avaient résolu de lever dix mille hommes pour attaquer le fort Saint-Frédéric et se frayer un chemin jusqu'à Montréal, six mille pour s'emparer de Niagara, trois mille pour assiéger le fort Duquesne, enfin deux mille pour menacer Québec, en se jetant à travers les bois, dans la vallée de la rivière Chaudière. Toutes ces milices, réunies aux troupes régulières, devaient former une armée de plus de vingt-cinq mille hommes, c'est-à-dire le double de toutes les forces que pouvait réunir alors le Canada. C'était en présence d'un tel armement que Vaudreuil, de l'avis de Montcalm et de Lévis, osait prendre l'offensive ; l'entreprise eût été plus que téméraire, s'il avait eu affaire à des soldats aussi entreprenants et à des généraux aussi habiles que les siens.

Il n'avait pas attendu l'arrivée de Montcalm à Montréal pour expédier un corps d'observation du côté de Chouaguen, dont il méditait dès lors de faire le siège. Coulon de Villiers, à qui il avait confié les six cents Canadiens qui composaient ce corps, était le fameux chef de bande qui commandait au combat des Mines (1747) et à l'attaque du fort Nécessité, où il avait vengé la mort de son frère Jumonville, en forçant le jeune et brave Virginien qui le défendait à lui remettre son épée.

Ce jeune officier se nommait Washington.

Parti de Montréal le 18 mai, Villiers fut rejoint à

la Présentation par un parti de sauvages que lui avait dépêché le gouverneur. Il y fut retenu un jour pour « leur faire festin et chanter la guerre avec eux ». Les guerriers, costumés à leur façon, les cheveux retroussés et attachés avec des plumes d'oiseaux, la figure peinte de toutes les couleurs imaginables, depuis le noir charbon jusqu'au jaune et au rouge feu, se livrèrent à des danses figurées, en brandissant leurs casse-tête, leurs fusils et leurs couteaux à scalper, en signe de menaces contre les ennemis. Ils parcoururent l'une après l'autre les maisons du village en sautant en cadence, au son du chichicoué, et poussant des hurlements et des cris de mort à faire trembler. Un parti d'Iroquois de la Présentation était arrivé à propos, avec deux prisonniers et deux chevelures, pour donner de l'entrain à cette fête, dont le vacarme infernal ne cessa qu'avec la nuit.

M. de Villiers les lia à son expédition par un collier de porcelaine, et lança de nouveau sa flottille de canots sur le Saint-Laurent. Le 5 juin, il débarqua à la baie de Niaouré, aujourd'hui Sackett's Harbor, et y dressa un camp volant, fortifié d'une ceinture de palissades, pour servir de dépôt à ses vivres et à ses munitions.

A la suite d'une escarmouche sous les murs de Chouaguen, pendant que ses découvreurs fouillaient la profondeur du bois et les bords du lac Ontario, il apprit qu'une barque canonnière et huit berges ennemies étaient ancrées le long de l'île aux Galots. Il se hâta de s'y transporter avec une partie de sa troupe et de dresser une embuscade.

A peine y était-il arrivé, qu'un de ses éclaireurs vint l'avertir que cette petite flotte remontait le long de l'île. La barque avançant hors de portée, il la laissa passer, mais ordonna un feu d'ensemble sur les berges, qui furent criblées de balles. L'une d'elles fut complètement désemparée et prise avec le commandant et douze hommes qui la montaient ; les autres se rejetèrent en toute hâte du côté de la barque, emportant leurs morts et leurs blessés, qui ne purent être comptés.

Suivant leur coutume après un succès, les sauvages voulurent s'en retourner à leurs villages. M. de Villiers n'en put retenir que deux de la Présentation. Heureusement que, sur ces entrefaites, aborda au rivage un parti de soixante sauvages alliés : c'étaient des Folles-Avoines, venus de la rive occidentale du lac Michigan, sous la conduite de l'intrépide Marin, le rival de Villiers en courses aventureuses. Il avait hiverné à la baie des Puants, aujourd'hui la baie Verte, et avait amené avec lui, jusqu'au fort de la Presqu'île, cinq cents sauvages de ces lointaines régions ; mais ces sauvages ayant ouï dire que la petite vérole régnait parmi les Français, ils avaient tous rebroussé chemin, hormis les soixante Folles-Avoines qui venaient de débarquer. Cette inconstance des sauvages qui se répétait à chaque expédition et qui éclatait au moindre prétexte, pour un songe, pour un incident quelconque, faisait d'eux les alliés les plus incommodes et les plus dangereux. Ils exposaient sans cesse à des mécomptes et souvent à des désastres.

Durant la veillée, lorsque les feux allumés pour le

repas du soir commencèrent à s'éteindre, Villiers et Marin, assis sur des peaux d'ours étendues sur le sable de la grève, tinrent conseil. Autour d'eux étaient assis en rond le chevalier de Gannes, préposé à la garde du camp; MM. de Vilmomble, de L'Espervanche, de La Saussaye, quelques autres officiers et les chefs des Népissings, des Iroquois du Saut et des Folles-Avoines. La brise d'été qui soufflait sur le lac et sur la tête des arbres leur apportait, avec les âcres senteurs des bourgeons et des feuilles fraîches écloses, les murmures confus des voix humaines qui montaient du camp. Pour ces hommes, dont la vie se passait dans les bois, le spectacle que présentait cet attroupement au fond d'une baie déserte, entourée de tous côtés d'immenses solitudes, n'avait rien que d'ordinaire; mais c'était en réalité une vision étrange et fantastique qui rappelait les scènes d'Homère. Les pâles clartés des étoiles de cette nuit sereine et les lueurs intermittentes des bûchers à demi éteints laissaient vaguement entrevoir les costumes et les figures. Villiers, Marin et leurs compagnons portaient les vêtements habituels des coureurs de bois : la capote et la ceinture de diverses couleurs, avec guêtres et souliers de caribous et quelques signes de leurs grades. Les Folles-Avoines se distinguaient des autres Indiens par l'absence des vêtements; ils étaient complètement nus, hormis un ceinturon de peau de bête ou d'étoffe attaché autour des hanches.

Il fut décidé dans le conseil qu'on enverrait des découvreurs le long de la rivière Onontagué, par où descendaient les convois qui approvisionnaient le fort Chouaguen. Le 3 juillet, quatre sauvages apportèrent la nouvelle qu'ils avaient aperçu la queue d'un convoi arrivant au fort.

C'était une flottille de quatre ou cinq cents bateaux, manœuvrée par deux mille hommes, sous le commandement du lieutenant-colonel Bradstreet, qui apportait à Oswégo des vivres et des munitions de guerre. M. de Villiers mit aussitôt son détachement en marche pour intercepter ce convoi au retour.

Vers 3 heures de l'après-midi, l'oreille exercée des sauvages discerna un bruit de rames en aval de la rivière : c'était l'avant-garde du convoi, formée de cent bateaux portant trois cents hommes, commandés par Bradstreet en personne. Ils s'avancèrent, sans soupçonner le danger, jusque vis-à-vis l'embuscade. Soudain une violente fusillade éclata sur la lisière du bois, suivie d'une grêle de balles qui s'abattirent sur les bateaux. Quoique les Folles-Avoines eussent tiré un peu trop vite, la décharge avait été meurtrière ; car à peine la fumée de la poudre eut-elle été emportée par le vent, qu'on aperçut les bateaux, en partie désemparés, tournés vers le rivage opposé. Les équipages, frappés d'une terreur panique, faisaient force de rames pour y chercher un abri. Quelques Folles-Avoines se jetèrent à la nage et se précipitèrent sur les bateaux abandonnés, où gisaient les morts et les blessés, dont ils enlevèrent les chevelures Pendant qu'ils escarmouchaient avec les Anglais revenus de leur panique, un des leurs vint avertir M. de Villiers qu'ils allaient être cernés. Celui-ci prit alors soixante de ses plus braves soldats avec les sauvages qui lui restaient, traversa à gué et réussit à les dégager. Ils lui montrèrent avec des cris de triomphe quinze chevelures.

Un bon nombre de bateliers anglais se trouvaient alors dans une île située un peu en amont. M. de Villiers leur ayant crié de se rendre, quarante se jetèrent dans des bateaux pour venir à lui; mais, avant qu'ils eussent atteint la rive, les sauvages s'étaient jetés à la nage et s'en étaient emparés sans toutefois les scalper.

Il était 6 heures du soir quand M. de Villiers, après avoir fait briser plusieurs bateaux, rejoignit son détachement, qui venait d'échanger les derniers coups de fusil avec le reste du convoi. Il n'avait perdu que deux miliciens tués et deux soldats faits prisonniers pendant qu'ils se livraient au pillage. Une perte plus sensible fut celle du chevalier de Gannes, major des Trois-Rivières, blessé à mort par ses propres gens, qui l'avaient pris pour un ennemi pendant qu'ils tiraient de la rive opposée.

Les prisonniers portèrent le nombre de leurs morts et de leurs blessés au chiffre exagéré de cinq cents. « Ce qu'il y a de sûr, ajoute M. de Villiers, c'est que nous avions quarante prisonniers. » Le colonel Bradstreet avoua qu'il avait eu soixante ou soixante-dix hommes tués, blessés ou pris, tandis qu'il n'avait fait que deux prisonniers; ce qui n'empêcha pas qu'il prétendit, à son arrivée à Albany, avoir remporté une victoire sur les Français. La raison qu'il donna pour s'excuser de ne les avoir point poursuivis valait sa victoire; c'est que le lendemain il pleuvait. Ainsi, une journée de pluie du mois de juillet, voilà ce qui arrêtait deux mille hommes bien armés devant six ou sept cents Français et sauvages qu'il se vantait d'avoir battus.

Villiers et son détachement, qui n'avaient point peur de la pluie, reprirent la route de la baie de Niaouré, où ils arrivèrent le surlendemain sans avoir reçu une balle du parti de Bradstreet, qui ne songeait qu'à forcer de rames pour regagner Albany.

En entrant à Montréal, dans la matinée du 19 juillet, Montcalm fut satisfait d'y trouver l'intendant Bigot, arrivé de la veille pour hâter par sa présence l'approvisionnement de l'armée. Il lui avait été en effet fort utile pour organiser le camp de Carillon.

François Bigot, dont le nom personnifie toutes les hontes de cette époque, de même que Montcalm en rappelle les gloires, appartenait à une famille distinguée du midi de la France. Son père et son grand-père avaient occupé un rang élevé dans la magistrature de Bordeaux. Il se poussa à la cour grâce à des influences de famille, particulièrement à celle du maréchal d'Estrées, son proche parent, et obtint successivement l'intendance du Cap-Breton, puis celle de la Nouvelle-France (1748).

Au physique, Bigot était un homme de petite taille, avec des cheveux roux et une figure laide, couverte de boutons. Il était punais, défaut qu'il dissimulait par un continuel usage de parfums et d'eaux de senteur.

Au moral, c'était le vice élégant et raffiné du xviiie siècle. Quoiqu'il fût d'une santé délicate, il était aussi infatigable au plaisir qu'au travail. Hautain avec ses inférieurs, impérieux dans le commandement, il était souple avec ses égaux, prodigue et joueur effréné.

Il avait fait du palais de l'intendance, à Québec, un petit Versailles où il reproduisait les mœurs du roi son maître.

Avec tous ces vices, il avait des qualités réelles, de l'habileté, de l'énergie et de l'expérience dans les affaires.

Il était 6 heures et demie du matin (21 juillet), quand les cinq canots qui portaient Montcalm et son escorte quittèrent le rivage de Lachine. Tandis que les embarcations, montées chacune par dix hommes, glissaient rapidement sur les eaux du fleuve, que le soleil du matin faisait reluire de teintes d'azur et de nacre, le général échangeait avec son premier aide de camp, assis auprès de lui, des paroles d'admiration à mesure qu'il découvrait de nouveaux horizons de chaque côté du rivage. Bougainville, le carnet à la main, notait avec un soin minutieux les noms de lieux, les observations des guides, tout ce qui le frappait. On fit halte à l'île Perrot, où l'on prit un dîner champêtre achevé par un dessert de bluets cueillis par les bateliers dans des *cassots* d'écorce. A 4 heures et demie, on campait à la pointe à Coulonge, après avoir franchi pied à terre le rapide des Cascades. « Dans toute cette route, remarque Bougainville, on a les plus beaux points de vue du monde. La rivière est remplie d'îles bien boisées. Les arbres sont clairs et admirables. Quel dommage qu'un aussi beau terrain soit sans culture ! »

Le lendemain, de rapide en rapide, tantôt à pied, tantôt en canot, on atteignit le lac Saint-François, où, grâce à un petit vent de nord-est, les bateliers purent serrer leurs rames et mettre à la voile. Il n'y eut plus, le reste du jour, qu'à charmer les heures de la route en chantant des airs de voyageurs : la *Claire fontaine*, *Vive la Canadienne*, et tout le répertoire des chansons populaires.

Le 26 au soir, on arriva à la Présentation, dont Bougainville a tracé en quelques lignes l'origine et la physionomie.

« M. l'abbé Piquet, missionnaire habile et connu pour un voyage fait en France avec trois sauvages, a obtenu au-dessus de la Galette une concession de douze arpents; il a établi il y a cinq ans en cet endroit un fort de pieux carré, flanqué de quatre petits bastions, palissadé en dehors, avec un retranchement et un fossé plein d'eau. A côté du fort est le village, habité par cent feux ou chefs d'Iroquois des Cinq-Nations, tous guerriers. Chacun de ces chefs coûte environ cent écus au roi. Ils ont fait un désert, ont vaches, chevaux, cochons et poules. Ils sèment du blé d'Inde, et l'année passée en ont vendu six cents minots. L'abbé Piquet les instruit, les dresse aux exercices français pour la guerre.

« Il y a dans le fort un capitaine de la colonie commandant; mais le gouvernement pour la police intérieure et extérieure est ecclésiastique. On a dessein de transporter en cet endroit ceux des Cinq-Nations qu'on pourra gagner à la France. »

L'émoi causé dans le village par la présence du général fut augmenté par l'arrivée d'une députation d'Iroquois Oneyouts et Onontagués se rendant à Montréal sous prétexte de garantir leur neutralité. Montcalm n'eut pas de peine à discerner en eux des espions, et les renvoya à M. de Vaudreuil en l'avertissant de les garder auprès de lui sous divers motifs, jusqu'à la prise de Chouaguen.

Le lendemain 27, au départ, les sauvages du fort donnèrent le spectacle tout nouveau d'une troupe indienne formée aux exercices militaires. « Ils se rangèrent en haie, sous les armes à la française; un d'eux battant aux champs fort bien, et tous saluant le général par trois décharges de mousqueterie. »

Toute la journée du 28, la flottille circula au milieu des paysages enchanteurs des Mille-Iles, où elle fit halte pour la nuit, et entra le matin dans la rade de Frontenac.

Le capitaine des Combles, premier ingénieur de l'armée que Montcalm avait dépêché en avant de lui pour reconnaître Chouaguen, était arrivé la veille au fort, « épuisé de fatigue, harassé et défait à en être méconnaissable, tant il avait souffert dans sa course. » Il soumit son rapport au général, avec un croquis de la côte du lac Ontario, depuis la baie Niaouré jusqu'à l'anse aux Cabanes, puis du chemin qui conduisait à travers les bois, de l'anse aux Cabanes au fort Chouaguen, distance de trois lieues et demie. Les explications dont l'ingénieur en chef accompagna son rapport parurent faire connaître suffisamment la route à suivre et la force des travaux de l'ennemi pour établir un projet d'attaque.

La célérité était la condition du succès. Montcalm n'eut pas trop de sa prodigieuse activité pour tout prévoir et tout préparer. Six jours seulement après son arrivée, il était prêt à partir de sa personne.

En mettant pied à terre à Frontenac, il avait trouvé, déjà en marche, le régiment de la Sarre dirigé sur la baie de Niaouré, où M. de Rigaud, qui venait de remplacer M. de Villiers, avait sous ses ordres « cinq cent quatre-vingt-neuf hommes, troupes de la colonie et miliciens; cent vingt sauvages, trois piquets de la Sarre, Guyenne et Béarn ».

Son premier soin fut de rassembler les cent cinquante bateaux destinés à l'expédition, afin de faire réparer et calfater ceux qui se trouveraient avariés, et de les tenir tous prêts à appareiller. Il divisa les milices par brigades, pour les mieux discipliner; ordonna à chaque corps d'armée de se tenir prêt à être passé en revue; se fit donner un compte rendu exact et minutieux des dépôts d'armes, des munitions et des vivres.

Dans la soirée du 31 arrivèrent de Niagara les dernières compagnies du régiment de Béarn, dont le retard commençait à inspirer de l'inquiétude. Des vents contraires avaient obligé les bateaux qui les amenaient de se réfugier dans la baie de Toronto, puis de rebrousser chemin jusqu'à Niagara, d'où ils étaient repartis la veille. Les communications entre Frontenac et Niagara étaient maintenues au moyen d'une petite flotte, commandée par le capitaine Laforce: la *Marquise-de-Vaudreuil*, de vingt canons; la *Hurault*, de quatorze; la *Lionne*, de six, et le bateau *Saint-Victor*, armé de quatre pierriers. Une rencontre avait eu lieu, peu de temps auparavant, avec les six grosses barques armées que les Anglais avaient lancées sur le lac. A la suite d'un engagement assez vif, les Anglais s'étaient retirés après avoir perdu un voilier armé de quatre pierriers, et monté par quatorze hommes, dont les Français s'étaient emparés.

Le dernier renfort venu de Niagara, où il n'était

resté qu'une garnison de cinquante hommes, portait les forces que Montcalm avait sous la main à deux mille sept cent soixante-trois hommes, dont mille quatre cent quatre-vingt-six des régiments de la Sarre, Guyenne et Béarn ; le reste était composé de canonniers de la colonie, de Canadiens et de voyageurs des pays d'en haut. La réunion de ces forces avec celles de M. de Rigaud allait porter leur effectif à trois mille deux cents hommes.

A Frontenac, Montcalm rencontra pour la première fois un officier dans lequel il remarqua un talent supérieur : c'était M. de Lapause, aide-major au régiment de Guyenne, qui lui apporta un concours si efficace durant cette campagne, qu'il le qualifia « d'homme divin ». Là aussi se trouvait le docteur Arnoux, l'habile chirurgien en chef de l'armée, qui devait prendre place dans l'amitié de Montcalm.

Dans une note écrite à Lévis, le 2 août, le marquis lui disait ses perplexités :

« Pour prendre Chouaguen, il faut mener de l'artillerie ; où la débarquer ?...

« Je ne veux pas qu'il soit dit que j'ai marché à un siège pour le lever, que j'ai exposé l'artillerie. Je pars demain au soir ou le 5 au matin avec quatre pièces de canon de campagne, des munitions pour deux mille hommes, des vivres ; et, moins roi que pirate, je vais reconnaître avec mes deux yeux ce qu'il y a à faire.

« Je tâcherai de tenir la campagne audacieusement, si je ne puis faire un siège. »

Le lieu de rendez-vous convenu avec M. de Rigaud était la baie de Niaouré. Le 4 août au matin, tout étant prêt, Montcalm régla le départ de la manière suivante :

Lui, il partirait de sa personne, à 9 heures du soir, emmenant les deux ingénieurs, des Combles et Desandrouins, avec quelques sauvages, sous les ordres de M. de Montigny. Le 5 au matin, le colonel Bourlamaque, avec Guyenne, le capitaine d'artillerie Le Mercier, et quatre pièces de canon légères prises sur les Anglais à Monongahéla. Le 7, Béarn, le lieutenant d'artillerie Jacquot de Fiedmond, avec la poudre, les munitions de guerre et de bouche, et quarante-sept pièces de canon, obusiers et mortiers.

Les deux barques *la Marquise-de-Vaudreuil* et *la Hurault* croiseraient jusque vers Chouaguen, pour protéger les convois et observer si l'ennemi ne faisait pas quelque tentative contre Niagara. Deux cents hommes avaient été détachés du corps expéditionnaire pour l'armement de ces deux vaisseaux, et cent quarante restaient à la garde de Frontenac.

Les canots d'écorce qui portaient Montcalm et son escorte traversèrent la baie de Cataracoui par une nuit d'orages, sillonnés d'éclairs, qui retardèrent leur marche. Il fallut descendre vers minuit dans l'île aux Chevreuils et y camper jusqu'au jour. Le reste du trajet se fit heureusement, et le général mit pied à terre, le 6 au matin, au camp de M. de Rigaud. Les autres divisions se succédèrent les jours suivants. Dans l'intervalle, l'éternelle inconstance des sauvages faillit encore compromettre le succès de l'entreprise, et Montcalm eut à déployer son éloquence dans un nouveau conseil pour les attacher à lui.

Divers détachements sous les ordres de MM. de

Langy et Richerville et autres officiers furent envoyés en différentes directions pour savoir si l'ennemi faisait quelque mouvement, et intercepter les courriers qui pourraient être expédiés de Chouaguen. Rien jusque-là ne laissait croire qu'on y eût vent de l'entreprise.

L'avant-garde, composée de cinq cents Canadiens et des sauvages, au nombre de deux cent cinquante, commandée par M. de Rigaud, alla prendre position le 8 août, après deux jours de marche, au fond de l'anse aux Cabanes, d'où le commandant de l'artillerie, M. Le Mercier, et l'ingénieur Desandrouins, venus en même temps, avaient ordre d'aller reconnaître une petite anse située à une demi-lieue de Chouaguen afin d'examiner si on pouvait y faire un débarquement, et si, de là, on pouvait frayer un chemin pour l'artillerie. L'armée s'avançait avec une extrême précaution pour ne pas être découverte, ne marchant que la nuit, se cachant le jour au fond des anses ou à l'entrée des rivières, et couvrant les bateaux de branches d'arbres pour en dissimuler la présence. Les soldats au bivouac ne faisaient que de petits feux dans l'épaisseur du bois.

« Montcalm, dit Desandrouins, quitta l'anse aux Cabanes le 10, vers 6 heures du soir, accompagné des deux ingénieurs des Combles et Desandrouins, qui l'avaient attendu, et de ses deux bataillons; et on aborda vers minuit l'anse autour de laquelle était déjà M. de Rigaud.

« Malheureusement les bateaux restèrent sur le sable à cinq ou six pas de la rive et ne purent aborder. Alors on s'imagina tout de suite que cette anse n'était pas sûre pour l'artillerie, les poudres et les vivres;

on les croyait déjà voir mouillés, et les bateaux pleins d'eau. L'anse était remplie de cent cinquante bateaux que nous avions. On ne manqua pas de me faire reproche là-dessus et de me demander s'il serait possible de faire aborder encore plus de cent bateaux que l'on attendait avec Béarn et l'artillerie.

« J'eus beau représenter que rien n'était plus aisé que de tirer nos bateaux sur le sable, après les avoir déchargés, pour faire place aux autres; on m'objecta la difficulté qui naîtrait de faire un embarquement précipité si nous avions le dessous. Je répondais que s'il y avait quelque chose de ce côté, il fallait, de nécessité, renvoyer tous les bateaux à l'anse aux Cabanes, ne conserver que ceux de l'artillerie, des vivres, et faire ensuite retirer les troupes à travers bois, où l'ennemi n'oserait nous poursuivre à cause des Canadiens et des sauvages.

« Rien de tout cela ne parvint à dissiper une certaine consternation générale occasionnée par notre prétendue mauvaise position.

« J'étais moi-même contrarié au delà de toute expression de voir si mal réussir ma première reconnaissance, et de me sentir la cause du découragement universel et l'objet des reproches de toute l'armée en cas du moindre accident. Mais ce qui avait achevé de me plonger dans le désespoir furent certaines paroles prononcées par M. de Bourlamaque, que j'entendis sans le vouloir, dans l'obscurité, à côté d'un cercle d'officiers à qui il faisait la peinture de nos dangers : « Enfin, dit-il, voilà les gens à qui nous
« sommes obligés de nous rapporter ; ils exposent,
« sans en sentir les conséquences, le salut de toute la

« colonie. » Ces paroles me pénétrèrent jusqu'au fond de l'âme.

« Mais Le Mercier, qui le premier avait découvert l'anse, cause de tant d'ennuis; Le Mercier, lui, ne doute de rien et soutient sa pointe. Il fait immédiatement débarquer ses quatre pièces d'artillerie, qu'il étale sur le rivage, et cherche à rendre la sécurité à M. de Montcalm et à lui prouver la bonté de notre poste.

« Il rendit, je crois, en cette occasion, un service signalé. »

Les bateaux furent déchargés et tirés à sec sur le rivage, pour faire place à ceux de Béarn, qui approchaient avec l'artillerie.

Le 11, avant le lever du jour, des Combles et Desandrouins étaient en marche, ayant pour escorte la compagnie des grenadiers de la Sarre et un piquet de sauvages et de Canadiens, afin d'examiner Chouaguen de plus près et de disposer l'attaque. Ils arrivèrent bientôt sur la lisière d'une haute futaie, où, ayant laissé leur escorte de grenadiers à deux portées de fusil en arrière, ils attendirent jusqu'à ce que la clarté du jour leur permît de bien distinguer les objets. Alors l'infortuné des Combles, qui l'instant d'après allait se faire tuer par une surprise de ses propres gens, et qui ne voulait point de la société des sauvages, qu'il n'aimait pas, pria quelques officiers de la Sarre de venir avec lui, et frappant sur l'épaule de Desandrouins : « Vous restez là, » lui dit-il. Desandrouins fut surpris de cette parole, d'autant plus qu'ils étaient convenus d'aller ensemble. Cependant c'était son chef, il obéit sans mot dire. Des

Combles disparut au milieu des grands arbres et des broussailles.

Desandrouins, le perdant de vue, résolut de faire seul sa reconnaissance. Il prit avec lui deux sauvages qu'il avait sous la main, s'avança dans la forêt et arriva sur la crête d'un coteau, d'où l'on apercevait les bords de la rivière.

Les défenses de Chouaguen, appelé Oswégo par les Anglais, consistaient en trois forts distincts : le fort Ontario, le vieux Chouaguen et le fort George.

Le fort Ontario s'élevait sur la droite de la rivière, par où venaient les Français, au sommet d'un plateau fort élevé, terminé par des escarpements à pic du côté de la rivière et du lac, et du côté de la forêt par une pente assez raide, qui commençait à cinq cent quarante pieds du fort et formait un ravin traversé par un ruisseau. On pouvait ainsi arriver jusqu'à cette distance sans être aperçu. Le fort avait la forme d'une étoile et était bâti de troncs d'arbres de dix-huit pouces de diamètre, équarris sur deux faces, solidement joints et sortant de terre d'environ neuf pieds. Le fossé qui l'entourait avait dix-huit pieds de largeur au sommet sur huit pieds de profondeur. Les terres en avaient été rejetées en glacis sur la contrescarpe et en talus sur la berme. Les embrasures y étaient percées à fleur de terre, et l'on pouvait tirer par-dessus les pieux au moyen d'une galerie de charpente pratiquée tout autour. Le fort était armé de huit pièces de canon, de quatre mortiers à double grenade, et défendu par trois cent soixante-dix hommes.

Le vieux Chouaguen, situé sur la rive gauche de la rivière, consistait en une redoute ou château à mâchicoulis, crénelée au rez-de-chaussée et au premier étage, dont les murs avaient trois pieds d'épaisseur. Autour de cette redoute, à dix-huit pieds de distance, régnait un mur de quatre pieds d'épaisseur et de dix de hauteur, flanqué de deux grosses tours carrées. C'était un véritable château fort du moyen âge. Il était de plus entouré de solides retranchements, armés de dix-huit pièces de canon et de quinze mortiers.

Enfin le fort George, situé à dix-huit cents pieds plus loin, sur une éminence du même côté de la rivière, n'était qu'une enceinte faite de mauvais pieux qui n'était pas susceptible de défense. Tous ces ouvrages étaient protégés par seize cent cinquante-huit hommes, dont treize cents soldats de la vieille Angleterre.

Desandrouins, abrité derrière un tronc d'arbre qui lui servait en même temps d'appui pour écrire, complétait ses observations à mesure que le soleil levant inondait de ses rayons obliques les deux berges de la rivière et faisait ressortir les saillies des fortifications où tout dormait dans un profond silence, quand soudain deux coups de canon furent tirés des remparts : c'était le signal du lever. Presque aussitôt une décharge de coups de fusil éclata sur sa droite, suivie de cris. « Les sauvages qui m'accompagnaient, continue Desandrouins, me firent signe de revenir. Je crus que les coups de fusil venaient d'une patrouille ennemie sortie dès le matin de ses retranchements. Je me doutais qu'elle avait rencontré M. des Combles et les officiers, et qu'elle les avait repoussés. Craignant qu'elle ne me coupât la retraite, je me retirai vers M. de Bourlamaque, venu aussi en curieux, et qui était resté avec les grenadiers.

« Mais j'avais à peine fait huit pas en arrière, que j'entendis M. de Saint-Luc criant, tout désolé, que notre pauvre ingénieur était blessé à mort. Je courus de son côté pour lui porter secours, si c'était possible. Je le trouvai expirant et étendu à terre d'un coup de fusil chargé d'une balle et d'une poignée de gros plomb, que lui avait tiré un sauvage nommé Hotchig.

« Ce malheureux l'avait pris pour un Anglais qui venait à la découverte. Il le vit passer sous un tronc d'arbre, poussant sa canne devant lui. Il crut que c'était un fusil, entendit ou aperçut quelqu'un qui l'accompagnait, et ne balança pas de lâcher son coup ; mais son intention avait été de le faire prisonnier.

« Je fus assommé de ce récit et de l'état de mon pauvre camarade, que j'embrassai et fis transporter sur-le-champ dans sa tente, où il expira une demi-heure après, malgré les soins des chirurgiens. »

A la nouvelle de cet accident, Montcalm accourut tout consterné. Des Combles était le seul de ses ingénieurs qui eût assisté à un siège en qualité d'officier du génie. Mais le temps n'était ni aux larmes ni aux regrets. Les hésitations mêmes devenaient un danger. Les Anglais avaient l'éveil, et d'un moment à l'autre on pouvait les avoir sur les bras. Après avoir rassuré les sauvages, que cet accident avait démoralisés, et les avoir persuadés que c'était une méprise involontaire qui ne retarderait pas les opérations du siège, Montcalm fit prendre rapidement position aux troupes à mesure qu'elles débarquaient. « M. de Rigaud fut posté à un quart de lieue en avant pour faire l'investissement du fort Ontario par de petits détachements de Canadiens et de sauvages. » L'armée fut campée sur une hauteur voisine de l'anse du débarquement, la droite appuyée sur le lac et couverte par une batterie établie sur la grève, la gauche défendue par un marais impraticable. Quatre cents travailleurs des troupes de terre ou de la colonie furent employés à ouvrir un chemin pour l'artillerie, pendant que tout le reste de l'armée s'occupait à faire des amas de fascines, de gabions et de saucissons.

Vers midi, trois grosses barques anglaises sortirent de Chouaguen et vinrent s'embosser en face de l'anse. « Mais elles furent fort surprises de se voir vivement saluées, à la suédoise, des quatre pièces de onze; et elles s'en retournèrent après avoir fait quelques décharges de leur artillerie sans aucun effet, et avoir reçu quelques-uns de nos boulets dans leur bord[1]. »

« Comme elles avaient de la peine à rentrer dans leur rade, raconte Montcalm, tous nos sauvages nous donnèrent un spectacle amusant : ils fusillaient les barques, qui leur répondaient à coups de canon, et avec une agilité singulière ils étaient rentrés au moment que chaque décharge allait partir. »

Le 12, Béarn, avec l'artillerie et les vivres, arriva à la pointe du jour. Deux barques ennemies sortirent presque en même temps, mais trop tard pour leur couper chemin, grâce à la batterie de la grève augmentée de quelques pièces.

Dans la nuit du 11 au 12 et le jour suivant, l'élite des Canadiens et sauvages se glissèrent d'arbre en arbre, de souche en souche, d'où ils ne cessèrent de fusiller le fort Ontario. Cette manœuvre contribua

[1] *Journal de Desandrouins.*

beaucoup à contenir dans leurs retranchements les assiégés, toujours craintifs pour leurs chevelures, et à inspirer de la confiance à l'armée.

Mais le fait important de la journée fut la capture de deux courriers iroquois, porteurs de lettres du colonel Mercer, commandant de Chouaguen, dans lesquelles il demandait d'expédier d'Albany, en toute hâte, un secours de deux mille hommes. Il s'exagérait la force des Français et la faiblesse de sa garnison. On peut se figurer la joie de Montcalm.

« Ces lettres, dit-il, étaient de 4 heures du matin, et le marquis de Montcalm les avait à 9 heures, avec deux états très exacts de la force de la garnison et des malades. »

A minuit, le chemin de l'artillerie étant terminé, Desandrouins, aidé du capitaine Pouchot, commença l'ouverture de la tranchée sur la crête du coteau. Trois cents travailleurs, soutenus par deux compagnies de grenadiers et trois piquets, y travaillèrent sans relâche, sous les ordres de Bourlamaque, chargé de la direction du siège. « C'était, dit Desandrouins, un rude officier, continuellement blessé au feu, mais toujours debout. Il ne quitta plus la tranchée, quoiqu'il reçût une contusion dans la journée du 13. »

Cent Canadiens avec les sauvages, commandés par des Ligneris et de Villiers, avaient été embusqués en avant vers la gauche, sous le couvert d'un taillis, avec ordre de tirer à toute volée sur les assiégés, s'ils apercevaient les travaux et tentaient de les arrêter.

La surprise des sauvages fut aussi grande que celle des Anglais en apercevant, au point du jour, tout le travail qui avait été fait pendant la nuit. « Ils demandaient à venir, dit Montcalm, on les plaçait derrière des espèces de créneaux faits avec des sacs de terre, d'où ils regardaient à loisir. »

Toute la journée du 13 fut employée à élargir la parallèle, à y faire un rempart de troncs d'arbres et de gabions, à ouvrir des chemins de communication, et à tracer l'emplacement d'une batterie de six pièces. « Mais cette journée fut chaude. Les ennemis firent sur nous un feu d'enfer. Aux canons, aux bombes, à la mousqueterie qu'ils tiraient des deux forts à la fois, nous n'avions à opposer que les coups de fusil de quelques grenadiers à travers les créneaux formés de sacs de terre, et de cinq ou six sauvages ivres qui, sautant par-dessus le parapet, allaient derrière une souche lâcher leur coup, puis revenaient encore plus vite, poussant des cris comme s'ils eussent remporté une victoire. Enfin, vers 2 heures du soir, le feu devint si violent, que ni sauvages ni Français n'osèrent plus se montrer; puis tout à coup, vers 4 heures, il cessa tout à fait.

« Ce silence absolu du fort Ontario étonne : on croit à une feinte pour nous engager à quelque étourderie. Cependant, après une couple d'heures, un sauvage s'offre pour aller à la découverte. Enjambant le parapet, il glisse de souche en souche jusqu'au pied du rempart et écoute un instant; puis tout à coup on le vit presque aussitôt sauter dans le fort et reparaître aux yeux de toute l'armée accourue dans la tranchée, qui battait des mains. »

On fit marcher la compagnie de grenadiers de Guyenne pour s'emparer de la place.

La hardiesse des Canadiens et des sauvages, qui n'avaient cessé de tirer autour du fort, avait épouvanté la garnison. Elle avait craint d'être cernée pendant la nuit, séparée du vieux Chouaguen, prise et scalpée, ou bien assaillie par une brusque attaque et jetée à la rivière, sur laquelle il n'y avait point de pont. Alors ils avaient encloué leur canon, noyé leur poudre, et s'étaient retirés avec une telle précipitation, qu'ils avaient abandonné trois hommes malades ou blessés et tous leurs bagages.

La joie et l'espérance, ajoute Desandrouins, éclatèrent alors, comme on peut bien le penser, sur tous les visages. On disait : « Eh bien! quand nous ne ferions que cela, n'est-ce pas assez pour notre gloire? Mais les Anglais sont des pleutres, ils se rendront bientôt. »

Le colonel Mercer ne pouvait commettre une plus grande faute que d'abandonner le fort Ontario : c'était livrer les clefs de Chouaguen. Il aurait dû, au contraire, y concentrer ses moyens de défense, et il aurait pu s'y maintenir jusqu'à l'arrivée du général Webb, qui s'avançait rapidement avec deux mille hommes de renfort.

Le système de fortifications d'Ontario était loin d'être aussi défectueux que l'ont prétendu certains historiens. Les énormes pièces de bois, fortement liées ensemble et enfoncées de cinq pieds en terre, qui formaient son enceinte, étaient protégées jusqu'aux trois quarts de leur hauteur par le talus de la contrescarpe, exhaussé, comme on l'a vu, par les terres rejetées du fossé. Ces palissades, dont la tête seule était accessible, pouvaient résister longtemps aux boulets qui les ébranlaient ou les entamaient, mais ne les renversaient que difficilement [1].

Les troupes de terre, avec cent Canadiens, furent immédiatement employées à transporter à bras vingt pièces de canon et des munitions au delà du fort, sur le bord de la falaise qui domine la rivière. Toute la nuit on s'occupa à y monter une batterie à barbette, et à la relier par une tranchée avec les fossés du fort, où l'on pouvait arriver sans être vu.

« Si on n'employa pas un plus grand nombre de Canadiens à ces diverses opérations, observe Montcalm, c'est qu'ils étaient destinés à faire un mouvement dès la petite pointe du jour. »

Le beau clair de lune qu'il faisait permettait à l'ennemi de diriger ses projectiles comme en plein jour. Il se contenta cependant de lancer une douzaine de bombes et quelques boulets. Les soldats, stimulés par la présence du général venu lui-même à la tranchée, travaillèrent avec tant d'ardeur, qu'à l'aurore neuf pièces de canon étaient en batterie et les chemins de communication établis. M. de Rigaud, avec ses Canadiens et la plupart des sauvages, traversèrent, les uns à gué, les autres à la nage, la rivière en amont du fort Chouaguen, et l'investirent de manière à lui couper toute communication. « Cette manœuvre, dit Montcalm, se fit d'une façon brillante et décisive,

[1] Au siège de Dantzig (1807), les soldats de Napoléon furent arrêtés plusieurs jours par une rangée de palissades placées au fond d'un fossé. « La difficulté que nous rencontrions ici, dit M. Thiers, était une preuve des propriétés défensives du bois... Le boulet fracassait la tête de quelques-unes de ces palissades, souvent les écorchait à peine, et n'en renversait aucune. » (Histoire du Consulat et de l'Empire, t. VII, p. 525.)

y ayant beaucoup d'eau qui n'arrêta personne. » Le résultat de ce mouvement fut l'abandon immédiat du fort George.

Montcalm avait gardé sous sa main cent Canadiens, dont il voulait se servir pour faire un autre débarquement durant la nuit en aval du fort, et y transporter le régiment de Béarn avec quelques pièces de canon. « Cette dernière manœuvre, ajoute Montcalm, aurait sans doute achevé de leur faire perdre contenance ; mais la promptitude de nos travaux, dans un terrain qu'ils avaient jugé impraticable, la manœuvre du corps qui avait passé la rivière, leur fit juger que nous devions être six mille. »

Cependant le feu par lequel les ennemis répondaient à la batterie française était très vif. Leur tir était plongeant : « Ils semblaient, dit Desandrouins, mettre à la main leurs bombes et leurs boulets dans nos tranchées, ou au moins sur leurs revers et leurs parapets qu'ils dominaient. Ils nous tuaient pas mal de monde. »

En ce moment le ciel, qui s'était montré si favorable aux Français, semble se tourner contre eux. Le soleil, qui s'était levé resplendissant, se cache vers 7 ou 8 heures ; un violent orage éclate, accompagné d'une pluie torrentielle ; le sol se détrempe, et les canons qui n'avaient pas de plate-forme se dérangent ; on a toutes les peines du monde à régler leur tir, puis les munitions commencent à faire défaut, malgré l'activité des soldats, dont la pluie retarde la marche. Le feu devient moins vif du côté des Français, celui des Anglais redouble au contraire, et une des neuf pièces est démontée.

Montcalm, qui souvent venait à la batterie, commençait à s'inquiéter; mais en ce moment-là même un grave événement se passait au fort Chouaguen : le brave Mercer qui le commandait était coupé en deux par un boulet, au moment où il se disposait à faire une vigoureuse sortie. Cette perte irréparable jeta le découragement dans la garnison, déjà glacée de terreur par le mouvement des Canadiens et des sauvages, dont les lignes les enlaçaient comme d'affreux serpents et leur fermaient toute issue. Elle se croyait sous le couteau à scalper des Indiens, en entendant pousser des hurlements épouvantables pendant qu'ils brandissaient leurs armes. Une résistance opiniâtre ne pouvait qu'exciter davantage leur fureur, en ne retardant que de quelques jours la reddition de la place.

Montcalm, qui ne savait pas encore qu'un de ses boulets venait d'emporter le commandant de Chouaguen, fut ravi, quoique peu surpris, d'entendre, vers les 11 heures, battre la chamade de l'autre côté de la rivière, et de voir arborer le drapeau parlementaire.

M. de Bougainville, sachant l'anglais, fut envoyé auprès du lieutenant-colonel Littlehales, qui venait de remplacer Mercer dans le commandement, pour lui proposer les articles de la capitulation et le garder comme otage. Il fut suivi par M. de Lapause, qui en fit la rédaction.

D'après les termes de la capitulation, la garnison se constituait prisonnière de guerre, et tout le matériel des forts, munitions et vivres, appartenait aux Français. Le nombre des prisonniers de guerre s'élevait à seize cent cinquante-huit hommes, savoir :

les régiments de Shirley et de Pepperel, venus de la vieille Angleterre, lesquels s'étaient battus à Fontenoy, et un détachement de Schuyler, formé des milices du pays. Ces troupes étaient commandées par soixante-douze officiers, dont deux ingénieurs, deux officiers d'artillerie et douze officiers de marine. On prit cinq drapeaux, la caisse militaire, contenant dix-huit mille cinq cent quatre-vingt-quatorze livres, sept bâtiments de guerre, deux cents berges, cent vingt et un canons, quarante-huit mortiers. Les munitions de guerre consistaient en vingt-trois milliers de poudre, huit caisses de balles, deux mille neuf cent quatre-vingts boulets de divers calibres, quatre cent cinquante bombes, mille huit cents fusils et autre matériel en abondance.

Les magasins étaient remplis d'une grande quantité de biscuits, de lard et de bœuf salé, de farine, de riz, de pois et de sel, qui servirent à ravitailler le camp français.

Le siège avait coûté aux vainqueurs une trentaine d'hommes tués ou blessés, et cent cinquante aux vaincus. Le colonel Bourlamaque, à la tête des trois compagnies de grenadiers, des piquets de tranchée et de cent hommes de la colonie, alla prendre possession de Chouaguen, dont la démolition fut immédiatement commencée. Cette besogne fut poussée avec tant de vigueur, que des trois forts il ne restait pas pierre sur pierre le matin du 21 août, jour fixé pour le départ.

Le fort Ontario, où avaient été confinés les prisonniers anglais, fut le dernier qu'on fit sauter et consumer. En cas d'attaque de l'ennemi, l'armée était venue camper de ce côté le 16, appuyant sa droite au fort Ontario, sa gauche en écharpe sur la lisière de la forêt.

Les prisonniers furent dirigés sur Montréal, d'où ils devaient être transférés à Québec en attendant d'être échangés.

Montcalm, qui connaissait le cœur du soldat, voulut célébrer son triomphe par une manifestation religieuse et patriotique qui soulevât l'enthousiasme de l'armée. Dans la matinée du 20 août, il fit planter une grande croix portant ces mots : *In hoc signo vincunt.* Et près de cette croix, un mai sur lequel étaient attachées les armes de France, avec cette devise où se révélaient les goûts classiques du général : *Manibus date lilia plenis,* « Apportez des lis à pleines mains. »

L'armée fut appelée sous les armes, et l'abbé Piquet, qui avait rejoint l'expédition, bénit le pieux trophée au milieu du roulement des tambours et des décharges réitérées du canon et de la mousqueterie.

Le lendemain, la flottille française prit le large, après avoir salué une dernière fois l'éphémère monument de sa victoire. Quand les derniers bateaux eurent disparu derrière l'angle de la falaise, le silence de la nature primitive, ce silence immense des solitudes infinies, à peine troublé par le passage de la brise ou par le murmure des flots, avait déjà envahi les ruines de Chouaguen.

L'embarquement des prisonniers avait été marqué par un incident regrettable, qui aurait pu être évité si les commandants français, trop dédaigneux des Canadiens et de l'expérience de nos officiers, n'avaient pas méprisé leurs sages avis.

« Nous ne pouvions avoir, dit Desandrouins, l'idée de gouverner des troupes légères avec tant de cérémonie. »

Ce fut en vain qu'on les avertit que les sauvages ne se regardaient pas comme liés par la capitulation tant qu'ils ne l'auraient pas ratifiée eux-mêmes, dans un conseil, par l'acceptation d'un collier. Cette précaution parut superflue.

Une trentaine de soldats anglais qui, selon la version de Bougainville, « avaient voulu se sauver à travers les bois, » furent pris et massacrés par les sauvages. Ce n'était que le prélude d'un plus grand malheur qui devait arriver l'année suivante, après la prise de William-Henry.

Le massacre de Chouaguen ne fit pas grand bruit, probablement parce que les malheureuses victimes s'étaient mises elles-mêmes dans le tort en cherchant à s'enfuir, ensuite parce qu'elles ne se composaient que d'obscurs soldats.

Le 28 août, toutes les troupes étaient réunies à Montréal pour de là être dirigées sur Carillon, à l'exception des milices, qu'on dut renvoyer dans leurs familles pour faire la moisson ; il n'avait été laissé que cent hommes de garnison à Frontenac et cent cinquante à Niagara.

« Voilà une jolie aventure, écrivit Montcalm à sa femme en lui racontant son exploit ; je vous prie d'en remercier Dieu dans ma chapelle. »

Cette jolie aventure, menée avec autant d'audace que de promptitude et d'habileté, n'apportait pas seulement des lauriers à pleines mains, mais des fruits plus abondants encore. Par l'anéantissement de Chouaguen, la France, devenue maîtresse du lac Ontario, n'avait plus besoin que de faibles garnisons à Frontenac et à Niagara pour maintenir ses communications avec l'Ouest. L'ennemi était refoulé jusqu'à ses anciennes frontières, et il n'y avait plus rien à craindre de ce côté jusqu'à la fin de la campagne. Vaudreuil pouvait donc concentrer toutes ses forces sur Carillon, les masser à la tête du lac Saint-Sacrement, et refouler jusque sous les murs d'Albany les colonnes anglaises ébranlées par la défaite.

La chute de Chouaguen, aussi prompte qu'inattendue, avait été en effet un coup de foudre pour les colonies voisines. Le général Webb, qui marchait au secours de cette place, s'était même imaginé que Montcalm s'avançait de là contre lui. Dans sa frayeur, il avait fait brûler les dépôts de munitions établis sur la route, et avait obstrué, à mesure qu'il retraitait, la rivière qui servait de voie de communication, en y renversant une grande quantité d'arbres.

Lord Loudon ordonna à Winslow, qui commandait à la tête du lac Saint-Sacrement, d'abandonner tout projet d'offensive et de se retrancher fortement pour tenir les Français en échec. Le contre-coup de cet événement se fit sentir en Angleterre, où l'on comprit que la France avait au Canada un habile général.

III

LA SOCIÉTÉ CANADIENNE. — LES JEUX DE HASARD

Il n'y a guère de triomphe qui ne soit mêlé de quelque amertume, et il n'est besoin souvent de chercher hors de soi pour la trouver. Montcalm ne tarda pas à en faire l'expérience. En entrant à Montréal, il avait été étonné d'entendre associer le nom de Vaudreuil au sien dans le concert de louanges qu'on lui décernait; mais, quand il entendit le gouverneur lui-même s'attribuer une part de la victoire, il eut peine à se contenir. Il ne répondit d'abord que par de fines railleries; mais, emporté par son tempérament, il se répandit bientôt en sarcasmes amers et finit par se montrer injuste à force d'être acerbe. Sans doute que la vanité de Vaudreuil était puérile, mais il n'en était pas moins vrai que c'était lui qui avait conçu et préparé le plan de campagne si admirablement exécuté par Montcalm. Telle est l'origine de la fameuse querelle entre ces deux hommes, qui a été une des causes de la perte du Canada.

« Votre ami l'évêque, écrivait Montcalm à Lévis,

vient de donner le plus ridicule mandement du monde ; mais gardez-vous bien de le dire, car c'est l'admiration du Canada. »

Ce blâme, par lequel Montcalm déchargeait sa mauvaise humeur, n'avait d'autre motif que les louanges que Mgr de Pontbriand avait distribuées, avec une rare impartialité, entre les chefs et les soldats français et canadiens. Ce mandement d'action de grâces était, du reste, un modèle du genre ; il n'avait d'autre ridicule que celui de ne pas réserver tout l'encens pour un seul.

C'est dans cette disposition d'esprit que le général victorieux quitta Montréal pour Carillon ; il emportait avec lui une blessure dont il ne devait pas guérir, celle de l'orgueil froissé.

Le trajet jusqu'au fort Saint-Jean se fit partie à cheval, partie à pied, partie en calèche ; car la route, percée à travers une pleine fertile mais peu déboisée, était presque impraticable. Une escorte de quinze miliciens et de trente sauvages outaouais accompagnait le général, parce que cette route paraissait en ce moment peu sûre. La veille, un parti ennemi s'était montré à Laprairie, où il avait enlevé une chevelure.

Bougainville, qui pour la première fois parcourait cette partie du pays, y portait comme toujours son esprit d'observation. « Le fort Saint-Jean, dit-il, placé sur la rivière de Sorel, est une enceinte carrée à quatre bastions. Bâti en pieux, il est fort mal fait, quoiqu'il ait coûté quatre-vingt-seize mille francs.

« Celui de Saint-Frédéric est en pierre, avec une grosse redoute, également en pierre, située dans l'intérieur du fort; il est très mal placé, ayant plusieurs hauteurs qui le commandent à portée de fusil. Sur ces hauteurs on a fait une redoute et un retranchement de pièces sur pièces, ouvrages mal faits et plutôt nuisibles qu'utiles à la place. »

Le fort Saint-Frédéric était alors commandé par M. de Lusignan, vieil officier d'expérience, et qui avait de beaux états de service. « J'ai beaucoup raisonné avec M. de Lusignan,... écrit le marquis. Il me paraît qu'il connaît les choses possibles et dangereuses. »

« C'est un très bon officier à tous égards, » ajoutait de son côté le chevalier de Lévis.

Une note jetée en passant par Montcalm révèle la simple et austère vie de soldat que le général s'imposait pour donner l'exemple à son armée. « Ne quittez pas votre maison, écrit-il à Lévis, car vous me nourrirez, et je mettrai mon matelas avec Fontbrune[1] dans la grande pièce. » Puis il ajoute : « Heureux si vous avez le temps de recevoir le renfort que je vous envoie ; car les ennemis, suivant mon calcul militaire, doivent vous attaquer d'ici au 20 septembre ou jamais. »

Lorsque, dans la journée du 10 septembre, le chevalier accourut au pied de la falaise de Carillon à la rencontre de Montcalm, il l'embrassa en le félicitant de sa victoire. Il n'y avait pas deux mois qu'il lui avait dit adieu en ce même endroit, et dans ce court intervalle le général avait fait trois cents lieues de marche, assiégé, pris et rasé un fort. Plus d'un flat-

---

[1] M. de Fontbrune, lieutenant de grenadiers du régiment de la marine, et protégé par M. de Lévis. (*Journal de Montcalm*.)

teur dut lui rappeler, non sans quelque vérité, le mot de César : *Veni, vidi, vici.*

Le chevalier de Lévis avait grandement coopéré au succès de cette campagne par ses habiles manœuvres et par ses démonstrations agressives. « Votre ordre de bataille est si bien, lui écrivait de Chouaguen le marquis de Montcalm, que si vous n'en avez point, je veux au moins que le ministre le lise. »

La hardiesse des mouvements de M. de Lévis, l'augmentation de ses postes avancés, qui poussaient des pointes de chaque côté du lac Saint-Sacrement, le nombre et la force des partis qu'il tenait constamment en campagne, et qui revenaient avec des prises et des chevelures après des coups audacieux, en imposèrent à ce point aux Anglais, qu'ils crurent toujours à une marche offensive jusqu'au moment de la prise de Chouaguen.

Dans l'intérieur du camp, la principale distraction était les sauvages, avec leurs coutumes bizarres, leurs jongleries, leurs tours d'adresse, leurs danses, leurs jeux ; celui de la crosse surtout, qui offrait le spectacle le plus animé. Un des témoins de ces scènes, le chevalier Duchat, capitaine au régiment de Languedoc, en écrivait des relations étonnées à sa famille ; mais il s'étonnait bien davantage des incroyables cruautés de ces barbares et du nombre de scalpes qu'ils rapportaient de leurs courses.

Notre civilisation réprouve ces atrocités, auxquelles les deux partis étaient fatalement entraînés en recherchant l'alliance des indigènes. Le chevalier de Lévis en avouait la triste nécessité dans sa correspondance au ministre de la guerre.

Dans les premiers jours de septembre, les Anglais avaient massé plus de dix mille hommes entre le fort Édouard et le fort William-Henry, leur point d'appui à la tête du lac Saint-Sacrement, c'est-à-dire des forces triples de celles dont disposait le chevalier de Lévis. Leurs avant-postes occupaient fortement les îles du lac, à trois ou quatre lieues du fort. M. de Florimond, qui avait osé s'en approcher de très près, avait aperçu d'une hauteur voisine le camp ennemi, disposé de chaque côté du fort. Il avait compté sept rangs de tentes de cent trente chacun, et un grand nombre de bateaux. Nos sauvages alliés, intimidés par les partis d'éclaireurs anglais qui venaient tirailler jusqu'aux avant-postes, n'osaient plus s'aventurer au loin.

M. de Lévis s'attendait d'être attaqué de jour en jour, quand éclata la nouvelle de la prise de Chouaguen. Elle lui garantissait l'issue de la campagne.

Le retour du marquis de Montcalm avec son corps d'armée avait porté le camp de Carillon à quatre mille neuf cents combattants, y compris les sauvages. Les régiments de Béarn et de Guyenne furent cantonnés à une demi-lieue, sur la droite de la rivière de la Chute. Cent vingt hommes des troupes de la marine, sous M. de Saint-Martin, avaient été placés en avant, à mi-distance entre M. de La Corne et M. de Contrecœur, avec l'ordre d'appuyer l'un ou l'autre au premier signal.

Les sauvages, enhardis par la victoire, ne craignaient plus de faire des reconnaissances. On résolut d'en profiter pour les entraîner tous dans une grande expédition confiée à un officier de la colonie, M. de La Perrière, suivi de cent Canadiens et de vingt officiers ou cadets de la colonie, formant un effectif de sept cent vingt hommes. Les deux aides de camp de Montcalm, Bougainville et La Rochebeaucour, avec l'ingénieur Desandrouins et Le Mercier, y furent attachés avec ordre de reconnaître les positions des Anglais dans les îles, et d'aller observer le camp du fort George d'aussi près que possible. Mais ce n'était pas une mince besogne que de faire prendre une résolution unanime à six cents guerriers de différentes tribus, « opération longue et fastidieuse, observe Bougainville. Il en coûte force eau-de-vie, équipements, vivres, etc. C'est un détail qui ne finit pas. »

Dès l'aurore du 13 septembre, un grand conseil, annoncé la veille, était en séance sur le plateau qui s'étendait entre les tentes et les glacis du fort. Jamais le camp de Carillon n'avait présenté un coup d'œil aussi animé, aussi extraordinaire. Du haut des remparts, où flottaient les couleurs de France, le canon venait d'annoncer l'heure du réveil.

Les différents corps d'armée, drapeaux en tête, émergeaient du camp et du fort au seul cri des officiers ; car les trompettes et les tambours étaient interdits. Entre les rangées de tentes, dont les toitures blanches se dessinaient en vives arêtes sur la verdure du gazon et des bois, les feux allumés par les cantiniers laissaient échapper de légères colonnes de fumée qui flottaient en nuages à la cime des arbres. Tous les guerriers indiens, fraîchement tatoués, groupés par tribus et assis sur l'herbe, formaient un immense cercle, où les chefs se passaient de main en main le calumet après en avoir tiré quelques bouffées. En arrière d'eux étincelaient au soleil levant les sabres et les baïonnettes des régiments français, disposés en vaste carré. Le marquis de Montcalm, debout au centre du conseil et tenant en main un collier de porcelaine, haranguait son étrange auditoire. A mesure que M. Marin, l'interprète du jour, traduisait les paroles de l'orateur, les chefs répondaient par des inspirations gutturales répétées en chœur par la foule des guerriers. Singulière rencontre des deux extrêmes de la civilisation et de la barbarie.

L'éloquence du général parut convaincre toute l'assemblée, et le départ de l'expédition fut fixé au lendemain soir. Mais d'ici là un incident quelconque pouvait changer toutes les résolutions. En effet, quelques Iroquois, revenant d'une découverte, rapportèrent sept chevreuils qu'ils avaient tués, et invitèrent leurs frères à leur festin. Force fut donc de remettre l'expédition jusqu'au matin du 15.

Enfin on se mit en marche. Il était décidé qu'une partie du détachement irait frapper à gauche vers le fort Édouard, en remontant le lac Champlain et la rivière au Chicot qui s'y décharge, tandis que l'autre suivrait la route du lac Saint-Sacrement.

« Nous nous sommes rendus à 6 heures du soir au camp avancé de M. de Contrecœur.

« Les sauvages, qui devaient partir ce soir, ne partent plus. La destination même du détachement est changée. Ils veulent aller tous ensemble par le lac Saint-Sacrement.

« On dit que le départ est fixé à cette nuit, mais c'est un on-dit, et le caprice sauvage est bien de tous les caprices possibles le plus capricieux[1]. »

[1] *Journal de Bougainville.*

La décharge du lac « est un pays de montagnes, de précipices », fait exprès pour les embuscades « et pour les coups fourrés ».

« Les sauvages sont enfin déterminés à partir et quittent le camp de M. de Contrecœur vers 6 heures du soir.

« Les canots, au nombre de trente-quatre, ont attendu en ligne, derrière une pointe, que le jour fût tout à fait tombé. »

Ce sont « les sauvages qui décident la marche, les haltes, les découvertes, l'expédition à faire ; et dans cette espèce de guerre, il faut s'en rapporter à eux ».

Ils étaient soi-disant aux ordres de l'intrépide Marin, dont Montcalm reconnaissait la bravoure, mais qu'il jugeait sot, parce qu'il était vantard, comme presque tous les coureurs de bois.

La lune se levait à l'horizon et achevait de disperser de légères vapeurs à la cime des montagnes pittoresques qui bordent les deux rives du lac, l'un des plus beaux de tout ce pays. La flottille s'avança dans un profond silence, en longeant la côte du nord, jusqu'au delà de l'île à la Barque. Le reste de la nuit fut passé au bivouac, à la tête des bateaux tirés sur le rivage. Un canot d'écorce avait été dépêché en avant à la découverte. « Ce canot rencontra dans le chenal des îles un petit bateau anglais qui était en croisière. Comme il faisait clair de lune, notre canot s'est plongé dans la partie où les arbres faisaient ombre, et a observé les mouvements du canot ennemi, qui presque aussitôt s'en est retourné sans nous avoir découverts. »

A la pointe du jour, tout le détachement se retira dans l'épaisseur du bois pour y attendre le retour de deux partis d'éclaireurs, dont l'un devait s'avancer le long du rivage, et l'autre côtoyer le versant de la montagne. Ils revinrent à la tombée du jour, après s'être approchés jusqu'en vue du fort George, mais sans avoir remarqué autre chose que de vieilles pistes et quelques feux dans les îles.

A 11 heures du soir, sur le rapport d'un canot d'éclaireurs qui prétendaient avoir découvert quelques tentes sur une pointe de la côte nord du lac, « on le traversa dans le plus grand silence pour aller frapper... Nous marchions dans le bois sur plusieurs files, les sauvages presque nus, matachés de noir et de rouge. »

Arrivé sur la pointe, on la trouva déserte. Alors tous les sauvages de s'écrier que les Iroquois les trahissaient ; ce qui força ceux-ci à remettre le commandement aux autres nations.

De retour au point de départ, « on choisit d'un commun accord cent dix sauvages, et les meilleures jambes de tout le détachement, qui partent avec une trentaine de Canadiens, les plus lestes, aux ordres de Marin, dans l'intention d'aller jusqu'au fort, et de ne revenir qu'après avoir fait coup. »

Sur les 2 heures, ils arrivèrent à l'improviste sur un détachement de cinquante-trois Anglais, dont trois officiers, qui s'étaient avancés à une lieue et demie environ du fort, le cernèrent de tous côtés, en tuèrent une partie et firent le reste prisonnier à l'exception d'un seul, qui alla porter la terrible nouvelle dans le camp et le fort George. La panique y fut si grande, que lord Loudon crut à une attaque générale des Français, et mit en marche toute son armée.

« Les Iroquois ont eu deux morts et deux blessés. Les sauvages ont fait sur le champ de bataille des cruautés dont le récit même est horrible. »

Le même jour, Bougainville, Le Mercier et Desandrouins gravirent avec une escorte la cime d'une montagne, d'où ils aperçurent le camp et le fort anglais, mais de trop loin pour en juger; et à la tombée de la nuit ils étaient de retour à Carillon.

A la fin d'octobre, Montcalm, persuadé que l'ennemi n'entreprendrait rien d'important le reste de la campagne, repartit pour Montréal, abandonnant à Lévis le soin d'acheminer les régiments vers leurs cantonnements d'hiver.

C'était la première fois depuis son arrivée au Canada que le général pouvait se donner quelques moments de relâche. En redescendant le lac Champlain, il se plut à admirer les beautés pittoresques et primitives de ce lac, qui lui apparaissait sous un aspect qu'il n'avait pas encore vu.

Montcalm avait remarqué, comme tout le monde, la grandeur des paysages du Canada; il les avait vus dans tout l'éclat du printemps, dans toute la richesse de l'été, mais alors ils étalaient leur brillante parure d'automne, quand les premières gelées ont coloré le feuillage de nuances si vives et si variées, depuis le rouge vermillon jusqu'au jaune paille le plus délicat. L'œil reste ébloui en présence du panorama qui se déroule de tous côtés, et devant lequel Titien aurait brisé son pinceau.

Le 15 novembre, les dernières tentes du camp de

Carillon étaient levées. Le régiment de la Reine prit ses quartiers d'hiver à la côte de Beaupré ; Guyenne à Québec, sous les ordres de Bourlamaque ; la Sarre dans l'île de Montréal ; Languedoc à Montréal même, avec Montcalm et Lévis ; Royal-Roussillon sur la rivière Chambly ; Béarn à Laprairie et aux environs. Dix compagnies des troupes de la marine stationnèrent à Québec, quatre aux Trois-Rivières et seize à Montréal. M. de Lusignan commanda à Carillon une garnison de trois cent quinze hommes, et eut sous ses ordres, à Saint-Frédéric, le capitaine de Gaspé avec un détachement de la marine.

Sur la rivière Saint-Jean, M. de Boishébert avait sous son commandement quelques débris des malheureux Acadiens dispersés l'année précédente.

M. de La Valtrie commandait à Frontenac, M. Pouchot à Niagara et M. des Ligneris au fort Duquesne, où il venait de remplacer M. Dumas.

Cet officier, qui s'était immortalisé l'année précédente à la bataille de la Monongahéla, avait rassemblé au cours de l'été un grand nombre de sauvages pour faire une diversion pendant le siège de Chouaguen ; mais la brusque attaque et la chute de cette place ayant rendu ce mouvement inutile, « il avait, selon l'expression de Bougainville, lâché cette meute » sur les frontières de la Pensylvanie et de la Virginie. Leurs ravages et leurs cruautés furent d'autant plus épouvantables, qu'ils avaient à se venger d'une agression toute récente.

Un parti de trois cents Anglais, commandés par le colonel John Armstrong, s'était approché à la faveur de la nuit de la bourgade d'Attigué, habitée par les

Loups ou Mohicans, et située entre le fort Duquesne et le fort Machault. Il l'avait assaillie à l'improviste à l'aube du jour et mis en fuite ses habitants. Heureusement qu'un officier canadien, M. de Normandville, avec quelques autres Canadiens, venus là pour recruter des guerriers, s'y trouvaient encore en ce moment. Ils firent face à l'ennemi avec intrépidité, jusqu'à ce que les sauvages eussent le temps d'aller mettre à l'abri leurs femmes et leurs enfants. Une lutte acharnée s'engagea ensuite, durant laquelle les assaillants mirent le feu à quelques cabanes, où se trouvait le dépôt des munitions, consistant en deux barils de poudre qui sautèrent; ce qui empêcha les Mohicans de poursuivre leurs ennemis, dont ils tuèrent ou blessèrent plusieurs autour du village. Les cris de vengeance des habitants d'Attigué trouvèrent un terrible écho parmi les tribus de l'Ohio.

Plus de soixante lieues de frontières furent dévastées par ces hordes farouches : les maisons incendiées, les moissons et les bestiaux détruits, des familles entières massacrées ou enlevées. La population éperdue s'enfuit de toutes parts au delà des montagnes, ne se croyant en sûreté que dans les villes.

M. de Villiers, à la tête de cinquante-cinq hommes seulement, s'avança jusqu'à vingt lieues de Philadelphie et prit le fort Grandville, bâti sur le bord de la rivière Juniata. Ce fort de cinq cents pieds carrés, flanqué de quatre bastions, muni d'artillerie, avait une garnison de soixante-quatre soldats. M. de Villiers surprit les sentinelles, pénétra à travers les portes l'épée à la main, tua une partie de la garnison avec son commandant, le lieutenant Bradford, fit le reste prisonnier et brûla le fort.

Le colonel Washington, forcé de reculer devant ce torrent dévastateur, s'écriait dans son désespoir : « Je déclare solennellement que je m'offrirais volontiers en sacrifice à nos barbares ennemis, si, en donnant ma vie, je pouvais contribuer au soulagement du peuple. »

Cependant, quelque sanglantes que fussent ces incursions, elles auraient été plus cruelles encore si les commandants français n'eussent sans cesse recommandé aux chefs d'expédition d'empêcher par tous les moyens possibles les sauvages de commettre des cruautés sur les prisonniers. Les commissions données par écrit à ces officiers sont remplies de ces recommandations.

Le prestige de la France dans les pays d'en haut était en ce moment à son apogée. Les deux victoires consécutives de Monongahéla et de Chouaguen avaient rallié toutes les tribus autour de son drapeau. On va les voir, dans la campagne suivante, accourir de toutes les profondeurs de l'Ouest et venir pousser leur terrible cri de guerre jusque sous les murs de William-Henry.

Montcalm avait consenti à se séparer pour l'hiver de son premier aide de camp, dont la santé avait été altérée par la dernière campagne. Il lui avait permis d'aller loger chez un de ses parents, M. de Vienne, pour qui Bougainville avait obtenu de l'intendant Bigot une place de garde-magasin à Québec.

On était au mois de novembre. La descente de Montréal, soit par terre, soit par eau, était à cette saison aussi pénible qu'ennuyeuse. Les chemins, défoncés par les pluies et ensuite durcis par la gelée, étaient presque impraticables. La route par eau, sous un ciel bas, humide et froid, n'était guère plus agréable.

Pendant que l'embarcation qui emportait Bougainville glissait lentement sur les eaux du fleuve, au-dessus de sa tête passaient de nombreuses bandes de barnaches et d'outardes qui se renvoyaient par intervalles leurs cris rauques et stridents. Tout dans la nature, à cette heure désolée de l'automne, portait à la tristesse et à l'ennui.

Bougainville, souffrant et brisé de lassitude, était obsédé par les noires pensées de l'exil, que rendait plus vif encore le désœuvrement du voyage. C'est dans cet état d'esprit qu'il descendit un soir dans l'île à la Bague, non loin des Trois-Rivières, où un brave habitant lui offrit l'hospitalité sous son humble toit. Il y passa une partie de la nuit à rédiger son *Journal* et à écrire à son frère une longue lettre (7 novembre), où il donnait libre cours à son humeur et lui révélait la guerre intestine qui existait ici entre Français et Canadiens.

« Je suis fatigué de la campagne, dit-il. Depuis mon arrivée en Canada, j'ai fait près de cinq cents lieues. Ces voyages continuels, la mauvaise nourriture, les veilles fréquentes, les nuits passées dans les bois à la belle étoile, les courses avec les sauvages ont un peu altéré ma poitrine. J'ai même craché du sang à la fin du mois dernier, et cette nuit encore, que j'ai passée au fond de l'eau, dans le chemin de Montréal à Québec. J'ai eu une attaque d'asthme. Le régime et le repos me rétabliront et me mettront en état de recommencer au printemps. Au reste, je n'ai pas souffert seul de la rudesse de cette campagne. Nous avons eu beaucoup de malades, et M. de Montcalm a sa santé fort dérangée. Il faudrait, en effet, un corps de fer pour ne pas se ressentir de ces fatigues. Je continue à bien vivre avec mon général. Il me comble de bontés. Je fais aussi tout mon possible pour le satisfaire ; il doit être content de sa campagne. Elle a été heureuse et même brillante, puisque partout, très inférieurs en nombre, nous avons enlevé aux Anglais une des places les plus importantes de ce pays, et qu'ils n'ont pu nous entamer en aucune partie. Puissent cette campagne et les succès que nous avons eus en Europe nous valoir la paix ! Nous la désirons ici plus vivement que personne. Quel pays, mon cher frère, et qu'il faut de patience pour supporter les dégoûts qu'on s'attache à nous y donner. Il semble que nous soyons d'une nation différente, ennemie même. Mais il faut être prudent, et j'admire la manière dont se conduit notre général. Tout ce que je puis vous dire, c'est qu'en quittant ce pays nous chanterons de bon cœur l'*In exitu Israel*. »

Deux jours après, Bougainville ajoutait (9 novembre) : « J'arrive enfin à Québec sur eau, à pied, en cahotant, et j'ai fait mon entrée dans la capitale en charrette. C'est ainsi qu'on voyage dans ce pays-ci...

« Qu'il va se passer de temps avant que j'entende parler de vous ! C'est un désagrément de ce malheureux pays, auquel je ne m'accoutumerai jamais. »

Le 15 novembre, deux coups de canon tirés des remparts de Québec répondirent au signal d'adieu de la frégate *l'Abénaquise*, qui venait de mettre à la voile emportant les dernières dépêches du Canada. Désormais toute communication avec la France était interrompue jusqu'au mois de mai suivant. Parmi les citoyens et les militaires qui la suivirent de l'œil jusqu'à ce qu'elle eût disparu derrière la falaise de Lévis, se trouvait probablement Bougainville, le plus attristé de tous, quoiqu'il fût un des mieux partagés.

La société de Québec, accoutumée à cet isolement, n'en perdait pas une heure de sa gaieté habituelle.

Le célèbre botaniste suédois Pierre Kalm, qui a visité le Canada en 1749 et y a séjourné plusieurs mois, a tracé une peinture aussi curieuse qu'exacte de cette société.

« La différence, dit-il, entre les manières et les coutumes des Français au Canada, et celles des Anglais dans les colonies américaines, est la même qui existe entre ces deux nations en Europe. Ici, les femmes en général sont belles ; elles sont bien élevées et vertueuses et ont un laisser-aller qui charme par son innocence même et prévient en leur faveur ; elles s'habillent beaucoup le dimanche, mais les autres jours elles s'occupent assez peu de leur toilette, sauf leur coiffure, qu'elles soignent extrêmement, ayant toujours les cheveux frisés et poudrés, ornés d'aiguilles brillantes et d'aigrettes. Chaque jour de la semaine, le dimanche excepté, elles portent un mantelet petit et élégant sur un court jupon qui va à peine à la moitié de la jambe ; et dans ce détail de leur ajustement elles paraissent imiter les femmes indiennes. Les talons de leurs souliers sont élevés et très étroits ; je m'étonne qu'ainsi chaussées elles puissent marcher à l'aise. En fait d'économie domestique, elles surpassent grandement les Anglaises des plantations, qui ne se gênent pas de jeter tout le fardeau du ménage sur leurs maris, tandis qu'elles se prélassent toute la journée, assises, les bras croisés. Les femmes en Canada, au contraire, sont dures au travail et à la peine, surtout parmi le bas peuple ; on les voit toujours aux champs, dans les prairies, aux étables, ne répugnant à aucune espèce d'ouvrage. Cependant elles se relâchent un peu à l'égard de la propreté des ustensiles et des appartements... En général cependant les dames ne refusent pas de prendre leur part des soins du ménage ; et j'ai vu avec plaisir les filles du meilleur monde, voire même celles du gouverneur, habillées pour l'occasion, aller dans les cuisines et les celliers pour s'assurer que tout y était en ordre.

« Les hommes sont extrêmement polis, et saluent, en ôtant leurs chapeaux, chaque personne indistinctement qu'ils rencontrent dans les rues. Il est d'usage de remettre une visite le lendemain même, en eût-on des vingtaines à faire dans la journée.

« La politesse des habitants, ici, est bien plus raffinée que celle des Hollandais et des Anglais des colonies appartenant à la Grande-Bretagne ; mais, en revanche, ces derniers ne donnent pas autant de temps à leur toilette que les Français. »

Telles étaient, au témoignage d'un savant étranger protestant dont on ne saurait suspecter l'impartialité, les mœurs du peuple canadien sous l'ancien régime. Kalm a complété ce tableau si vrai en décrivant avec non moins d'exactitude l'aspect des campagnes. Voici ce qu'il dit des environs de Montréal et de Québec :

« Une population dense habite les bords de l'île de Montréal, lesquels sont en pur terreau très unis, et ne s'élèvent guère à plus de trois verges de hauteur. Les bois ont été abattus le long de la rivière sur une profondeur d'un mille anglais. Les maisons sont bâties en bois ou en pierre, et blanchies à l'extérieur. Les dépendances, telles que granges, étables, etc., sont toutes en bois. Le terrain dans le voisinage de la rivière est converti en champs de blé ou en prairies. Çà et là nous apercevons des églises qui se font face sur chaque côté du fleuve...

« Les fermes, en Canada, sont séparées les unes des autres, de manière que chaque propriétaire a son bien distinct de son voisin. Chaque église, il est vrai, est entourée d'un petit village; mais il est formé principalement du presbytère, d'une école pour les garçons et les filles, et des demeures des commerçants et artisans, rarement d'habitations de fermiers.

« La pente des bords du Saint-Laurent s'accroît davantage à mesure que l'on approche de Québec. Vers le nord, l'horizon est borné par une haute rangée de montagnes. A environ deux lieues et demie de la ville, la rivière est très étroite, ses rives n'étant qu'à une portée de mousquet l'une de l'autre. Le pays, de chaque côté, est montagneux, accidenté, couvert d'arbres et parsemé de petites roches...

« Autour de Québec, toutes les collines sont cultivées : sur le sommet de plusieurs, on distingue des villages pittoresquement groupés autour de belles églises... » Des hauteurs de Beauport, « on jouit de la plus belle perspective possible. Le regard embrasse, comme dans un vaste panorama, Québec, qu'on voit distinctement au sud ; la rivière Saint-Laurent, à l'est, et la multitude de vaisseaux à voiles de toutes grandeurs qui en montent ou descendent le cours ; et, à l'ouest, un long amphithéâtre de montagnes s'abaissant graduellement, depuis celle dont la masse imposante borne l'horizon jusqu'aux collines dont le pied forme la berge du fleuve. Toute la contrée est en état de culture et divisée en champs et en prairies ou pâturages. La plupart des terres sont couvertes de riches moissons de blé, d'avoine blanche et de pois. La campagne est parsemée de fermes et d'habitations, dont quelques-unes fort belles ; il n'y en a pas deux qui se touchent. Les maisons sont généralement bâties en pierre à chaux noire, et blanchies à l'extérieur. Beaucoup de ruisseaux et de cours d'eau descendent des éminences des montagnes qui les dominent... »

A la date où nous sommes, il y avait à peine sept ans que le savant botaniste de Stockholm avait tracé ce tableau si riant et pourtant si vrai. Le Canada, alors sous l'administration d'un gouverneur éminent[1], était réellement prospère ; et rien ne fait mieux voir combien la guerre, jointe à la malversation, pesait lourdement sur les Canadiens que le changement qui s'était opéré depuis. Une grande partie des terres, comme on l'a vu, n'avaient pu être ensemencées, et pour comble de malheur la récolte avait été mauvaise.

La neige avait à peine couvert le sol, que déjà la disette se faisait sentir. On était réduit à mêler de la

---

[1] M de La Galissonnière.

farine d'avoine et de pois à celle de blé, et le peuple se disputait le pain à la porte des boulangeries.

Ces scènes avaient lieu à quelques pas de l'intendance. Et quand les malheureux affamés, qui revenaient avec un morceau de pain sous le bras, après avoir attendu au guichet jusqu'à la nuit fermée, passaient devant la façade du palais, ils entendaient le bruit des fêtes auxquelles présidait l'intendant Bigot. Car, si on souffrait à Québec, on s'amusait aussi, surtout au palais de l'intendant, dont les salons étaient devenus le rendez-vous du monde élégant et frivole de la capitale.

A Montréal, la vie rangée, honorable, vertueuse, que menaient le gouverneur et la marquise de Vaudreuil était une éclatante protestation contre les scandales de l'intendance.

Les réceptions se faisaient au château avec une dignité et une simplicité qui seyaient aux malheurs des temps. Malgré les dissentiments qui régnaient entre Vaudreuil et Montcalm, et qui commençaient à percer dans le public, leurs rapports de société en souffraient peu, et l'on voyait assez souvent Montcalm et son état-major assis à la table du gouverneur, qui, à son tour, agréait les invitations du général.

Les Iroquois avaient ressenti plus qu'aucune autre nation le coup frappé sur Chouaguen, et depuis lors ils avaient cherché toutes les occasions de se rapprocher des Français. Au mois de décembre, une ambassade de cent quatre-vingts de leurs guerriers était arrivée à Montréal. Le gouverneur les reçut au château au milieu d'une brillante cour d'officiers civils et militaires, et leur présenta le général qui les avait étonnés par la rapidité de ses conquêtes.

« Les députés des Iroquois du Saut et du Lac y étaient présents, raconte Montcalm dans son *Journal*. Les Outaouais et les Poutéotamis y ont aussi assisté, et tous ces sauvages étaient extrêmement parés et matachés. Ils s'étaient rendus à la salle d'audience avant l'arrivée des Cinq-Nations.

« Les Cinq-Nations se sont assemblés à la salle du séminaire, d'où ils sont partis pour venir chez M. le marquis de Vaudreuil. Le grand chef, à leur tête, est entré dans la salle en chantant, en dansant et en pleurant. Ils ont porté dix-huit paroles, et donné pour cet effet quatorze colliers et plusieurs branches de porcelaine.

« A chaque collier présenté par les Oneyouts pendait une chevelure anglaise. Ils ont foulé aux pieds les médailles qui leur avaient été données par le roi d'Angleterre. »

Personne, les astucieux Iroquois moins que les autres, ne se laissait prendre à ces protestations d'amitié; mais elles assuraient pour le moins une plus stricte neutralité de la part des Cinq-Nations durant la prochaine campagne.

On était à la fin de décembre. Vaudreuil se hâta de congédier l'ambassade pour se trouver à Québec à l'occasion de la nouvelle année. Il y fut suivi par Montcalm et Lévis.

« M. l'intendant, écrit Montcalm, y a tenu un très grand état et a donné deux très beaux bals, où j'ai vu plus de quatre-vingts dames ou demoiselles très aimables et très bien mises. Québec m'a paru une ville d'un fort bon ton ; je ne crois pas que dans la France il y en ait plus d'une douzaine au-dessus de Québec pour la société ; car, d'ailleurs, il n'y a pas plus de douze mille âmes. »

Le marquis fut témoin, pour la première fois, du jeu effroyable dont Bigot donnait l'exemple, et eut des scrupules de s'y voir mêler. Il en rejette la faute sur « le goût décidé de M. l'intendant pour les jeux de hasard, et sur la complaisance outrée de M. le marquis de Vaudreuil ».

« On a joué indécemment, dit-il, les jeux de hasard, et même les plus désavantageux, comme le pharaon. Plusieurs officiers s'en repentiront pendant longtemps, comme M. Marin, lieutenant en second dans le bataillon de la Reine, qui, outre beaucoup d'argent comptant, a perdu cinq cents louis. La générosité française n'a pas permis que cet officier fût en peine vis-à-vis de ceux de la colonie qui les avaient gagnés ; et M. de Roquemaure a eu le bon procédé de faire prêter l'argent et d'en répondre. »

On voit paraître ici une des malheureuses conséquences des divisions qui régnaient entre les deux commandants. Avec l'autorité absolue qu'ils avaient sur leurs troupes respectives, il eût suffi d'une ordonnance pour arrêter ces désordres ; mais, au lieu de se concerter pour agir avec vigueur, ils fléchissaient, de crainte de perdre une popularité qu'ils commençaient à se disputer.

Sur ces entrefaites, un incident qui fit éclater l'attachement des Canadiens pour le gouverneur rendit la position encore plus tendue. Vaudreuil venait de partir pour Montréal, lorsqu'on apprit tout à coup qu'une violente attaque de pleurésie l'avait arrêté aux Trois-Rivières et menaçait ses jours. L'alarme fut grande dans la colonie, et Mgr de Pontbriand ordonna des prières publiques avec procession et exposition du saint Sacrement. On se demanda avec ironie, dans les cercles militaires, si sa mort ferait un si grand vide qu'on paraissait le craindre. L'alarme fut passagère, car le gouverneur se rétablit promptement.

Le 31 janvier, Montcalm, accompagné de son premier aide de camp, était sur le chemin de Montréal, où l'appelaient les préparatifs d'une prochaine expédition. Les deux voyageurs, enveloppés d'épaisses fourrures, jouissaient de cette promenade à laquelle ils étaient peu habitués. La carriole attelée de deux chevaux glissait tantôt sur la neige durcie du chemin, tantôt sur la glace du fleuve, avec une rapidité qui les émerveillait. Autour d'eux s'étendait, éclairée par les rayons obliques d'un pâle soleil, l'immense nappe blanche sur laquelle courait une poudrerie fine, emportée par un vent sec et glacé.

A l'un des relais, ils furent rejoints par un courrier de Carillon, qui leur apporta la nouvelle d'une alerte causée dans ce fort par un parti de francs-tireurs ou rangers américains. Ce parti de soixante-quatorze hommes avait pour chef un aventurier du New-Hampshire, le capitaine Robert Rogers, qui, avant la guerre, avait fait la contrebande sur les frontières du Canada et de la Nouvelle-Angleterre. Ce commerce interlope lui avait fourni l'occasion d'apprendre un peu de français et de s'endurcir aux courses dans les bois. Il s'était déjà rendu célèbre par des coups d'audace qui avaient fait de lui le rival de nos plus hardis chefs de bandes, mais aussi par des actes d'atrocité qui lui avaient acquis la réputation d'un brigand. Son portrait a été conservé : à ses lèvres minces sous un nez énorme, à ses yeux de lynx, on reconnaît un homme aux instincts sanguinaires. Il avait été accusé comme faussaire, il fut plus tard soupçonné de trahison ; mais les services signalés qu'il rendit avec ses partis d'éclaireurs firent fermer les yeux sur ses crimes, augmentèrent d'année en année son crédit dans l'armée anglaise, et le firent placer à la tête de corps considérables.

Rogers, avec sa troupe, était sorti le 16 janvier du fort William-Henry, et, après avoir franchi le lac George sur la glace, il avait suivi en raquettes un sentier dans la montagne, nommé le chemin des Agniers, qui l'avait conduit sans être aperçu jusqu'au bord du lac Champlain, à mi-chemin entre Carillon et Saint-Frédéric.

Son expédition fut aussi désastreuse qu'inutile ; il perdit plus de la moitié de ses rangers, et ne ramena pas un seul des prisonniers qu'il avait faits.

Du côté des Français, la perte avait été de neuf hommes tués, dont un volontaire canadien, le brave Sanguinet, commis au magasin de Carillon, qui s'était distingué dans l'action ; un sauvage et vingt et un blessés, parmi lesquels était le capitaine de Basserode.

L'excitation causée à Carillon par cet événement rompit pour quelques jours l'ennuyeuse monotonie de l'hivernement. C'était là, en effet, un des côtés les plus pénibles de la vie de garnison, dans ces petits forts isolés le long des frontières, où il n'y avait d'autre société que celle des casernes. Quand la neige avait à moitié enseveli les baraques, et que le froid confinait chacun à l'intérieur, le fort devenait un tombeau vivant. Les sentinelles qui veillaient aux remparts, toutes transies de froid, la barbe blanchie par le frimas, n'apercevaient autour d'elles que le même manteau uniforme couvrant le lac et les montagnes, encombrant la forêt avec ses cimes grises dépourvues de feuilles et les cônes verts de ses sapins. Elles n'entendaient d'autre bruit que le craquement des troncs d'arbres se fendant à la gelée, ou le hurlement lointain de quelque loup-cervier. De temps en temps quelques chasseurs indiens poussaient le cri de reconnaissance sur la lisière du bois et s'avançaient en raquettes, à travers les troncs d'arbres, avec leurs traînes d'éclisse chargées de venaison, qu'ils apportaient au fort. C'était une ressource ménagée par le gouverneur pour épargner les vivres, qui se faisaient de plus en plus rares, et pour procurer aux troupes une meilleure nourriture. Plût au ciel que Vaudreuil eût apporté le même soin et plus d'énergie dans toutes les parties de son gouvernement!

L'administration coloniale avait toujours été plus ou moins entachée de péculat, par suite de l'insuffisance des traitements accordés aux fonctionnaires publics; mais le gouverneur La Jonquière avait inauguré un système de concussion inconnu avant lui, et Bigot venait d'y mettre le comble.

La cour de Versailles, effrayée des dépenses qu'entraînait le Canada, crut faire de l'économie en abandonnant la régie des vivres et en confiant l'approvisionnement de la ville à une compagnie, dont le chef, sous le nom de munitionnaire général, était un enrichi de la veille, le sieur Cadet, fils d'un boucher de Québec.

Le nouveau système fut mis en force le 1ᵉʳ janvier 1757. On verra par la suite que, loin de remédier au mal, il ouvrit la porte à des abus plus criants que jamais.

Depuis le commencement de l'hiver, le marquis de Vaudreuil songeait à frapper un coup imprévu sur le fort William-Henry, où les Anglais avaient toute une flotte de bateaux prête à être lancée dès l'ouverture de la navigation pour jeter une armée sous les murs de Carillon. La maladie grave qui avait retenu le gouverneur aux Trois-Rivières avait retardé ses préparatifs, qui n'avaient pu être terminés qu'à la fin de février. Il s'agissait de faire marcher quinze cents hommes en plein hiver, à soixante lieues de distance, pour aller tout incendier autour de William-Henry, peut-être même pour prendre le fort. Cette dernière partie du plan n'était guère réalisable; mais le succès de la première suffisait pour justifier amplement les risques et les frais de l'entreprise, car elle paralysait l'ennemi en lui enlevant le moyen de prendre l'offensive au printemps. Un pareil projet aurait été téméraire, si le gouverneur n'avait eu à sa disposition des troupes aussi capables d'endurer la misère que d'affronter le danger.

Le corps expéditionnaire, dont le rendez-vous était au fort Saint-Jean, était commandé par M. de Rigaud et se composait de cinquante grenadiers, tirés des compagnies de la Sarre, Royal-Roussillon, Languedoc et Béarn; de deux cents volontaires des mêmes régiments, de deux cent soixante-dix-neuf soldats des troupes coloniales, de six cents Canadiens et de trois cent cinquante sauvages, formant un effectif de mille quatre cent soixante-dix-neuf hommes. Les principaux officiers commandant sous M. de Rigaud étaient : M. de Longueil, lieutenant du roi à Québec, et à ce titre ayant le rang de lieutenant-colonel; le capitaine Dumas, faisant fonctions de major général [1]; M. de Poulariés, capitaine des grenadiers, commandant les troupes régulières; le chef d'artillerie Le Mercier, et un ingénieur, M. de Lotbinière.

L'équipement des troupes, qui allaient être exposées à toutes les rigueurs et à toutes les variations du temps, avait attiré l'attention particulière de Vaudreuil. Chaque soldat reçut un accoutrement d'hiver complet.

Une traîne d'éclisse était allouée à chaque officier, et de deux en deux aux soldats.

Dans ces expéditions d'hiver, les chiens étaient en grande réquisition pour traîner le bagage. On en élevait et dressait dans le pays une race de haute taille qui, attelés sur une traîne, pouvaient porter jusqu'à cent cinquante à deux cents livres. Le roi en accordait un à chaque officier, il lui allouait pour cela trente livres; « et, remarque Montcalm, lorsqu'il doit y avoir des partis d'hiver, ces chiens deviennent hors de prix. Il s'en est vendu jusqu'à soixante et quatre-vingts livres pièce. »

La petite armée se mit en marche sur quatre divi-

---

[1] Manuscrits de Dumas : *États de service.* — *Journal de Lévis*, p. 232.

sions : les trois premières partirent successivement le 20, 21, 22 ; la quatrième division fut retardée par un dégel suivi de violents orages, qui occasionnèrent la débâcle d'une partie du lac Champlain. On craignit un moment pour le succès de l'expédition.

Les trois divisions en marche eurent beaucoup à souffrir. Il fallut renvoyer chiens et chevaux, avec une partie des provisions, s'atteler sur les traînes et marcher péniblement, mouillés jusqu'aux os, dans une neige fondante, où l'on enfonçait à chaque pas. Quelques soldats et officiers tombèrent malades et furent renvoyés. Le 24, la première division n'était encore qu'à six lieues de Saint-Jean, la deuxième à trois, la troisième à une lieue et demie.

Heureusement que, durant la nuit, un fort vent de nord-ouest ramena la température d'hiver, rendit l'air sec et serein et couvrit la neige durcie d'une couche de verglas.

Tout le corps expéditionnaire se trouva réuni le 7 mars à Carillon, où il fut arrêté jusqu'au 15, pour y attendre des vivres, malgré les assurances de Le Mercier, qui avait annoncé que rien n'y manquait. On profita de ce retard pour réparer les armes, dont M. de Poulariés fut chargé de faire l'inspection.

M. de Longueil avait été envoyé en éclaireur avec un parti de sauvages. Les quatre divisions, munies de douze jours de vivres, sortirent de Carillon sur une même file, traversèrent la rivière à la Chute, et atteignirent la rive droite du lac Saint-Sacrement. Les trois cents échelles préparées en cas d'assaut étaient distribuées de quatre en quatre soldats. On s'abrita pour la nuit au fond d'une anse. Un froid vif avait rendu la glace du lac très solide ; on s'y mit en marche sur trois colonnes : M. de Poulariés au centre, avec la ligne ; M. de Saint-Martin à droite, avec une division de la colonie ; M. de Saint-Ours à gauche, avec une autre division, les sauvages sur les deux ailes. Cent sauvages étaient allés en observation sur le sommet d'un promontoire. Après quatre lieues de marche, on campa sur la glace, au pied d'une haute montagne appelée le Pain-de-Sucre, qui baigne ses pieds dans le lac, en face d'un groupe d'îles : endroit charmant durant les mois d'été, mais d'un rude aspect en hiver.

Le détachement circula une partie du jour suivant à travers les îles, s'avançant sur une même colonne, et vint s'abriter au fond d'une anse pour y attendre la tombée de la nuit afin de n'être pas aperçu. A 8 heures, il reprit sa route et fit halte à 11 heures, sur une pointe qui n'était qu'à deux lieues de William-Henry. On y passa la nuit sans feu.

Dès l'aube du jour cette pointe était franchie, et lorsqu'on fut arrivé à une lieue et demie du fort, MM. de Poulariés, Dumas, Le Mercier et deux autres officiers, MM. de Raymond et de Savournin, avec une escorte de cinquante sauvages, vingt-cinq Canadiens et quatre grenadiers conduisant un prisonnier anglais, furent détachés pour aller reconnaître, du sommet d'une montagne, la position du fort et le mouvement de la garnison.

M. de Poulariés, homme de guerre consommé, fit avec sa suite un examen long et minutieux. Le fort, solidement construit, lui parut en très bon état, et le mouvement des troupes considérable. Ce fort couronnait une petite éminence au fond du lac et avait la forme d'un carré irrégulier, à quatre bastions, avec un fossé. Tout auprès, un fortin en palissades protégeait des hangars et autres constructions. On distinguait le long de la grève une énorme quantité de bateaux, à moitié ensevelis dans la neige, et, sous les canons du fort, quatre navires ou barques sur le chantier.

MM. Dumas, Le Mercier et Savournin, escortés de deux sauvages et de huit grenadiers, avaient poussé une reconnaissance tout auprès du fort.

Jusqu'à ce moment, la garnison de William-Henry n'avait eu aucun soupçon de l'approche des Français; mais le craquement des pas sur la neige, à une petite distance des glacis, donna l'éveil aux sentinelles, et plusieurs coups de canon tirés des remparts répondirent à leurs cris d'alarme. La garnison était composée de quatre cent cinquante à cinq cents hommes.

On ne songea plus dans le camp de M. de Rigaud qu'à incendier les environs du fort, et on en fit l'essai cette nuit-là même, mais sans succès, car les fagots dont on se servit étaient d'un bois trop humide.

Toute la journée du lendemain (19 mars), les francs-tireurs canadiens et les sauvages tiraillèrent autour des remparts, soutenus par les compagnies de la ligne. Durant la nuit, les volontaires canadiens, sous la conduite de MM. de Langy, de Saint-Simon et d'Albergatti, allèrent, sous le canon et la mousqueterie de la place, mettre le feu au fortin, à l'hôpital, aux bateaux et à de grands amas de bois. Le fort fut en quelques instants enveloppé d'immenses tourbillons de flammes, et n'aurait certainement pas échappé à la destruction si le vent se fût élevé. Pour donner moins de prise aux étincelles, le major Eyre, commandant du fort, avait fait enlever les toitures de tous les hangars.

M. de Rigaud jugea le moment propice pour faire une démonstration et sommer la garnison de se rendre. Dès le matin, tout le détachement, portant les échelles comme pour un assaut, sortit du camp sur une longue colonne, traversa le lac et alla prendre position dans une petite anse de la rive nord, dont la berge mettait à l'abri du canon. M. Le Mercier, suivi de M. de Florimond et d'un interprète, gravit alors la berge en arborant un pavillon rouge. A cent pas de lui marchaient douze grenadiers guidés par un sergent.

« Qui vive ? cria-t-on dès qu'il fut à portée de la voix.

— J'ai à parler au commandant, » répondit M. Le Mercier.

Le major Eyre parut sur le bord du bastion. Après quelques pourparlers, il fit dire à M. Le Mercier d'avancer seul, et il détacha un de ses officiers pour aller servir d'otage. M. Le Mercier fut conduit, les yeux bandés, dans la chambre du commandant.

Il était venu, dit-il, au nom du marquis de Vaudreuil, le sommer de rendre la place, sinon que l'assaut allait être donné immédiatement par des forces auxquelles il ne pourrait résister ; qu'alors il serait impossible de retenir le grand nombre de sauvages qui les accompagnaient, et que tout serait mis à feu et à sang. Il venait l'avertir au nom de l'humanité, afin d'épargner un carnage inutile.

Le major Eyre lui demanda le temps de consulter ses officiers. On le laissa, dit le *Journal* déjà cité, en compagnie de quatre officiers, qui furent remplacés par quatre autres quand leur tour fut venu de donner leur avis. Ils lui firent beaucoup de politesses, lui parlèrent de M. Dieskau, encore prisonnier à New-York, lui dirent qu'il était rétabli et qu'il allait bientôt passer en Europe. Ils lui demandèrent en même temps des nouvelles du marquis de Montcalm.

Le major Eyre rentra après un assez long conseil, et répondit que lui et sa garnison étaient décidés à se défendre en braves, et qu'ils étaient prêts à courir les chances d'un assaut.

M. Le Mercier fut conduit hors de la place comme il y était entré, et alla communiquer sa réponse à M. de Rigaud. La nuit suivante fut employée à brûler les magasins, un moulin à scie et les derniers bateaux. Restait une barque en chantier, percée pour quatorze ou seize pièces de canon, placée à quinze pas du fort, et qu'on avait vainement essayé par trois fois de faire brûler. Un des officiers partisans, destiné à jouer un rôle brillant pendant cette guerre, M. Wolff, réclama l'honneur de cette dangereuse mission. Il partit à la nuit, avec vingt volontaires, soutenus de deux cents Canadiens et de soixante soldats de la ligne et grenadiers. « A son approche, dit le *Journal* cité, M. Wolff reçut une bordée de coups de fusil ; cela ne l'empêcha pas de se rendre à la barque avec un volontaire qui lui portait une échelle de douze pieds. Il s'en fallait même de six pieds qu'elle fût assez élevée. M. Wolff descendit dans la cale et fit mettre des fagots du côté du vent, avec une corde de bois qu'il arrangea lui-même. Lorsqu'il trouvait des bûches trop grosses, il les partageait avec une hache. Il fit ensuite replier son détachement, et, avec des allumettes de sa façon, il mit le feu. La barque fut entièrement consumée. Nous y perdîmes deux soldats de Languedoc, et il y en eut un blessé du même régiment. »

Une neige abondante avait commencé à tomber et dura toute la nuit; mais le lendemain un soleil éblouissant se leva sur cette neige toute fraîche. La garnison de William-Henry, qui jusqu'au dernier moment avait craint un assaut, respira à l'aise lorsqu'elle vit le détachement de M. de Rigaud descendre en raquettes sur le lac et tourner vers le nord sa longue colonne noire, qui disparut enfin à l'horizon. L'éclat du soleil de mars affecta la vue de plusieurs, qui furent pris du mal de neige et obligés de se laisser conduire par leurs compagnons.

Les piquets de la ligne restèrent en garnison à Carillon, les compagnies de la marine à Saint-Frédéric; et les Canadiens, « qui sont ici laboureurs et soldats[1], » furent renvoyés sur leurs terres pour les semences.

L'expédition de M. de Rigaud avait réussi autant qu'on pouvait l'espérer et faisait honneur à celui qui l'avait conçue comme à ceux qui l'avaient exécutée. Outre les grandes pertes qu'elle avait infligées à l'armée anglaise, elle l'avait arrêtée dans son mouvement offensif en détruisant ses moyens d'attaque, et elle avait préparé la brillante campagne qui allait s'ouvrir.

[1] *Lettre de Montcalm*, 1er avril 1757.

IV

SIÈGE ET PRISE DU FORT WILLIAM-HENRY
LE MASSACRE

Avril était venu avec ce soleil intense et ses subites chaleurs qui ne sont connus que dans les hautes latitudes. La terre, réveillée alors comme en sursaut après six mois de léthargie, fait éclater l'écorce de glace et de neige qui l'enveloppe; toutes les plantes tressaillent sous l'action des puissances souterraines qui poussent la sève vers leurs cimes et gonflent les bourgeons qui, dans quelques jours, briseront leurs corsages pour s'épanouir en feuilles et en fleurs. La fonte rapide des neiges précipite des torrents d'eau des montagnes, noie les forêts et les champs. Les cascades et les rapides bondissent sous les murs de glaçons qui les emprisonnent, les soulèvent, les morcellent, les emportent dans leur course, avec un cri de délivrance, et recommencent au grand jour leurs murmurantes chansons. Les oiseaux reviennent de leurs lointaines migrations, s'abattent par bandes sur la terre ou sur les eaux, et répandent la vie avec leurs notes joyeuses dans les airs. Quand les premiers de ces visiteurs ailés s'annoncent par leurs croassements, les habitants se répètent gaiement les uns aux autres : « Les corneilles sont arrivées, voilà le printemps. » C'est aussi l'époque où l'on entaille les érables. Les *sucriers* (on désigne ainsi ceux qui vont faire le sucre d'érable) parcourent en raquettes les érablières, recueillent l'eau qui tombe des *goudrilles* et la rapportent à la cabane à sucre, où de grands feux, entretenus nuit et jour, font bouillir et condensent la sève. En ce temps-là, comme aujourd'hui, ce travail était l'occasion de promenades et de festins champêtres dans les sucreries.

Montcalm et ses compagnons d'armes se donnèrent plus d'une fois cette distraction.

La débâcle du Saint-Laurent, l'ouverture de la navigation et l'arrivée des vaisseaux de France, étaient alors le thème général de la conversation.

« Depuis la nouvelle du 29 juin, écrivait le marquis à la marquise du Boulay, sous la date du 15 avril, nous ne savons rien de ce qui se passe en France ; cette privation est cruelle. L'approche des lettres fait toujours autant trembler qu'espérer. Quinze cents lieues ne font qu'augmenter les sentiments de tendresse et de respect que je vous ai voués et que je vous dois par tant de raisons. »

L'ouverture de la campagne occupa bientôt l'attention du marquis de Montcalm.

Les Canadiens, mis les premiers en réquisition, furent expédiés de Lachine, au nombre de deux cent quarante (30 avril), sur soixante bateaux chargés de vivres et de marchandises de traite pour les pays d'en haut. Quatre cents autres miliciens les suivirent de près pour aller fortifier les postes de la Belle-Rivière. L'affluence des sauvages, surtout à Niagara et à Frontenac, avait été extraordinaire durant tout l'hiver.

Jamais l'étoile de la France n'avait brillé d'un aussi vif éclat dans les solitudes américaines ; jamais on ne vit une telle variété de tribus accourir sous ses drapeaux : depuis les Sakis, assis sur leurs nattes, au bord du Wisconsin, et les Illinois, chasseurs de buffles, jusqu'aux Abénakis et aux Micmacs, habitués à poursuivre le saumon au flambeau et à le darder avec le *nigog*; depuis les Kikapous du lac Michigan, encore païens et anthropophages, jusqu'aux Mohicans et aux Chaouenons des Montagnes-Bleues.

Les émissaires d'Ononthio, envoyés dans toutes les directions, depuis l'automne, pour chanter la guerre, avaient été partout bien reçus, même chez les Cinq-Nations. Les guerriers, tatoués de noir et de vermillon, avaient allumé le feu du conseil, fumé avec eux le calumet et accepté les branches de porcelaine. Le chichikoué, accompagnant les rondes guerrières, avait été entendu d'un village à l'autre, et les jongleurs accroupis dans leurs cabanes avaient vu dans leurs rêves quantité de chevelures et de prisonniers.

Des escadrilles de canot, venant de tous les points de l'horizon, convergeaient vers Montréal, qui, à la fin du printemps, présentait un des coups d'œil les plus étranges et les plus pittoresques qui se puissent imaginer. On voyait des dames, vêtues à la mode de Paris, se coudoyer dans la rue ou se croiser dans les antichambres du gouverneur avec des matrones outagamises ou huronnes, enveloppées des pieds à la tête de leur couverte blanche, chaussées de mocassins, ayant sur le dos un petit bambin emmailloté dans sa *nâgane*. Des fonctionnaires en habits de cour, portant la perruque et l'épée, étaient accostés sur la place publique par de fiers Iroquois ou de féroces Poutéotamis, la lance au poing, des chevelures anglaises à la ceinture.

Autour des tentes dressées sur la place ou dans les terrains vagues joignant les murs de la ville grouillait tout un peuple de Peaux-Rouges, d'interprètes, de coureurs de bois, de trafiquants de fourrures, où chaque groupe parlait un dialecte différent. On voyait les guerriers de certaines nations, comme celles des Iowas des Prairies, dont on n'entendait pas la langue et qu'on n'avait jamais vus à Montréal. Le palais du gouverneur, assiégé du matin au soir par les députations, était le théâtre de cérémonies et de pantomimes aussi originales qu'interminables.

Au sortir d'une de ces audiences, trois cents Outaouais de Michilimakinac demandèrent à voir le grand général dont la renommée les avait amenés de si loin jusqu'ici.

« Tous ces sauvages, dit Bougainville, sont faits à peindre, presque tous de la plus grande taille. Ils sont nus, à l'exception du brayet, se matachent de noir, de rouge, de bleu, etc. Leur tête est rasée : des plumes en font l'ornement ; leur marche est noble et fière. Je leur trouve cependant l'air moins féroce qu'aux Iroquois, même domiciliés. »

En apercevant Montcalm, leur chef parut étonné.

« Nous avons voulu voir, dit-il, ce fameux chef

qui, en mettant pied à terre, a foulé aux pieds l'Anglais. Nous pensions que sa tête se perdait dans les nues. Tu es petit, mon père; mais nous voyons dans tes yeux la grandeur des pins et le vol de l'aigle. »

Le flot de ces barbares allait toujours grossissant, et au mois de juin leur nombre s'était élevé à plus d'un mille, « qui passait la journée à chanter, danser et boire[1]. » Les citoyens de Montréal, en proie à ces hordes sans frein, étaient témoins de bacchanales aussi impossibles à décrire qu'elles étaient impossibles à réprimer.

Les Mohicans, dont il y avait plusieurs venus de la Belle-Rivière, avaient passé l'hiver à dévaster les frontières de la Virginie.

La difficulté pour le moment était de nourrir tous ces guerriers, qui faisaient une consommation énorme de vivres. La disette, particulièrement à Québec, était extrême.

La pénurie n'était pas aussi grande dans les paroisses de Montréal; mais les dépôts de l'armée étaient presque vides. Montcalm proposa au gouverneur de faire une levée de vivres dans les campagnes pour nourrir trente hommes par compagnie pendant un mois. « On ne sait, ajoute ironiquement le marquis, s'il acceptera cette sage proposition, qui n'est pas partie de sa minerve. »

Montcalm se trompait : Vaudreuil consentit. Si ce gouverneur avait un tort, c'est qu'il aimait trop les Canadiens; et s'il hésitait à les pressurer, c'est qu'il

---

[1] *Journal de Montcalm.*

connaissait leur dévouement. Il savait que ceux-ci ne lui refuseraient rien. « Prenez tout ce que nous avons, disaient-ils, pourvu que le Canada soit sauvé. »

« A peine, remarque Lévis, avions-nous des vivres pour tenir un mois; mais, comptant sur les secours de la France, on forma les préparatifs pour faire le siège du fort George. »

Dès le 8 mai, M. de Bourlamaque était en marche pour Carillon avec les bataillons de Royal-Roussillon et de Béarn. Son corps d'armée allait être porté à treize cents hommes et avait ordre de camper entre le fort et la redoute construite sur le bord de la falaise et de s'y retrancher par des abatis.

Avant de l'aller rejoindre, la Sarre et Guyenne avaient été arrêtés sur le Richelieu pour réparer le fort Saint-Jean et le chemin de Chambly. La Reine, ramené de la côte de Beaupré, stationnait à Québec, où ce régiment pouvait être secouru en peu de jours si une flotte anglaise paraissait dans les eaux du fleuve.

Ce danger toutefois n'était guère à craindre pour le moment, car la France tenait encore à Louisbourg les clefs du Saint-Laurent.

Aucune escadre anglaise n'oserait s'aventurer dans les détroits du golfe tant qu'on verrait le drapeau blanc flotter au-dessus de la forteresse qui dressait là-bas ses fiers bastions dans les brumes du Nord. C'était à l'abri de ses canons que venaient se réfugier les corsaires français qui croisaient dans ces mers, et qui déjà avaient fait sur les Anglais des prises estimées à cent mille écus.

D'après les rapports des prisonniers faits récemment, on s'était convaincu au Canada que c'était de ce côté que l'Angleterre concentrait ses forces, lorsque arrivèrent enfin de France les nouvelles si impatiemment attendues. Elles ranimèrent tous les courages. La France avait, en effet, noblement répondu (hélas ! c'était pour la dernière fois) aux appels que lui avait faits le marquis de Vaudreuil. Elle envoyait à peu près tous les secours en hommes, vivres et munitions, qui lui avaient été demandés. Les premiers navires arrivés en rade avaient amené des vivres et cent soixante-dix hommes d'un corps de volontaires étrangers nouvellement formé en France, aux ordres du maréchal de Belle-Isle.

Quelques jours après, deux vaisseaux apportant quatre cents hommes de recrues, six officiers d'artillerie et vingt canonniers, annoncèrent l'arrivée à Louisbourg de l'escadre de M. Dubois de La Mothe, avec le régiment du Berry, en destination de Québec.

Désormais sans crainte de ce côté, Montcalm ne songea plus qu'à pousser ses troupes en avant. Le régiment de la Reine avait eu ordre de partir de Saint-Jean le 1er juillet ; celui de la Sarre, le 2 ; celui de Languedoc, le 4 ; celui de Guyenne, le 6 ; les troupes de la marine, les milices et les sauvages, du 8 au 14. Outre les régiments de la ligne, l'armée se composait de mille hommes de la marine, deux mille cinq cents Canadiens, dix-huit cents sauvages, deux compagnies de canonniers avec un parc et une compagnie d'ouvriers.

« Je vais, le 9, chanter la guerre au lac des Deux-Montagnes, écrivait le marquis à sa femme ; le 10, au Saut-Saint-Louis. Grande et ennuyeuse cérémonie. Je pars le 12, et je compte que nous aurons événement tout à la fin du mois ou les premiers jours du prochain. »

Le chevalier de Lévis, arrivé le 7 à Carillon, où il venait de remplacer le froid et méthodique Bourlamaque, hâtait le mouvement de l'armée. Il avait laissé ce colonel au fort avec deux bataillons pour y faire continuer les travaux et faire avancer l'artillerie et les munitions. Lui-même s'était établi à la Chute avec quatre bataillons, et en trois jours il avait ouvert un chemin entre Carillon et le lac Saint-Sacrement. Pour ne pas retarder la marche de l'artillerie, il faisait passer de nuit les divisions et les bateaux tirés à bras à mesure qu'ils arrivaient.

Il était important de dérober ces opérations aux Anglais, d'autant plus qu'ils étaient plus alertes que l'année précédente et que leurs éclaireurs avaient eu des escarmouches avec nos patrouilles. Néanmoins la supériorité de nos troupes dans ce genre de guerre, qui leur donnait la plupart du temps l'avantage, augmentait leur confiance et leur audace.

M. de Langy fut chargé d'aller avec cent Canadiens et sauvages explorer la côte occidentale du lac Saint-Sacrement jusqu'au fort George, afin de s'assurer s'il y avait possibilité d'y faire passer un corps d'armée. A peine avait-il fait cinq lieues de marche, qu'il tomba sur un parti de trente éclaireurs anglais. Quatre seulement de ces malheureux échappèrent; dix-huit furent tués, les huit autres faits prisonniers.

Sur ces entrefaites arriva à Carillon l'intrépide Marin, avec quatre cents Outaouais, Folles-Avoines, Sauteux et autres sauvages des pays d'en haut. M. de

Lévis ne lui laissa que deux jours pour se préparer, adjoignit cent cinquante Canadiens à trois cents de ses sauvages, et le dépêcha du côté oriental du lac Saint-Sacrement, pour masquer nos mouvements sur la gauche et pousser une reconnaissance jusqu'au fort Édouard. Il suivit la grande voie qui menait de ce côté, c'est-à-dire la tête du lac Champlain, appelée alors la Baie, et la rivière au Chicot qui s'y décharge. A cinq lieues du fort Édouard, la navigation de cette rivière est interrompue par une cascade auprès de laquelle avait été bâti l'ancien fort Anne, alors abandonné. Marin y laissa ses canots. Lorsqu'il arriva en vue du fort Édouard, plus de la moitié de ses sauvages, cédant à leurs caprices ou à leurs superstitions, l'avaient quitté.

Il s'approcha cependant et tomba à l'improviste sur une patrouille de cent hommes, qu'il dispersa et poursuivit jusqu'auprès des remparts. Au bruit de la fusillade, une partie de la garnison sortit de ses retranchements. Elle s'avança « en bataille jusqu'à l'entrée du bois en faisant, sans aucun effet, des décharges régulières. Les sauvages, à l'abri de gros arbres, tiraient à coup sûr, et ils disent en avoir beaucoup tué. La fusillade a duré quelque temps, après quoi ils ont fait leur retraite, poursuivis pendant plus d'une lieue; mais qui pourrait atteindre un sauvage qui fuit[1] » ?

Marin n'avait eu qu'un de ses hommes tué et cinq sauvages blessés légèrement. Les sauvages avaient fait quatre prisonniers et levé trente-deux chevelures;

[1] *Journal de Montcalm.*

mais, observe Bougainville, ils savent avec une en faire deux et même trois.

Montcalm reconnut la main puissante de Lévis, en examinant les travaux faits aux camps de Carillon. Le parc d'artillerie et les bateaux étaient transportés ; il ne restait plus en arrière que quelques munitions de guerre et les munitions de bouche.

Le général, arrivé avec les dernières troupes de la marine et le reste des sauvages (18 juillet), se fixa à Carillon et envoya M. de Rigaud, venu avec lui commander au Portage et aux postes avancés, tandis que les « sauvages se plaçaient où il leur plaisait ». M. Dumas fut chargé d'organiser les milices par brigades et de former un bataillon des troupes de la marine, en choisissant pour officiers ceux qui étaient moins propres à marcher avec les sauvages et à faire la guerre de partisans.

L'inspection des postes avancés que fit Montcalm, dans la journée du 21, fut accompagnée d'une scène caractéristique que le marquis s'est plu à retracer. Il s'était embarqué, pour se rendre à la Chute, dans un canot pagayé par plusieurs sauvages des pays d'en haut. Durant tout le trajet, un jeune guerrier se tenait debout dans le canot et chantait en s'accompagnant du tambourinet indien. Derrière lui était assis le plus vieux sauvage de l'expédition, Pennahouel, le Nestor de la forêt. Dans son récitatif, modulé sur un ton qui ne manquait pas de grâce, le jeune guerrier disait ses derniers rêves : « Le manitou m'est apparu ; il m'a dit : De tous ces jeunes gens qui te suivent à la guerre, tu n'en perdras aucun ; ils réussiront, se couvriront de gloire, et tu les ramèneras tous sur leur natte. » Des cris d'applaudissements l'interrompaient de temps en temps. Le vieux chef prit à la fin la parole, et lui dit d'un ton solennel : « Mon fils, avais-je tort de t'exhorter à jeûner? Si, semblable aux autres, tu eusses passé le temps à manger, à sacrifier à ton appétit, tu ne te serais pas rendu le manitou favorable ; et voilà qu'il t'a envoyé des rêves heureux et qui font la joie de tes guerriers. »

Le camp de ces sauvages retentissait jour et nuit de semblables jongleries. Ils piquaient en terre une perche, au bout de laquelle était suspendu leur manitou : c'était un équipement, une peau de bête ou un chien mort, auquel ils offraient en sacrifice des bouts de tabac, quelques bouffées de leur pipe ou des morceaux de viande qu'ils jetaient au feu. Le reste du temps se passait à danser, à se divertir ou à se baigner. Leur habileté à nager et à plonger faisait l'étonnement des blancs.

Les mœurs des sauvages chrétiens formaient un contraste avec celles de ces païens. Vêtus en général avec plus de décence, ils se montraient plus traitables, étaient munis de mousquets dont ils se servaient avec une rare habileté, tandis que la plupart des autres n'étaient armés que de flèches, de lances ou d'espontons. Leurs missionnaires, qui les avaient suivis, exerçaient sur eux une grande influence : c'était l'abbé Piquet, de la Présentation ; l'abbé Matavet, du lac des Deux-Montagnes, tous deux sulpiciens; et le Père Roubaud, jésuite de la mission des Abénakis de Saint-François. Ces missionnaires les réunissaient matin et soir pour la prière, les prêchaient, les confessaient et leur disaient chaque jour la messe, qu'ils entendaient avec un recueillement qui était une leçon pour l'armée. Ils étaient cependant bien encore les enfants de la nature, avec des instincts grossiers et de violentes passions. Ils avaient leurs jeux, leurs danses et leurs festins de guerre.

De Carillon au pied de la Chute, où était débarqué Montcalm, il n'y avait guère plus d'une demi-lieue navigable. La cascade que forme la rivière à cet endroit, bondissant sur un lit de rochers, faisait mouvoir un moulin à scie, d'où l'on tirait le bois nécessaire aux constructions. Au delà, la rivière se fraye un lit sinueux et bruyant en se précipitant de rapide en rapide jusqu'à la Chute. C'est là, au milieu d'une vaste clairière fortifiée par des abatis et une redoute, que se dressaient les tentes du chevalier de Lévis, avec ses quatre régiments de la Reine, Languedoc, Guyenne et la Sarre. Après avoir accompagné Montcalm autour de son camp, le chevalier lui fit visiter la demi-lieue de chemin qu'il venait d'ouvrir et qui aboutissait au Portage, où étaient lancés les bateaux en eau calme, pour entrer de là dans le lac George, à un quart de lieue plus haut. Le charroyage des munitions se faisait toujours avec une extrême activité, malgré les pluies fréquentes qui, en détrempant le chemin, avaient rendu les transports difficiles. La tête de ce chemin était gardée par le camp de M. de Rigaud, fortifié comme celui de la Chute. Après avoir passé en revue le bataillon de la marine et des brigades canadiennes, les deux commandants se rendirent aux postes avancés, et ils éprouvèrent une vive satisfaction en y voyant massée la plus grande partie des sauvages, qu'ils s'étaient donné des peines infinies à faire avancer jusque-là, afin d'éclairer la marche de l'armée dès qu'elle s'ébranlerait. « C'est que, dit Montcalm, au milieu des bois de l'Amérique, on ne peut pas plus se passer d'eux que de la cavalerie en plaine[1]. »

Le cordon de sentinelles établi autour du camp rendait presque impossible l'approche des espions. Tandis que les patrouilles faisaient la ronde aux environs, fouillaient les taillis et les ravins, les vigies montées sur des canots avaient l'œil sur le lac George. Malgré toutes ces précautions, quelques sauvages agniers parvinrent à se glisser à cent cinquante pas du camp, s'y tinrent cachés toute la nuit dans un fourré, d'où ils tirèrent sur un piquet de grenadiers qui se rendaient à la Chute, et levèrent deux chevelures. M. de Villiers se lança à leur poursuite avec ses limiers, mais inutilement, car « ceux qui avaient fait le coup étaient sûrs de leurs jambes ».

Chaque jour, une berge montée par neuf Canadiens et un officier, sous le commandement de M. de Saint-Ours, allait à la découverte jusqu'aux environs des îles qui parsèment le milieu du lac. Le 20 juillet, elle revint après avoir eu une rencontre durant laquelle l'officier, M. de Gros-Bois, fut tué et M. de Saint-Ours blessé légèrement, avec deux miliciens. Encouragés par ce petit succès, les éclaireurs anglais s'aventurèrent plus avant dans le lac : six berges ayant paru entre les chenaux des îles dans la soirée du 23 juillet, quatre cents sauvages, cinquante Cana-

---

[1] *Journal de Montcalm*, 23 juillet.

diens et soldats, sous la conduite de MM. de Langlade et de Corbière, allèrent se mettre en embuscade dans les îlots qui se trouvent au pied du Pain-de-Sucre, précisément à l'endroit où avait campé l'hiver précédent le détachement de M. de Rigaud. Les canots tirés à terre et abrités sous le feuillage, ils attendirent jusqu'au lendemain le passage des berges qu'on apercevait dans le lointain. Ces berges, au nombre de vingt-deux, montées par trois cent cinquante miliciens du New-Jersey, commandés par le colonel Parker, étaient parties la veille du fort George et s'étaient mises en panne pour la nuit. A l'aube du jour, elles s'étaient remises en mouvement sur trois divisions, à une assez bonne distance les unes des autres. Elles s'avancèrent silencieusement à travers le groupe d'îles qui allait être témoin d'une des plus horribles tragédies dont il soit fait mention dans les annales de l'Amérique.

Dès que les trois berges qui faisaient l'avant-garde furent parvenues en face de l'embuscade, elles furent cernées et prises sans avoir tiré un coup de fusil. Les trois autres qui suivaient eurent le même sort. Les seize dernières s'avancèrent en bon ordre jusqu'à la portée du fusil. Selon leur habitude invétérée, les sauvages tirèrent trop tôt. Les berges répondirent par quelques décharges, puis commencèrent à tourner pour battre en retraite; mais les sauvages ne leur en donnèrent pas le temps. Avec une agilité incroyable ils se précipitèrent dans leurs canots et les assaillirent de toutes parts. Alors commença une scène de carnage indescriptible et qu'on se refuserait à croire, si elle n'était racontée par les témoins oculaires. La vue, les cris, l'agilité de ces géants cuivrés, brandissant leurs lances ou leurs casse-tête rougis de sang, frappèrent les équipages d'une telle épouvante, qu'ils ne firent presque aucune résistance. « Les sauvages, dit Montcalm, plongeaient dans l'eau pour les darder, comme ils font pour le poisson et aussi pour couler bas les berges, en les prenant par-dessous et les faisant chavirer. » Deux berges seulement réussirent à s'échapper. Près de deux cents prisonniers tombèrent entre les mains des sauvages et, malheureusement aussi, plusieurs barils de rhum avec lesquels ils s'enivrèrent. Ce fut ensuite une orgie et des cruautés sans nom exercées sur les prisonniers, dont trois furent mis à la chaudière et mangés. Le commandant Parker, fait prisonnier avec les autres, eut le bonheur de s'échapper.

Le Père Roubaud, témoin de la rentrée de l'expédition au camp, en a fait un récit tout plein de l'épouvante qu'il en ressentit : « On vit paraître au loin, dans la rivière, une barque française qui nous amenait cinq Anglais liés et conduits par des Outaouais dont ils étaient les prisonniers. La vue de ces malheureux captifs répandit la joie et l'allégresse dans le cœur des assistants; mais c'était, dans la plupart, une joie féroce et barbare, qui se traduisit par des cris effroyables et par des démarches bien tristes pour l'humanité. Un millier de sauvages, tirés des trente-six nations réunies sous l'étendard français, étaient présents et bordaient le rivage. Dans l'instant, sans qu'il parût qu'ils se fussent concertés, on les vit courir avec la dernière précipitation vers les bois voisins. Je ne savais à quoi devait aboutir une retraite si brusque et si inopinée. Je fus bientôt au fait. Je vis revenir un moment après ces furieux, armés de bâtons, qui se préparaient à faire à ces infortunés Anglais la plus cruelle des réceptions. Je ne pus retenir mon cœur à la vue de ces cruels préparatifs. Les larmes coulaient de mes yeux ; ma douleur cependant ne fut point oisive. J'allai, sans délibérer, à la rencontre de ces bêtes farouches, dans l'espérance de les adoucir ; mais, hélas ! que pouvait ma faible voix, que pousser quelques sons que le tumulte, la diversité des langues, plus encore la férocité des cœurs rendaient inintelligibles ? Du moins, les reproches les plus amers ne furent-ils pas épargnés à quelques Abénakis qui se trouvèrent sur mon chemin ; l'air vif qui animait mes paroles les amena à des sentiments d'humanité. Confus et honteux, ils se séparèrent de la troupe meurtrière en jetant les cruels instruments dont ils se disposaient à faire usage. Mais qu'était-ce que quelques bras de moins sur deux mille déterminés à frapper sans pitié ? Voyant l'inutilité des mouvements que je me donnais, je me déterminai à me retirer, pour n'être pas témoin de la sanglante tragédie qui allait se passer. Je n'eus pas fait quelques pas, qu'un sentiment de compassion me rappela sur le rivage, d'où je jetai les yeux sur ces malheureuses victimes dont on préparait le sacrifice. Leur état renouvela ma sensibilité. La frayeur qui les avait saisies leur laissait à peine assez de force pour se soutenir ; leurs visages consternés et abattus étaient une vraie image de la mort. C'était fait de leur vie. En effet, ils allaient expirer sous une grêle de coups, si leur conservation ne fût venue du sein même de la barbarie, et si la sentence de mort n'eût été révoquée par ceux mêmes qui, ce semble, devaient être les premiers à la prononcer.

« L'officier français qui commandait dans la barque s'était aperçu des mouvements qui s'étaient faits sur le rivage. Touché de cette commisération si naturelle à un honnête homme à la vue des malheureux, il tâcha de la faire passer dans le cœur des Outaouais, maîtres des prisonniers ; il mania si adroitement leurs esprits, qu'il vint à bout de les rendre sensibles et de les intéresser en faveur de la cause des misérables. Ils s'y portèrent avec un zèle qui ne pouvait qu'infailliblement réussir. A peine la berge fut-elle assez près du rivage pour que la voix pût y porter, qu'un Outaouais, prenant fièrement la parole, s'écria d'un ton menaçant : « Ces prisonniers sont à moi ; je pré-
« tends qu'on me respecte en respectant ce qui
« m'appartient. Trêve d'un mauvais traitement, dont
« tout l'odieux rejaillirait sur ma tête ! » Cent officiers français auraient parlé sur le même ton, que leurs discours n'auraient abouti qu'à leur attirer, à eux, des mépris, et à leurs captifs des redoublements de coups ; mais un sauvage craint son semblable et ne craint que lui. Leurs moindres disputes vont à la mort ; aussi n'en viennent-ils guère là. Les volontés de l'Outaouais furent donc aussitôt respectées que notifiées ; les prisonniers furent débarqués sans tumulte et conduits au fort... »

A leur passage au camp de Lévis, le chevalier tenta de racheter un colonel de la milice anglo-américaine qui se trouvait au nombre des captifs ; mais, dit-il, il ne fut pas possible de le retirer de leurs mains, quelque offre qu'il fît faire pour cela, et il fut emmené dans le pays des sauvages.

Le Père Roubaud ajoute dans son récit qu'il vit passer par bandes les infortunés captifs, traînés, la corde au cou, le visage terrifié, le corps ruisselant de sueur. Ayant remarqué l'un d'eux, qu'il reconnut pour un officier à quelques lambeaux d'uniforme qui lui restaient, il s'approcha d'un des Outaouais qui l'emmenait, et, lui adressant la parole de l'air le plus caressant qu'il pût, il lui fit comprendre qu'il désirait racheter ce prisonnier. L'Outaouais le repoussa avec un geste si menaçant, que le Père se retira tout effrayé.

Montcalm prend occasion de ces horreurs pour rendre justice aux sauvages chrétiens. « Ce ne sont, dit-il, que ceux d'en haut qui commettent ces cruautés ; nos domiciliés n'y prennent aucune part. Ils se confessent toute la journée. »

Montcalm tint conseil sur conseil avec les sauvages durant toute la journée du 25, sans réussir à racheter les malheureux captifs, qui, exposés à chaque instant à être assommés, étaient en proie à des terreurs pires que la mort. La victoire avait rendu les sauvages plus insolents et plus intraitables que jamais.

Ce ne fut qu'après minuit qu'ils consentirent, non à rendre la liberté à leurs captifs, mais à permettre de les envoyer au marquis de Vaudreuil, en se réservant le droit de les reprendre au retour. Ils exigèrent même que le marquis de Montcalm donnât à chaque bande un reçu signé de sa main. L'escorte et les canots étaient prêts à recevoir ces malheureux, qui furent dirigés sur Montréal.

Depuis leur victoire, les sauvages ne parlaient plus que de partir; ils voulaient à tout prix s'en retourner dans leur pays. Ils avaient fait coup, disaient-ils, et c'était tenter le Maître de la vie que de s'exposer à de nouveaux combats. Montcalm se hâta de convoquer deux grands conseils de toutes les nations sauvages : l'un au camp de la Chute, l'autre à celui du Portage, pour les rattacher à l'expédition et leur faire connaître la marche de l'armée. Trois orateurs célèbres y portèrent la parole : Kisensik, de la tribu des Népissings; Lamotte, de celle des Folles-Avoines; et le vieux Pennahouel, orateur des Outaouais, le plus remarquable de tous. C'était un homme d'un esprit et d'une sagacité extraordinaires, autrefois l'ennemi acharné des Français, mais devenu leur ami dévoué, surtout depuis qu'il s'était lié d'amitié avec le marquis de La Galissonnière, qui avait admiré son intelligence et s'était amusé de ses spirituelles saillies.

Pendant que Montcalm prononçait son discours, un gros arbre tomba fortuitement à quelques pas de l'assemblée. Le général, sans perdre sa présence d'esprit, interpréta pour lui ce présage :

« Voilà, s'écria-t-il, comment l'Anglais sera renversé, comment tomberont les murs du fort George. C'est le Maître de la vie qui nous l'annonce. »

Lamotte accepta l'augure au nom des tribus d'en haut; et Pennahouel, se levant avec solennité, l'appuya par ces paroles :

« Mon père, moi, qui de tous les sauvages compte le plus de lunes, je te remercie, au nom de toutes les nations et au mien, des bonnes paroles que tu viens de nous donner, je les approuve; personne ne nous a jamais mieux parlé que toi. C'est le manitou de la guerre qui t'inspire. »

Un grand nombre d'officiers français, attirés par la curiosité, étaient accourus au Portage et formaient un second cercle autour du grand conseil qui siégeait au centre du camp. Aucun de ces officiers, quelque accoutumé qu'il fût aux scènes d'opéra et de féeries des boulevards parisiens, n'avait vu de spectacle plus théâtral et mieux fait pour frapper l'imagination. Tout y prêtait à la fois : le lieu, les hommes et les choses. Ce camp militaire, avec ses tentes dressées dans une clairière, au milieu d'une vallée déserte, entre deux chaînes de montagnes couvertes de la base au sommet de forêts vierges, dans toute la splendeur de leur feuillage d'été, exhalant sous un ciel napolitain de chauds effluves chargés de senteurs sauvages ; ces officiers pimpants, aux blancs uniformes galonnés d'or, aux cheveux poudrés sous leur chapeau à panache, qu'on eût dit de petits-maîtres déplacés en un tel lieu, s'ils n'avaient été aussi braves qu'élégants ; et autour d'eux, les coudoyant, les frôlant de leur corps nu, des Sakis, des Iowas de l'extrême-ouest, des Mascoutins, mangeurs d'hommes ; enfin toute cette agglomération plus semblable à une mascarade qu'à une armée, et, en perspective, une victoire assombrie par une sanglante tragédie.

Kisensik, l'orateur des Népissings, debout au milieu du conseil, porta la parole au nom des sauvages chrétiens :

« Mes frères, dit-il en s'adressant aux nations des pays d'en haut, nous, sauvages domiciliés, vous remercions d'être venus nous aider à défendre nos terres contre l'Anglais qui les veut usurper. Notre cause est bonne, et le Maître de la vie la favorise. En pouvez-vous douter, mes frères, après le beau coup que vous venez de faire ? Nous l'avons admiré, nous vous en faisons notre compliment; il nous couvre de gloire, et le lac Saint-Sacrement, teint du sang de Corlar[1], attestera éternellement cet exploit. Que dis-je ? il couvrira aussi de gloire nous, vos frères, et nous en tirons vanité. Notre joie doit encore être plus grande que la tienne, mon père, continua-t-il en s'adressant au marquis de Montcalm, toi qui as passé le grand lac non pour ta propre cause, car ce n'est pas sa cause qu'il est venu défendre, c'est le grand roi qui lui a dit : Pars, passe le grand lac, et va défendre mes enfants. Il va nous réunir, mes frères, et nous lier par le plus solennel des nœuds. Acceptez-le avec joie, ce nœud sacré, et que rien ne puisse le rompre. »

Cette harangue fut rendue aux nations par les différents interprètes et reçue avec applaudissements.

Le marquis de Montcalm leur fit dire ensuite :

« Mes enfants, je suis ravi de vous voir tous réunis pour les bonnes affaires. Tant que durera votre union, l'Anglais ne pourra vous résister. Je ne puis mieux vous parler que votre frère Kisensik vient de le faire. Le grand roi m'a sans doute envoyé pour vous protéger et vous défendre; mais il m'a recommandé surtout de chercher à vous rendre heureux et invincibles, en établissant entre vous cette amitié, cette union, ce concours pour opérer les bonnes affaires,

---

[1] Nom sous lequel les sauvages désignaient les Anglais.

qui doivent se trouver entre des frères, enfants du même père, du grand Ononthio. »

Alors Montcalm, levant le collier à six mille grains, qu'il tenait entre ses mains, ajouta : « Par ce collier, gage sacré de sa parole, symbole de bonne intelligence et de force par la liaison des différents grains qui le composent, je vous lie tous les uns avec les autres, de manière qu'aucun de vous ne puisse se séparer avant la défaite de l'Anglais et la destruction du fort George. »

Cette parole fut alors rapportée par les divers interprètes, et le collier jeté au milieu de l'assemblée.

Il fut relevé par les orateurs des différentes nations, qui les exhortèrent à l'accepter, et Pennahouel, en le présentant à celles du pays d'en haut, leur dit :

« Voilà maintenant un cercle tracé autour de nous par le grand Ononthio, qu'aucun de nous n'en sorte; tant que nous resterons dans son enceinte, le Maître de la vie sera notre guide, nous inspirera ce que nous devons faire et favorisera toutes nos entreprises. Si quelqu'un en sort avant le temps, le Maître de la vie ne répond plus des malheurs qui pourront le frapper; que son infortune ne retombe que sur lui, et non sur les nations qui se promettent ici une union indissoluble et la plus grande obéissance à la volonté de leur père. »

Les officiers français s'étaient peu à peu glissés à travers les rangs et obstruaient la vue des orateurs. Les Sakis, les Folles-Avoines et les Renards quittèrent alors l'assemblée, parce que, disaient-ils, on les empêchait de voir leur père et d'entendre sa parole.

Le marquis de Montcalm, averti à temps, les envoya chercher et fit retirer les curieux.

L'assemblée paraissait avoir réussi, quand on apprit que les Miamis s'étaient dérobés secrètement avec leurs canots, qu'ils avaient *portagés* à travers les bois, de crainte d'être retenus. Cette désertion amena un ébranlement général : deux cents sauvages s'en allèrent; le reste ne fut retenu qu'à force de cajoleries, de présents et de promesses. La plupart d'entre eux, bivouaqués à la sortie du lac, s'y livraient jour et nuit à des orgies indescriptibles. Les bûchers qu'ils allumaient de tous côtés, sans la moindre précaution, mirent le feu au camp de M. de Contrecœur, qui à partir de ce jour porta le nom de Camp-Brûlé. Faute de viande fraîche ou de prisonniers anglais à manger, ils envahirent un parc où l'on tenait en réserve un troupeau de bétail, tuèrent dix-huit de ces animaux et les dévorèrent. Cette hécatombe, ou, comme l'appelle Bougainville, cette Saint-Barthélemy de bestiaux les calma.

Enfin, le 29 juillet, l'armée commença à se mettre en mouvement. Elle comptait 8 019 hommes de toutes armes, répartis comme suit :

2 570 hommes de troupes de terre;

3 470 hommes de troupes de la marine et de la milice;

180 canonniers;

1 799 sauvages.

Chaque tribu, imitant, sans le savoir, une coutume de la plus haute antiquité, fit le dénombrement de sa troupe en présentant autant de bûchettes qu'elle comptait de guerriers.

Il avait été convenu que l'armée marcherait en deux divisions : la première, sous M. de Lévis, suivrait par terre la rive occidentale du lac, tandis que la seconde irait par eau. Le rendez-vous était à la baie de Ganaouské (North West Bay), où M. de Lévis devait signaler son arrivée par trois feux placés en triangle sur le flanc de la montagne. Comme la route de terre à travers un pays montueux, obstrué d'épaisses forêts, était beaucoup plus pénible et plus longue, le détachement du chevalier partit deux jours avant celui de Montcalm. Ce premier détachement, de deux mille cent soixante-dix hommes, l'élite des troupes françaises et canadiennes, était accompagné de huit cents sauvages ; chaque homme portait pour tout bagage une couverte, son havresac et ses armes.

Le soir du 29 juillet, il alla bivouaquer à une demi-lieue du Portage, au Camp-Brûlé. On se mit en marche à 4 heures du matin. Les sauvages et les volontaires de Villiers, coureurs des bois à toute épreuve, formaient l'avant-garde, frayant la route à travers les broussailles, les branches d'arbres et les troncs renversés couverts de mousse, où l'on enfonçait jusqu'à la cheville du pied. Il faut avoir marché dans nos forêts primitives pour avoir une juste idée de l'enchevêtrement de végétations inextricables qui s'élèvent partout, sur un terrain semé de toute espèce d'inégalités et d'obstacles.

Le matin du 1er août, les deux cent quarante-sept bateaux de transport étaient échelonnés à la sortie du lac, prêts à recevoir l'armée.

Cent hommes de garnison et cent travailleurs armés avaient été laissés à Carillon ; cinquante au camp du

Portage, où se trouvait le dépôt de vivres. De fortes averses avaient retardé l'embarquement des troupes, qui ne fut terminé que dans l'après-midi. A 5 heures du soir, la flottille avait rejoint les sauvages, dont les cent cinquante canots d'écorce, lancés à son approche et se plaçant à l'avant-garde, attirèrent tous les regards par l'aspect original qu'ils offraient. « Ce coup d'œil, dit Montcalm, était curieux, même pour un militaire accoutumé à voir les armées européennes, mais qui ne peut se représenter le spectacle de quinze cents sauvages nus dans leurs canots. »

Le 3 d'août, l'armée fut sur pied dès que l'aurore eut paru à la cime des montagnes. L'armée se mit en marche à travers les bois, le détachement de Lévis faisant l'avant-garde éclairé par les sauvages. Montcalm commandait à sa suite le gros de l'armée. Cinq cents hommes, aux ordres du lieutenant de Privat, avaient été laissés à la garde des bateaux.

Les Anglais ne sortirent pas de leurs retranchements. Une escouade conduisit le colonel Bourlamaque, chargé de la direction du siège, et l'ingénieur en chef Desandrouins sur les hauteurs voisines pour examiner le fort; ils reconnurent que le côté le plus vulnérable était précisément celui où s'avançait l'armée. A droite, c'est-à-dire au sud-est, le fort George était défendu par un marais impraticable; à gauche, par le lac, et des deux autres côtés par un bon fossé palissadé.

Ces remparts étaient formés par un assemblage de grosses pièces de bois croisées les unes sur les autres et solidement liées ensemble; les interstices en étaient remplis de terre et de gravier.

On avait pratiqué à une portée de canon de la place un *désert* dont les arbres, à demi brûlés et couchés l'un sur l'autre, offraient, ainsi que leurs souches, un obstacle presque inconnu dans les approches des places d'Europe. A l'est du fort, un camp retranché avait été construit sur une hauteur très avantageuse, dominant le fort lui-même et protégée en grande partie par des marécages. Les retranchements en étaient faits de troncs d'arbres posés les uns sur les autres; ils avaient peu d'étendue, beaucoup de flancs munis d'artillerie, et pouvaient être bordés par les ennemis.

Le fort et le camp retranché, qui communiquaient par une chaussée construite le long du rivage, étaient défendus par vingt-neuf canons, trois mortiers, un obusier, dix-sept pierriers, en tout cinquante pièces d'artillerie, et par une garnison de deux mille quatre cents hommes, commandés par le lieutenant-colonel Monro, du 35ᵉ régiment de l'armée anglaise, vétéran écossais d'une bravoure personnelle incontestable, mais d'un caractère faible, comme le démontrèrent les événements.

Bourlamaque et Desandrouins revenus de leur expédition et le plan d'attaque décidé, l'armée, qui avait fait halte de 11 heures à midi, accéléra le pas pour s'emparer avant la fin du jour des hauteurs qui dominaient la place. Tandis qu'une partie des Indiens opéraient sur la droite en escarmouchant avec les avant-postes ennemis, qu'ils refoulaient sous les murs du fort, le reste des sauvages menaçaient la gauche en faisant une démonstration sur le lac. Leurs canots rangés de front sur une même ligne s'étendant d'une rive à l'autre, ils pagayaient à coups réguliers, en faisant tressaillir les échos par des milliers de cris, auxquels répondaient les guerriers échelonnés sur le cercle des hauteurs voisines. Les bateaux de l'artillerie, qui s'avançaient en arrière d'une pointe, débouchèrent alors sur la droite et répondirent aux cris des Indiens par une décharge générale à laquelle ripostèrent les canons des deux retranchements.

Le chevalier de Lévis, par un mouvement hardi, s'était avancé au delà du camp retranché, où il avait divisé ses troupes en deux corps : le premier occupant le chemin du fort Édouard, pour intercepter les secours qui pouvaient venir de cette place; le second stationnant un peu en arrière, pour masquer et observer les mouvements qui se faisaient au fort et au camp retranché. Le marquis de Montcalm, que le chevalier prévint de ses dispositions, fit faire halte à son armée et alla le rejoindre. Tous deux examinèrent de nouveau les fortifications ennemies, et se convainquirent par leurs propres yeux qu'elles exigeaient, pour être emportées, un siège régulier.

Ordre fut donné à Bourlamaque, qui se trouvait alors à la hauteur du fort George avec les régiments de la Sarre et du Royal-Roussillon, de rétrograder et d'aller prendre une position que le général venait de reconnaître. C'est l'endroit où s'élève aujourd'hui le village de Caldwell : la gauche y était appuyée au lac, la droite à des cavités inaccessibles, le front à un ravin au fond duquel coulait un petit ruisseau, et dont la berge masquait le fort. Une petite anse, formée par cette berge qui s'avance dans le lac, favorisait l'accès des bateaux.

Aussitôt leur camp dressé, les deux régiments se

mirent à couper des fascines, à faire des saucisson et à déblayer le ravin destiné au dépôt de l'artillerie.

Le régiment de la Reine alla bivouaquer à un quar de lieue en arrière du chevalier de Lévis, pour le soutenir au besoin.

Le soir même, le marquis de Montcalm fit porter par M. de Fontbrune, aide de camp de Lévis, une lettre au colonel Monro pour le sommer de se rendre l'avertissant au nom de l'humanité que, s'il attendait l'assaut, il serait impossible d'arrêter les sauvages qui massacreraient toute la garnison. Le colonel répondit, en homme de cœur, qu'il était résolu de se défendre jusqu'à la dernière extrémité.

Durant l'armistice, les sauvages se montrèrent en si grand nombre dans la clairière, que les assiégés furent frappés de stupeur en voyant l'effroyable contingent qu'ils apportaient à l'armée française. De tous les guerriers de ces différentes nations, nuls ne haïssaient les Anglais autant que les Abénakis, leurs voisins, avec qui ils avaient presque toujours été en guerre. Les New-Englanders, loin de chercher à les humaniser, rivalisaient souvent de cruauté avec ces barbares. Pour n'en citer qu'un exemple, un parti de rangers, ayant un jour surpris et capturé quatorze de ces sauvages, s'étaient amusés à les couper par morceaux et à éparpiller sur le sol ces horribles restes.

Avant que l'officier envoyé en otage par Monro fût sorti du camp français, un Abénakis l'aborda et lui dit en mauvais français :

« Ah! toi ne pas te rendre? Eh bien, tire le premier; mon père tirera ensuite ses gros fusils; alors, toi, te bien défendre, car si je te prends, point de quartier à toi. »

Dès l'aurore, l'avant-garde, dont la position était critique à la distance où elle était, dans un pays montagneux et boisé, reçut ordre de se rapprocher du lac. En même temps Montcalm attira à lui toutes les troupes de ligne, le bataillon de la marine et les deux brigades de Saint-Ours et de Gaspé. Le chevalier de Lévis resta à l'avant-garde avec les brigades de Repentigny, de Vassan, de Courtemanche, de La Corne, les volontaires de Villiers et tous les sauvages. Il devait multiplier ses mouvements sur la gauche et pousser des reconnaissances vers le chemin de Lydius, pour laisser croire à l'ennemi que cette communication était encore interceptée.

Au coucher du soleil, les bateaux se mirent en mouvement pour venir accoster dans l'anse où devait se faire le débarquement de l'artillerie, et le lieutenant-colonel de Roquemaure fut commandé avec six piquets pour la garde de tranchée. Les troupes restées au camp devaient passer la nuit au bivouac, afin d'être à portée de secourir la garde de tranchée en cas de besoin. On continua le reste du siège à prendre les mêmes précautions.

Cinq cents travailleurs ouvrirent la tranchée à douze cents pieds de la place, en face de la capitale du bastion nord-est, et préparèrent le terrain pour une batterie de sept pièces de canon, un obusier et un mortier devant battre les flancs qui défendaient cette capitale, et écharper les deux fronts du nord-ouest et du nord-est

On creusa aussi cette nuit un boyau qui communiquait du dépôt à cette batterie, et l'on commença une parallèle.

Tous ces travaux s'opéraient au grondement du canon ennemi, qui jetait des éclairs dans l'obscurité et dont les boulets, en labourant le sol, faisaient voler en éclats les arbres renversés. Sous les tentes les plus rapprochées, quelques officiers et soldats qui dormaient enveloppés dans leurs couvertures ou leurs peaux d'ours pour se protéger contre le froid de la nuit furent atteints par les boulets, et Montcalm dut changer la disposition de son camp. Il fit reculer les tentes de la Sarre et porter le régiment de Royal-Roussillon en potence derrière celui de la Reine, placé hors d'atteinte.

Durant toute la journée, autant de travailleurs, remplaçant ceux de la nuit, perfectionnèrent la batterie.

Les sauvages et les francs-tireurs canadiens, cachés dans les plis du terrain ou derrière les souches fusillaient continuellement autour de la place. Dans le camp retranché aussi bien que dans le fort régnait la plus grande activité; on commença un second retranchement à l'intérieur du premier; on enleva les toitures des casernes et des hangars pour donner moins de prise à l'incendie, et on jeta dans le lac une grande quantité de planches et de bois de chauffage. Comme à distance, on ne pouvait discerner la nature de ces objets, les sauvages vinrent se plaindre au général de ce qu'ils allaient perdre une partie du butin qu'ils espéraient piller, et demandèrent des troupes pour arrêter ces mouvements.

Cependant la fusillade qui se faisait autour du fort

détournait les sauvages des avant-postes où ils étaient des plus utiles. Montcalm les assembla en conseil, le soir du 5.

« Mes enfants, leur dit-il, vous n'écoutez plus la voix de votre père; il semble que vous ayez perdu l'esprit. Au lieu de rester au camp de M. le chevalier de Lévis, vous vous exposez sans nécessité dans le désert du fort, où plusieurs de vos guerriers ont été tués. J'en ai été profondément affligé, car le moindre des vôtres est d'un grand prix à mes yeux. Sans doute il est avantageux d'incommoder l'Anglais par le feu de la mousqueterie, mais ce n'est pas là l'objet principal. Votre grande occupation doit être de m'instruire de toutes les démarches de l'ennemi, et d'entretenir pour cela des partis continuels. »

Le marquis termina son discours en les exhortant à aller tous se réunir au camp du chevalier de Lévis; qu'ils y trouveraient toutes les munitions de guerre et de bouche dont ils avaient besoin; que les missionnaires allaient même s'y établir, et que c'était là où les enfants de la prière les rencontreraient; que le chevalier de Lévis leur expliquerait la volonté de leur père; que lui-même serait toujours prêt à écouter les avis et les représentations de leurs chefs. Enfin, pour leur remettre l'esprit, les faire rentrer dans la bonne voie, effacer le passé et répandre sur l'avenir la lumière des bons conseils, il leur offrit deux colliers et dix branches de porcelaine.

Les sauvages les acceptèrent et promirent de mieux observer la volonté de leur père; mais ils ajoutèrent qu'eux aussi ils avaient quelque chose sur le cœur. Invités avec douceur à parler librement, ils se plaignirent qu'on ne leur disait plus rien ; qu'on ne rendait à leurs chefs aucun compte des opérations, et qu'on les traitait comme des esclaves, prétendant les faire marcher à la découverte sans avoir délibéré avec leurs chefs.

« Mon père, ajoutèrent-ils, tu as apporté ici l'art de la guerre des pays qui sont au delà du grand lac. Nous savons que dans cet art tu es un grand maître; mais pour la science et la ruse des découvertes, pour la connaissance de ces bois et la façon d'y faire la guerre, nous l'emportons sur toi. Consulte-nous, et tu t'en trouveras bien [1]. »

Montcalm les apaisa par une de ces réponses habiles qu'il savait ménager avec art. Il les assura d'abord que, s'ils avaient été négligés, ce ne pouvait être que par une de ces méprises inévitables dans le tumulte d'affaires dont il était accablé ; qu'il appréciait hautement leurs talents pour la guerre de découvertes, et qu'ample satisfaction leur serait accordée. Il conclut par un mot dont l'effet ne pouvait manquer. Il leur annonça que le lendemain les gros fusils commenceraient à tirer. A cette nouvelle éclatèrent d'immenses cris d'acclamation qui, joints à la canonnade du fort, ébranlèrent tous les échos des montagnes.

A l'entrée de la nuit la garde de tranchée fut relevée, et le lieutenant-colonel de Fontbonne la remplaça avec trois compagnies de grenadiers et trois piquets [2].

---

[1] *Journal de Bougainville.*
[2] Ne pas confondre M. de Fontbonne, lieutenant-colonel du régiment de Guyenne, avec M. de Fontbonne, lieutenant de grenadiers du régiment de la marine et aide de camp du chevalier de Lévis.

Sept cents hommes continuèrent la première parallèle et commencèrent à son extrémité une nouvelle batterie de neuf pièces de canon, un mortier et un obusier, qui devaient battre directement le front d'attaque.

Au point du jour, la première batterie fut en état de saluer vivement l'ennemi.

C'était le moment que les sauvages attendaient avec impatience; il fut impossible de les retenir à leurs postes. Accourus tous pour voir tirer les gros fusils de leur père, ils accueillaient chaque décharge par des clameurs immenses, répétées par tous les échos du lac. « Ils étaient sans cesse autour de nos canonniers, dont ils admiraient la dextérité. Mais leur admiration ne fut ni oisive ni stérile. Ils voulurent essayer de tout pour se rendre plus utiles. Ils s'avisèrent de devenir canonniers; un entre autres se distingua : après avoir pointé lui-même son canon, il donna juste dans un angle rentrant, qu'on lui avait assigné pour but. Mais il se défendit de réitérer, malgré les sollicitations des Français, alléguant pour raison de son refus qu'ayant atteint dès son essai le degré de perfection auquel il pouvait aspirer, il ne devait plus hasarder sa gloire dans une seconde tentative. »

Un grand nombre de ces sauvages se glissèrent comme des couleuvres à travers les broussailles jusqu'à un bas-fond, qui s'étendait entre la place et le camp français. Là, couchés à plat ventre, ils firent un feu si bien dirigé dans les embrasures, que les ennemis eurent peine à servir leur artillerie. Quelques-uns, imitant ce qu'ils avaient vu à la tranchée et ce que faisaient les francs-tireurs canadiens, remuaient la terre et élevaient de petits épaulements pour s'abriter contre les projectiles.

Pendant la journée du 6 on resta sous les armes, et trois cents travailleurs perfectionnèrent la parallèle et continuèrent la batterie de droite.

Le même jour, les éclaireurs du chevalier de Lévis surprirent trois courriers expédiés du fort Édouard : ils tuèrent le premier, prirent le second et poursuivirent le troisième, qui parvint à s'échapper, grâce à son agilité. On trouva dans les habits du soldat tué une balle renfermant une lettre du général Webb, commandant le camp de Lydius, par laquelle il promettait de secourir le fort William-Henry, au cas où il pourrait rassembler à temps les milices du pays. En attendant, il exhortait le gouverneur à se bien défendre; il insinuait néanmoins qu'il ne devait pas attendre la dernière extrémité, afin qu'il pût obtenir des conditions plus honorables.

La nuit du 6 au 7, M. de Privat, avec trois compagnies de grenadiers et sept piquets, vint relever la garde de tranchée, et cinq cents hommes furent envoyés au travail. Ils furent occupés à continuer les approches, à faire des réparations convenables à la batterie de gauche, à perfectionner celle de droite et à y traîner l'artillerie, afin qu'elle se trouvât en état de tirer au jour. Cette dernière avait un avantage énorme : elle portait sur les retranchements du camp tous les boulets qui passaient par-dessus les défenses du fort.

Le jour, deux cents hommes remplaçaient aux travaux les cinq cents de la nuit.

Vers 9 heures du matin, le marquis de Montcalm

envoya au commandant anglais la dépêche interceptée du général Webb. Il y joignit une lettre par laquelle il l'engageait à ne point se défendre à outrance, pour ne pas exciter la fureur des sauvages.

Bougainville, porteur de ce message, raconte ainsi sa mission :

« J'ai débouché de la tranchée, faisant porter devant moi un pavillon rouge, accompagné d'un tambour qui battait le rappel et d'une escorte de dix-huit grenadiers. Les Anglais m'ont crié de faire halte au pied des glacis; un officier et quinze grenadiers sont venus à moi et m'ont demandé ce que je voulais. Sur ce que j'ai dit, que j'avais une lettre de mon général à remettre au commandant anglais, deux autres officiers sont sortis de la place, dont l'un est resté à la garde de mes grenadiers, et l'autre, m'ayant bandé les yeux, m'a conduit d'abord au fort, ensuite au camp retranché, où j'ai remis au commandant la lettre du marquis de Montcalm et celle du général Webb.

« Grands remerciements de la politesse française, protestations de joie d'avoir affaire à un ennemi aussi généreux : tel est le contenu de la réponse du lieutenant-colonel Monro au marquis de Montcalm.

« L'on m'a ramené, les yeux toujours bandés, où l'on m'avait pris, et nos batteries ont commencé à tirer quand on a jugé que les grenadiers avaient eu le temps de rentrer dans le fort. »

Les volontaires canadiens de Villiers, impatients de se distinguer, attaquèrent le camp retranché, soutenus par une partie des sauvages. L'action fut longue et meurtrière; les Anglais essayèrent une sortie, mais furent repoussés avec perte. Ils auraient pu même être forcés dans leurs retranchements, si la prise du camp eût décidé la reddition du fort.

La nuit du 7 au 8, la garde de tranchée fut relevée par le lieutenant-colonel de Senezergues avec un pareil nombre de compagnies et de piquets d'infanterie. Puis trois cents nouveaux travailleurs poussèrent jusqu'à un petit marais de cinquante ou soixante pieds de largeur, où il fallait cheminer entièrement à découvert. Quoique en plein jour, on se détermina, afin d'accélérer l'ouvrage, à faire ce passage comme celui d'un fossé de place rempli d'eau. Les travailleurs s'y portèrent avec tant d'ardeur, qu'il fut exécuté dans la matinée même, malgré le feu très vif du canon et de la mousqueterie des ennemis. On put ensuite pratiquer dans le marais, à force de fascines et de rondins, une chaussée capable de supporter l'artillerie.

Sur les 4 heures, des découvreurs indiens jetèrent l'alarme dans le camp, en annonçant l'apparition d'une armée sur le chemin de Lydius. Le chevalier de Lévis s'y porta sur-le-champ avec la plus grande partie des Canadiens et des sauvages; le marquis de Montcalm le suivit avec la brigade de la Reine et trois compagnies de grenadiers; les trois autres et les brigades de la Sarre et de Royal-Roussillon restèrent aux ordres de M. de Bourlamaque, pour couvrir nos tranchées et le camp.

On reconnut bientôt que c'était une fausse alerte. Avant la fin du jour toutes les troupes étaient rentrées au camp, sans que le travail du siège eût été interrompu.

Le terrain situé au delà du marais s'élevait en pente et formait un plateau occupé par un jardin potager, à l'usage de la garnison. Le fond de ce plateau ayant été jugé favorable pour l'emplacement d'une batterie, on y commença les travaux d'une troisième de six pièces de canon, et on les poursuivit toute la nuit du 7.

Au jour, pareil nombre de travailleurs perfectionnèrent l'ouvrage ainsi que le passage du marais.

La nuit du 8 au 9, le chevalier de Bernetz, lieutenant-colonel de Royal-Roussillon, prit la garde de tranchée avec les grenadiers de Languedoc, Guyenne et Béarn et six piquets. Il soutenait cinq cents travailleurs qui creusèrent une parallèle embrassant tout le front d'attaque au delà du marais, à trois cent soixante pieds du fort. En avant de cette parallèle on devait construire deux batteries : l'une de brèche aurait battu « la berme sur laquelle le revêtement était assis; l'autre aurait aidé la première en enfilant la même brèche, et aurait pu battre les retranchements et leurs communications avec la place[1] ».

Le travail fut fort inquiété dès le commencement par la mousqueterie des Anglais et par leurs canons chargés à balles. Mais, la terre étant très aisée à remuer, nos travailleurs furent bientôt à couvert. A l'aube du jour, la tranchée se trouvait en fort bon état et les batteries prêtes à tirer.

Après le lever du soleil, trois cents soldats remplacèrent ceux de la nuit.

Les troupes françaises et canadiennes étonnaient

---

[1] *Journal de Desandrouins.*

leurs chefs aussi bien que les assiégés par leur ardeur infatigable. C'était, en effet, chose merveilleuse que de voir avec quelle facilité ces vaillants hommes quittaient et reprenaient tour à tour le mousquet du fantassin et l'outil de l'ouvrier, sachant au besoin non seulement se battre, mais être bûcherons ou terrassiers, conduire la brouette et manier la pelle, la pioche ou la hache! Et cela sans trêve et sans relâche. « Vous les auriez pris, dit un témoin oculaire, pour des gens invulnérables au feu. » Ainsi nous les avons vus depuis l'ouverture de la campagne, ainsi nous les verrons jusqu'à la fin.

Le capitaine Desandrouins, qui dirigeait tous les travaux, avait à peine quatre heures de sommeil par jour. Le reste du temps, il était à la tranchée.

Cependant les approches de la place se trouvaient terminées. Trente ou quarante pièces de canon allaient, le jour même, vomir la mort sur ses remparts. Le fort pris, et il le serait, on aurait vite raison du camp, car il était trop étroit pour contenir la garnison tout entière. En attendant, le jardin potager qui s'étendait au pied des glacis était tout grouillant de francs-tireurs canadiens et sauvages, qui logeaient une balle partout où ils voyaient paraître un être vivant du côté du fort. Quelques-uns des plus hardis s'y tenaient blottis depuis le commencement du siège. Une femme ayant eu l'imprudence d'y venir cueillir quelques légumes, un sauvage, qui se tenait caché dans un carré de choux, la renversa d'une balle et fit si bien la sentinelle, que personne n'osa se risquer hors de la place. La nuit venue. il alla lui lever la chevelure.

Le capitaine Fesch fut présenté à Montcalm, qui fut charmé de sa belle tournure et de sa joyeuse humeur.

Pendant que les assiégeants dressaient leur troisième batterie, que se passait-il dans l'intérieur du fort George? Le brave colonel Monro, sans espoir d'être secouru, était témoin d'un triste spectacle : plusieurs de ses canons avaient été démontés par notre artillerie; la brèche allait être bientôt prête pour l'assaut, et sa garnison était tellement démoralisée, que les déserteurs s'exposaient à une mort certaine pour se jeter dans le camp français. Ce n'était qu'à force d'eau-de-vie que les soldats pouvaient être décidés à continuer le service. Le commandant tenait conseil avec ses officiers, pour discuter quels termes de capitulation il pouvait honorablement accepter.

Le 9 août, vers 7 heures du matin, il fit arborer le drapeau blanc. Immédiatement le feu cessa de notre côté, comme il avait cessé du côté des assiégés.

M. Fesch, capitaine au régiment Royal-Américain, se présenta aux avant-postes français, demandant au nom du colonel Monro à traiter des conditions de la capitulation.

« Le capitaine nous aborda à la tranchée d'un air délibéré, raconte Desandrouins, comme si nous eussions été d'une garnison voisine. Quelques-uns d'entre nous lui parlant de l'extrême fatigue que nous avions essuyée les uns et les autres, et qui devait nous faire trouver fort bon de voir finir tout ceci :

« — Pour moi, répondit-il, depuis le moment où vous avez paru, je n'ai pas même pris le temps de me donner un coup de peigne. Je suis honteux de paraître devant vous, messieurs les Français. Il est vrai que j'ai voulu savoir auparavant à qui appartiendrait ma chevelure. »

Il fut présenté à Montcalm, qui fut charmé de sa belle tournure et de sa joyeuse humeur.

Le nom de ce galant officier n'est mentionné ni par Montcalm ni par Lévis, soit qu'il ne vînt apporter qu'un premier message, soit que, parlant français, il ne fît qu'accompagner comme interprète le lieutenant-colonel Young, de l'armée anglaise, avec qui furent traités les termes de la capitulation.

Le colonel Young, ne pouvant marcher, à cause d'une blessure qu'il avait reçue au pied, s'était avancé à cheval, suivi de quelques soldats, jusqu'à la tente de Montcalm. Après une discussion assez longue, mais pleine de courtoisie, Bougainville fut envoyé auprès du colonel Monro pour rédiger la capitulation et ordonner les premières mesures à prendre pour l'évacuation de la place.

La garnison abandonnerait le fort, le camp, les vivres, les munitions de guerre et tout le matériel renfermé dans le camp et le fort; elle sortirait avec les honneurs de la guerre, le bagage des officiers et celui des soldats, emporterait ses armes avec un certain nombre de cartouches à balles, et emmènerait une pièce de canon en fonte : cette dernière clause fut introduite par Montcalm, en considération du commandant anglais, qui ne l'avait point demandée. La garnison serait conduite au fort Lydius, escortée par un détachement de troupes françaises et par les principaux officiers et interprètes attachés aux sauvages. Jusqu'au retour de cette escorte, un officier resterait en otage au camp français. Ces troupes ne pourraient servir de dix-huit mois ni contre la France ni contre ses alliés. Dans l'espace de trois mois, tous les prisonniers français, canadiens et sauvages, faits par terre dans l'Amérique septentrionale depuis le commencement de la guerre, seraient ramenés aux forts français.

Le général aurait peut-être obtenu que la garnison se rendît prisonnière de guerre ; mais, outre que la colonie manquait de vivres pour nourrir deux mille prisonniers, Montcalm craignait que de plus dures conditions ne retardassent de quelques jours la capitulation. Or les sauvages étaient impatients de s'en retourner ; les Canadiens n'avaient pas un instant à perdre pour aller recueillir leurs moissons, et, chose plus redoutable encore, le général Webb pouvait d'un moment à l'autre venir au secours des assiégés.

Avant de signer la capitulation, le marquis de Montcalm convoqua en conseil les chefs de toutes les nations, leur fit part des articles de la capitulation, leur demanda s'ils l'approuvaient, leur dit que leur refus pousserait les Anglais au désespoir et que le sang coulerait. Or, comme ils sont très avares de leur sang, remarque Desandrouins, ils approuvèrent la conduite de leur père, promirent de ne pas inquiéter la garnison dans sa retraite, et acceptèrent les colliers offerts par Montcalm.

« On voit par ces précautions, dit Bougainville, jusqu'à quel point on est dans ce pays esclave des sauvages ; ils sont un mal nécessaire. »

La garnison évacua le fort George vers 2 heures de l'après-midi et se réunit aux troupes restées à la garde du camp retranché. Elles devaient en sortir la nuit suivante, pour se rendre au fort Édouard. Bougainville prit immédiatement possession du fort

George avec le chevalier de Bernetz et sa garde de tranchée[1].

Malheureusement les Anglais avaient laissé quelques-uns de leurs malades dans les casemates. Plusieurs sauvages, qui avaient pénétré par les embrasures, les y égorgèrent impitoyablement.

« Je vis, dit le Père Roubaud, un de ces barbares sortir des casemates, où il ne fallait rien moins qu'une insatiable avidité de sang pour entrer, tant l'infection qui s'en exhalait était insupportable. Il portait à la main une tête humaine, d'où découlaient des ruisseaux de sang, et dont il faisait parade comme de la plus belle capture dont il eût pu se saisir. »

Ce n'était là cependant qu'un bien léger prélude de la cruelle tragédie du lendemain.

Le siège avait coûté aux Français une vingtaine d'hommes tués et une quarantaine de blessés, et aux Anglais environ quatre-vingts tués et cent vingt blessés, dont un officier. Outre l'artillerie, on trouva dans le fort et dans le camp retranché trente-six mille livres de poudre, deux mille cinq cent vingt-deux boulets, cinq cent quarante-cinq bombes, mille quatre cents livres de balles, une caisse de grenades, six caisses d'artifices et une quantité énorme de lard et de farine.

---

[1] *Journal de Lévis*, p. 101. Ce fut Bourlamaque, d'après Montcalm. Cette contradiction est peut-être plus apparente que réelle. Il est probable que Montcalm et Lévis décidèrent d'abord ensemble de nommer Bougainville, mais qu'ensuite Montcalm changea d'avis et nomma Bourlamaque premier commandant sans avoir eu l'occasion d'en parler à Lévis. La présence de Bougainville n'en était pas moins requise, à cause de sa connaissance de l'anglais. De fait, sinon de droit, il remplissait le rôle que lui assigne Lévis.

Malgré les troupes françaises placées à la garde du camp retranché, il fut impossible d'empêcher les sauvages d'y entrer et de s'y livrer au pillage. Le marquis de Montcalm avait instamment prié les Anglais de jeter tout ce qu'ils avaient d'eau-de-vie et de vin, pour éviter de plus grands malheurs.

Avant de commencer le récit de l'épouvantable catastrophe dont il fut le témoin, le capitaine Desandrouins fait une profession de foi d'honnête homme qui mérite d'être citée :

« Je vais, dit-il, rendre compte de ce massacre, fidèlement et selon ma conscience, avec la plus grande impartialité, après m'être informé avec soin aux témoins oculaires de ce qui s'était passé hors de ma vue. Ce serait participer au crime que d'altérer la vérité pour sauver l'honneur d'aucun coupable, quel qu'il fût. Je serais bien plus porté de le livrer à l'indignation de tous les honnêtes gens.

« Dans l'après-midi du jour de la capitulation, plusieurs d'entre nous allèrent faire visite dans le camp aux officiers anglais, qui, selon l'usage, pendant les suspensions d'armes, se piquèrent de nous faire l'accueil le plus honnête et nous offrirent du vin et de leur bière, qu'ils avaient beaucoup plus abondamment que nous.

« Je me contentai de demander le plan du fort et des retranchements à l'ingénieur en chef, appelé Williamson, et, par une sorte de réserve, je ne voulus rien accepter autre chose qu'il m'offrit fort honnêtement.

« On avait d'abord résolu de faire partir les Anglais dans le milieu de la nuit, en silence, pour mieux échapper aux sauvages. On espérait, leur coutume n'étant pas de rôder la nuit, qu'ils n'auraient aucune connaissance du départ, et que les Anglais seraient rendus à l'armée de Webb, qui était au fort Lydius, à cinq ou six lieues de là, avant d'avoir été rejoints par ces barbares. Aussi, hors d'inquiétudes à leur sujet, on n'assigna pour les escorter que deux cents hommes, qui furent tirés de la Reine et Languedoc et commandés par M. de Laas, capitaine au premier de ces deux régiments, et maintenant major de la citadelle de Bayonne. Le colonel Young fut remis en otage, pour la sûreté de notre escorte.

« On paraissait en pleine sécurité, et on attendait minuit pour partir, lorsqu'un bruit se répandit et obtint croyance trop légèrement, que les sauvages, instruits qu'on se préparait à s'évader furtivement, s'étaient embusqués dans les bois le long du chemin.

« Cette fausse alarme suspendit le départ. On délibéra avec les officiers et les interprètes; ils s'accordèrent à conseiller d'attendre le jour, promettant d'aller engager les barbares à se retirer et s'obligeant de les contenir.

« En conséquence, ils quittèrent le camp anglais pour les aller joindre; mais ils les trouvèrent tranquilles, ne songeant qu'à dormir. Dès lors ils crurent pouvoir eux-mêmes se livrer au repos. »

Parmi les prisonniers se trouvaient un bon nombre de femmes et d'enfants, qu'on avait eu l'imprudence de ne pas envoyer au fort Édouard à l'approche du siège. Tous ces malheureux, abattus par la défaite, passèrent une nuit d'agitation et d'effroi, l'imagination hantée par des spectres d'Indiens, horribles comme des démons, aux corps nus bariolés de jaune, de rouge, de noir, aux regards flamboyants, aux gestes sinistres, avec des vociférations à la bouche et des tomahawks levés. C'est dans ces dispositions d'esprit, énervés par ces cauchemars, qu'ils virent lever le fatal matin du 11 d'août.

« Quand il fit jour, continue Desandrouins, on entreprit enfin de se mettre en route. M. de Laas fit précéder la colonne par un détachement de son escorte, et recommanda aux Anglais de se tenir toujours serrés et de suivre sans intervalles. Lui-même se tint à la porte du camp pour faire filer.

« Toutes ces précautions, ces variations dans les arrangements du départ, ces faux avis et les cérémonies que nous observions pour traiter avec des sauvages, et surtout cette manière timide et circonspecte d'agir avec eux, avaient tout naturellement inspiré aux Anglais une grande appréhension de ces barbares, pour le moment où ils se trouveraient en rase campagne, exposés à leurs insultes. Aussi se troublèrent-ils dès qu'ils aperçurent quelques-uns de ces sauvages, au nombre peut-être d'une cinquantaine, que la curiosité, encore plus que l'envie de butiner, avait attirés dans ce moment-là aux retranchements. Ils étaient même sans armes.

« Voyant la colonne qui commençait à défiler, ils coururent pour la voir. La tête se serra rapidement sur le petit détachement qui la précédait. Ceux des Anglais qui n'étaient pas sortis se retinrent et parurent balancer. Il se fit une éclaircie dans l'intervalle. On envoya l'ordre à la tête de ralentir sa marche.

« Les sauvages s'approchèrent, le trouble augmenta, et le flottement qui s'ensuivit les enhardit jusqu'à faire quelques gestes menaçants. Les Anglais, un peu écartés, se crurent trop heureux de livrer leurs sacs ou leurs armes pour rejoindre le gros de la troupe. D'autres sauvages pillèrent dans le camp quelques effets abandonnés. Les nègres qu'ils purent saisir furent enlevés sans scrupule, et peut-être aussi quelques blancs de la suite de l'armée, dans ce premier moment de confusion.

« Il était encore possible de rétablir l'ordre, et les officiers de l'escorte s'y employèrent de leur mieux. Mais ceux des sauvages qui ramassaient quelque chose couraient à mesure au camp, chacun vers ceux de sa nation, pour en faire trophée à sa manière. Les autres, jaloux de ne pas paraître en leur pays avec moins de gloire que leurs frères, partirent dans l'instant et accoururent tumultueusement pour tâcher d'avoir leur part du butin; quelques-uns même firent le cri de guerre.

« Ce fut alors que les têtes se troublèrent. Le commandant anglais, sur l'avis, à ce qu'il a prétendu, d'un Français qui n'a pas été connu, ordonna à sa troupe de mettre les fusils la crosse en l'air, sous prétexte que la manière ordinaire de les porter avait un air menaçant qui irritait les sauvages.

« Cette manœuvre pusillanime acheva d'abattre le courage du soldat et enhardit les sauvages, dont quelques-uns se hasardèrent à empoigner des fusils, faisant signe aux soldats de les leur livrer, ce qui fut fait avec tous les signes de la terreur. Le sauvage, peu satisfait d'un fusil de munition trop pesant pour lui, tenta bientôt de l'échanger contre celui de l'officier, ce qui montre par quelle progression s'accrut l'insolence d'un côté et la peur de l'autre.

« Le colonel Monro crut que, pour faire cesser le désordre, il ne s'agissait que d'assouvir la cupidité de ces barbares, et commanda de jeter les sacs et autres objets à leurs pieds, disant que le roi d'Angleterre était assez puissant pour en dédommager. Ceux des Anglais qui se trouvèrent à portée de l'escorte jetèrent les leurs aux soldats français; ceux-ci eurent la faiblesse d'en ramasser. Ils eurent bien l'occasion de les leur rendre.

« Les sauvages trouvèrent dans la plupart de ces paquets du rhum et autres liqueurs fortes, dont ils s'enivrèrent. Alors ce furent de véritables tigres en fureur. Le casse-tête à la main, ils tombèrent impitoyablement sur les Anglais, qui, remplis d'effroi, achevèrent de se disperser, se croyant à la fin véritablement sacrifiés par les Français.

« Aucun d'entre eux ne songea à chercher son salut ailleurs que dans la fuite. Notre escorte, trop peu nombreuse, protégea autant qu'elle put, principalement les officiers. Mais, forcée de garder les rangs pour se faire respecter, il ne lui fut possible que de mettre à l'abri ceux qui se trouvaient à sa portée.

« Les sauvages s'attachèrent aux fuyards. Ceux qui, les premiers, étaient revenus dans leur campement, fort contents des dépouilles prises d'abord, retournèrent à toute course faire des prisonniers ou des chevelures : chacun voulait en avoir.

« Tout autre trophée n'est rien à leurs yeux en

comparaison d'une chevelure. Les femmes, les enfants, rien ne fut épargné. Ceux auxquels ils conservaient la vie furent mis nus comme la main et outragés à leur manière. Étant entrés à l'hôpital, où étaient nombre de malades et de blessés trop impotents pour avoir pu suivre la colonne, ils les massacrèrent tous inhumainement pour profiter de leurs chevelures.

« Il ne se trouva pas malheureusement, pendant tout ce désordre, aucun officier canadien ni interprète, qui ont généralement du pouvoir sur l'esprit des sauvages. On avait essuyé beaucoup de fatigues durant le siège ; tout le monde reposait tranquillement.

« A la fin, M. de Montcalm, M. de Lévis, M. de Bourlamaque, sont avertis. Ils accourent et donnent ordre d'employer la vive force, s'il le faut. Interprètes, officiers, missionnaires, Canadiens, tous sont mis en œuvre, et chacun s'efforce de son mieux à sauver les malheureux Anglais, en les arrachant à leurs bourreaux.

« Ceux-ci, enivrés de sang et de carnage, n'étaient plus capables d'écouter personne. Plusieurs assomment leurs prisonniers, plutôt que de les abandonner ; un grand nombre les entraînent dans leurs canots et s'échappent.

« M. de Montcalm, au désespoir de ne pouvoir plus faire aucune impression sur les sauvages, s'écria en se découvrant la poitrine :

« — Puisque vous êtes des enfants rebelles, qui manquez à la promesse que vous avez faite à votre père, et qui ne voulez plus écouter sa voix, tuez-le le premier. »

« Cette véhémence extraordinaire du général parut en imposer un peu ; ils se dirent : « Notre père est « fâché. » Mais le mal était fait. »

Sur les instantes prières du colonel Young, Montcalm fit arracher violemment son neveu des mains des sauvages ; mais cet acte de vigueur eut pour conséquence la mort de plusieurs Anglais, que leurs bourreaux assommèrent sur le coup, de crainte qu'ils leur fussent enlevés comme ce jeune homme.

Une grande partie des fuyards s'étaient réfugiés, avec le colonel Monro, dans l'intérieur du fort. Le Père Roubaud raconte qu'en y entrant, il vit accourir vers lui une foule de femmes affolées qui vinrent l'environner : « Elles se jetaient à mes genoux, dit-il ; elles baisaient le bas de ma robe, en poussant de temps en temps des cris lamentables qui me perçaient le cœur. »

« Ce ne fut pas sans peine, ajoute Desandrouins, et sans se donner beaucoup de mouvement, que les officiers habitués avec les sauvages et les interprètes, et surtout les missionnaires, parvinrent à retirer encore trois cents malheureux qu'ils emmenaient. Plus de quatre cents furent emportés par les sauvages du Haut-Canada avec tant de précipitation, qu'ils échappèrent à toutes les poursuites. Ils descendirent rapidement les lacs George et Champlain et passèrent à Montréal, où le marquis de Vaudreuil, ne pouvant pas employer la force qu'il n'avait pas, eut bien de la peine à obtenir d'eux la délivrance de quelques-uns de leurs prisonniers, plutôt encore par l'appât des liqueurs fortes que par égard ou persuasion.

« Ces sauvages poussèrent même l'atrocité jusqu'à

brûler une de leurs victimes... Je n'ai pas su que, de ceux qu'ils emmenèrent au delà de Montréal, aucun n'ait jamais trouvé le moyen de regagner sa patrie.

« Ceux des Anglais qui avaient pu regagner les retranchements s'y trouvèrent protégés par l'escorte et par les gardes qu'on y ajouta le plus tôt que l'on put. On y mit en sûreté les prisonniers qu'on délivra : les principaux furent emmenés par nos officiers et revêtus de nos propres vêtements, et vécurent dans nos tentes avec nous.

« Nous n'épargnâmes rien pour adoucir leur triste sort et les convaincre que nous n'avions eu aucune part dans ces horreurs. D'après les démonstrations de leur reconnaissance, nous avons lieu de croire qu'ils sont restés convaincus de notre innocence. D'ailleurs, combien de fois depuis lors n'ont-ils pas eu l'occasion d'user de représailles à notre égard, s'il leur fût resté quelques ressentiments contre nous?

« Rien n'est comparable au désespoir dont nous fûmes pénétrés au spectacle de cette boucherie... J'ai vu des soldats jeter de hauts cris d'indignation. »

Desandrouins s'étonne ensuite avec raison que les Anglais, qui avaient conservé leurs armes, dont les fusils étaient chargés et qui étaient plus nombreux que les sauvages, se soient laissés intimider et désarmer par eux ! Ils avaient outre cela leurs cartouchières garnies, ils avaient des baïonnettes au bout de leurs fusils, et ils ne s'en sont pas servis. « Une épée nue, dit-il, fait peur aux sauvages. Présenter ses armes avec vigueur et fermeté à ces barbares, et on obtient du respect; par une contenance timide, au contraire, on en devient toujours le jouet et souvent la victime. »

Montcalm et Lévis ne s'étonnèrent pas moins que Desandrouins de la pusillanimité des Anglais. « On comprendra avec peine, dit le chevalier, comment deux mille trois cents hommes armés se soient laissés déshabiller par des sauvages, qui n'étaient armés que de lances et de casse-tête, sans qu'ils aient fait seulement mine de se mettre en défense.

« Les Anglais, ajoute-t-il, ne doivent s'en prendre qu'à eux de l'infraction qui a été faite de la capitulation par les sauvages, puisqu'ils leur ont donné de l'eau-de-vie, malgré la recommandation qu'on leur avait faite de ne leur donner aucune boisson.

« Les Anglais doivent même être satisfaits de ce qu'ils ont vu que toutes les troupes françaises et canadiennes, de même que les officiers supérieurs, ont exposé leur vie pour les tirer des mains et de la fureur des sauvages. »

Le chevalier de Lévis et le Père Roubaud s'accordent sur le nombre de victimes égorgées au moment du massacre : « Une cinquantaine de cadavres, disent-ils, gisaient mutilés sur le sol. »

Il n'arriva d'abord au fort Édouard que trois ou quatre cents hommes de la garnison. On fit tirer du canon par intervalles durant plusieurs jours, afin d'indiquer la route aux fugitifs égarés dans les bois.

Presque tous les sauvages avaient déserté le camp aussitôt après avoir commis leurs brigandages.

« Quelques jours après la catastrophe, continue Desandrouins, le colonel Monro et tous les officiers et soldats que nous avions pu rassembler partirent en ordre et défilèrent en notre présence, traînant à leur suite la pièce de canon qui leur était due.

« Tel est ce malheureux événement dont je n'ai rien déguisé, et que je raconte comme je l'ai vu et entendu. »

Bougainville était absent le jour du massacre. Il avait été expédié à Montréal la veille, à 10 heures du soir, pour annoncer la chute de William-Henry. Son antipathie pour tout ce qui était canadien n'est nulle part aussi visible que dans la relation qu'il a faite à distance de cet événement. Il accuse les interprètes d'avoir soudoyé les sauvages, contredisant ainsi les témoins oculaires les plus dignes de foi, acteurs eux-mêmes, qui n'ont eu que des éloges à leur faire. Il s'en prend à Vaudreuil de ce qu'à Montréal les sauvages ont tué et mangé un de leurs prisonniers. Or, comme l'observe très bien Desandrouins, le gouverneur n'avait en ce moment à sa portée aucune troupe pour contenir ces barbares. La ville de Montréal était absolument à leur merci, et il n'y avait qu'une seule chose capable de les tenter et de leur arracher les prisonniers, c'était l'eau-de-vie. Était-il possible de leur en fournir sans qu'ils commissent des horreurs ? Il est même étonnant que dans de telles conditions ils n'aient fait qu'une victime. « Tous ceux qui furent emmenés à Montréal, dit le chevalier de Lévis avec son impartialité ordinaire, M. le marquis de Vaudreuil les racheta fort cher et les renvoya à Boston. »

Bougainville lui-même, qui assista à la prise de possession du fort George lors de son évacuation par les Anglais, n'avait pu prévenir le massacre des blessés et des malades abandonnés dans les casemates. Il avait pourtant sous la main l'élite des troupes françaises. De lui ou de Vaudreuil, si l'un doit être blâmé, c'est certainement Bougainville le premier.

Il semble, à ce propos, que ni les Anglais ni les Français n'ont eu assez de prévoyance pour les blessés, les plus à plaindre de tous les prisonniers et les plus exposés. Les Anglais n'auraient-ils pas dû exiger, avant de quitter le fort, que des gardes françaises fussent placées autour de leur hôpital ? De leur côté, les Français n'auraient-ils pas dû avertir les Anglais de ne pas abandonner les blessés sans protection ? De part et d'autre on était coupable de faire la guerre avec des monstres pour alliés, et on en subissait de part et d'autre le châtiment.

Les sauvages emportèrent avec eux la punition de leurs cruautés. Quelques-uns avaient fouillé des fosses fraîchement remplies et en avaient retiré des chevelures de soldats morts de la petite vérole. La maladie, qu'ils communiquèrent à leurs nations, y fit d'épouvantables ravages ; celle des Poutéotamis périt presque tout entière.

Le lendemain de la capitulation, l'armée était allée prendre position en avant du camp retranché, sur la route du fort Lydius.

Tout le matériel de guerre, avec les vivres, fut transporté immédiatement à bord des embarcations françaises.

Les troupes ne prirent aucun repos. Outre celles qui furent employées au déblaiement du fort et à l'embarquement de toutes les prises, quinze cents travailleurs commencèrent la démolition du fort lui-même et du camp. Cette démolition se fit avec une prodigieuse activité. En quelques jours toutes les casemates furent comblées ou éventrées, tous les hangars et les magasins démolis, tous les remparts et toutes les fortifications rasés. Les bois de construction et les énormes poutres des courtines et des bastions, entassés pêle-mêle avec les cadavres, formèrent un immense bûcher, dont les flammes éclairèrent pendant plusieurs nuits toute la vallée. Le 15 août, il ne restait de ce qui six jours auparavant était le fort William-Henry qu'un monceau de ruines fumantes.

Le soir du 16, les derniers bateaux français avaient quitté ce rivage et disparaissaient l'un après l'autre dans les brumes légères que la fraîcheur du crépuscule condensait sur le lac. De vagues lueurs d'incendie, achevant de s'éteindre, marquaient de taches rouges les endroits qu'avaient occupés le fort et le camp anglais. Tout bruit de guerre avait cessé sur ce coin de terre, où venaient de se battre des milliers d'hommes. Les hurlements sauvages, les plaintes du désespoir et de l'agonie avaient fait place au silence morne des grands bois, à peine interrompu par le cri sinistre de quelque oiseau nocturne ou de fauve rôdant aux alentours, alléché par l'odeur des cadavres.

V

L'HIVER DE 1757. — DISETTE DANS LA COLONIE

La petite armée de Montcalm avait triomphé par la rapidité de ses mouvements; la lenteur de lord Loudon fit échouer les formidables armements que l'Angleterrre avait mis à sa disposition pour prendre Louisbourg. Le magnifique port d'Halifax regorgeait de vaisseaux et de troupes, qui s'indignaient de leur inaction. Au lieu d'aller ouvrir la tranchée devant la forteresse du Cap-Breton, le général faisait creuser des sillons et planter des légumes sous les bastions d'Halifax. « Le jardinier qui nous commande, s'écriaient ironiquement les officiers, veut bombarder Louisbourg avec des navets. » Le major général, sir Charles Hay, fut mis aux arrêts pour avoir proféré trop haut ces spirituels sarcasmes.

Avant que le général eût songé à appareiller, la flotte française, aux ordres de Dubois de La Mothe, avait ravitaillé Louisbourg et fermé l'entrée de sa rade.

Enfin Loudon se décida à embarquer ses douze mille hommes de troupes sur la flotte de l'amiral

Holbourne ; mais le 4 août, au moment où il mettait à la voile, le capitaine d'un navire venant de Terre-Neuve lui remit des lettres prises sur un paquebot français qui venait d'être capturé. Ces lettres confirmaient l'arrivée de la flotte française à Louisbourg, et portaient la garnison de cette place au chiffre exagéré de sept mille hommes. Tout espoir de succès semblait évanoui, et l'expédition fut remise à l'année suivante.

Pendant que le général Loudon cinglait vers New-York, deux dépêches successives apportées à son bord lui apprirent la capitulation de William-Henry et le massacre d'une partie des prisonniers. Ce fut une belle occasion pour lui de dissimuler sa confusion sous le masque de la colère et de l'indignation. Il écrivit en toute hâte au général Webb de tenir l'ennemi en échec derrière ses lignes de défense, ajoutant qu'il s'avançait en personne avec des forces suffisantes pour changer la défaite en victoire ; qu'il espérait montrer aux Français à respecter les lois de la nature et de l'humanité, et que, malgré l'horreur qu'il avait pour la barbarie, il était décidé à laver dans le sang, s'il le pouvait, les meurtres commis à Oswégo et à William-Henry.

En débarquant à New-York le dernier jour d'août, il apprit la retraite de l'armée française ; ce qui ne l'empêcha pas de mettre ses troupes en marche vers le fort Édouard, se vantant follement d'aller assiéger Montcalm jusque dans Carillon. Cette démonstration eut du moins pour effet de calmer la panique qui s'était emparée des Anglo-Américains et les avait fait trembler jusque dans New-York.

Plus hardi que Loudon, l'amiral Holbourne sortit d'Halifax avec ses vingt-deux vaisseaux et alla offrir le combat à M. de La Mothe; mais l'amiral français avait ordre de ne pas risquer sa flotte, et resta ancré sous les canons de Louisbourg. Holbourne ne devait avoir qu'à braver les éléments. Une tempête d'une violence exceptionnelle, même dans ces régions orageuses, assaillit son escadre et l'aurait infailliblement jetée à la côte, si le vent n'avait tourné d'une pointe de compas. Un de ses vaisseaux alla se perdre sur les rochers, à deux lieues de Louisbourg; plusieurs furent démâtés, d'autres forcés de jeter leurs canons à la mer; le reste tellement avarié, que l'amiral ne songea plus qu'à fuir le combat qu'il était venu provoquer et à regagner les ports d'Angleterre.

Durant la nuit du 16 au 17 août, l'arrière-garde de l'armée française, formée de la brigade de Royal-Roussillon, était venue bivouaquer dans une île du lac George. Le lendemain, toutes les troupes étaient échelonnées sur la rivière à la Chute. Montcalm, avec le corps principal, occupait le Portage; Lévis, avec la Sarre, le camp de la Chute; Bourlamaque était en marche avec Béarn et Royal-Roussillon, pour reprendre son ancienne position à Carillon, afin d'y continuer les travaux de fortification interrompus.

Dans la matinée du 18, toute l'armée fut appelée sous les armes, et un *Te Deum* d'action de grâces fut chanté au bruit de l'artillerie et de la mousqueterie, qui se répondaient d'un camp à l'autre, sur le parcours de la rivière à la Chute. Il n'y avait que vingt jours que les troupes avaient quitté les mêmes positions pour accomplir le brillant fait d'armes qu'elles célébraient.

Les milices furent immédiatement envoyées dans leurs paroisses, pour faire les récoltes qui se perdaient dans les champs. Ce départ fit éclater la mauvaise humeur de certains officiers français, qui auraient voulu les retenir plus longtemps encore, afin de les employer au transport du matériel, sans songer que c'eût été achever de ruiner la colonie. Malgré la diligence des habitants, les moissons déjà avariées par le mauvais temps furent en partie perdues, et, dès le mois d'octobre, le peuple allait être réduit par ordonnance à un quarteron de pain.

Montcalm se reposa sur Lévis pour les dernières opérations de la campagne, et partit le 20 pour Montréal, où l'attendait le gouverneur.

Lorsque, dans la journée du 1er septembre, Montcalm était débarqué à Montréal, le gouverneur achevait de congédier les dernières bandes de sauvages revenus de l'expédition. On a vu qu'après le massacre du 20 août, ils s'étaient tous échappés furtivement, emmenant avec eux les prisonniers qui n'avaient pu être arrachés de leurs mains. Chacune de leurs étapes sur le parcours du lac Saint-Sacrement et du lac Champlain avait été marquée par des scènes d'horreur qui défient toute description. Ils étaient ainsi arrivés à Montréal, chargés de butin, gorgés de sang et de chair humaine, exaltés par une suite de succès qui dépassait tout ce qu'ils avaient imaginé.

Leur insolence ne connut plus de bornes.

La ville de Montréal, complètement dégarnie de soldats, fut à leur merci. C'est dans ces conditions que Vaudreuil eut à traiter avec eux ; il fallait tout le prestige dont il jouissait parmi ces nations pour faire quelque impression sur leurs esprits.

Dès que leurs chefs parurent en sa présence, il les réprimanda sévèrement de l'infraction qu'ils avaient faite à la capitulation. Ils s'en excusèrent et rejetèrent la faute sur les Abénakis de Panaouské.

Chargés de dépouilles comme ils étaient en ce moment, aucun présent ne pouvait les tenter et les faire consentir à remettre les prisonniers. Il fallait de plus racheter ceux qui avaient été pris à l'affaire du colonel Parker, et qui leur appartenaient d'après les lois de la guerre. Les billets que Montcalm avait été obligé de leur donner, simplement pour obtenir d'eux qu'ils fussent envoyés à Montréal, étaient entre leurs mains, et ils ne manquaient pas de les faire valoir. Il fallait cependant à tout prix délivrer ces malheureuses victimes. Un seul moyen restait : c'était la boisson, le dieu des sauvages. Mais il était impossible d'en livrer sans s'exposer à des désordres épouvantables. Triste nécessité devant laquelle Vaudreuil ne pouvait reculer, sans voir la plus grande partie des captifs traînés en esclavage dans le fond des forêts, ou condamnés aux plus affreux supplices.

Pas moins de deux barils d'eau-de-vie durent être livrés pour chaque prisonnier. Montréal devint alors le théâtre de bacchanales indescriptibles. « Le 15, raconte Bougainville, à 2 heures après midi, en présence de toute la ville, ils en tuent un, le mettent à la chaudière, et forcent ses malheureux compatriotes à en manger. »

Bougainville, qui avait épousé toutes les antipathies

de Montcalm contre Vaudreuil, blâme fortement ce gouverneur de ne pas avoir interdit aux commerçants de la ville, sous les peines les plus sévères, de vendre de la boisson aux sauvages; mais il se contredit lui-même en admettant que Vaudreuil avait dû racheter à ce prix les Anglais. A quoi eût servi cette défense, puisqu'il avait à l'enfreindre lui-même? On ne peut avoir assez d'horreur pour les scènes d'anthropophagie qui se passèrent durant cette campagne; mais Vaudreuil doit-il en être plus responsable que Montcalm, qui n'avait pu empêcher les mêmes actes dans son propre camp, où il commandait les troupes les mieux disciplinées de l'Europe? En était-il plus responsable que Bougainville lui-même, qui avait servi d'interprète aux deux prisonniers anglais saisis dans la nuit du 2 août, et massacrés cette nuit-là même par les Népissings? Bougainville ne se reprochait certainement pas ces actes de cruauté, pas plus que l'égorgement des malades et des blessés dans le fort George, où il partageait le commandement avec Bourlamaque.

Les relations officielles que Montcalm et Vaudreuil eurent alors ensemble, quoique toujours irréprochables sous le rapport de la courtoisie, contribuèrent plutôt à les éloigner qu'à les rapprocher l'un de l'autre. Montcalm se hâta de quitter Montréal pour descendre à Québec, où l'appelait l'arrivée du régiment de Berry, qu'il avait à passer en revue. Ce régiment avait été envoyé pour remplacer les huit compagnies de la Reine et de Languedoc, prises à bord du *Lys* et de l'*Alcide*. Il se composait nominalement de quinze cents hommes, mais n'en comptait en réalité que onze cents, fort peu en état de servir pour le moment ; car ils étaient épuisés par les misères de la traversée et de l'escale de Louisbourg. Les malades y étaient en si grand nombre, que les salles de l'Hôpital général ne suffisaient pas pour les contenir.

L'armée venait de recevoir l'ordre d'aller prendre ses cantonnements d'hiver : Béarn à Montréal, Royal-Roussillon à Boucherville et aux environs, la Sarre à l'île Jésus, Guyenne sur la rivière Richelieu, Languedoc partie à Saint-Augustin et partie à Saint-Jean-Deschaillons, la Reine à Québec, Berry à la côte de Beaupré et à l'île d'Orléans.

Quant aux troupes de la marine, elles avaient leurs quartiers d'hiver à Québec et à Montréal. La garnison de Carillon allait être sous les ordres de M. d'Hébécourt, capitaine au régiment de la Reine.

Dès son retour à Québec, Montcalm s'était trouvé en face d'un ennemi plus redoutable que celui qu'il venait de vaincre ; cet ennemi, c'était la disette. Elle était générale dans toute la colonie et devait s'aggraver durant les années suivantes, car la guerre enlevait presque tous les bras à l'agriculture.

Le désastre de la flotte de l'amiral Holbourne n'était pas encore parvenu à Québec.

Au retour d'une excursion, Montcalm trouva la ville tout alarmée des mauvaises nouvelles reçues de Louisbourg. Il se moque en style de Rabelais de ces frayeurs, qui ne devaient être que trop vite réalisées.

A Versailles, les ministres étaient si mal informés de ce qui concernait le Canada, qu'ils avaient donné croyance à une attaque fantastique contre Québec. Huit cents hommes, dont quatre cents sauvages et quatre cents soldats habillés et tatoués à l'indienne, devaient, sous prétexte de la traite, s'approcher de la capitale, la surprendre, tout y mettre à feu et à sang, et de là porter le carnage et l'incendie dans tout le reste du pays.

On s'amusait à Québec de ces craintes chimériques, sans toutefois négliger les moyens de prévenir une attaque du côté du fleuve. C'était le sujet qui absorbait alors l'attention de M. de Montcalm. Chaque fois qu'il entrait ou sortait de son hôtel, le même que l'on voit encore aujourd'hui sur la rue des Remparts, il avait sous les yeux toute la chaîne des Laurentides, depuis la vallée de Saint-Charles jusqu'au cap Tourmente. Son coup d'œil militaire lui faisait deviner le parti qu'on pouvait tirer d'un système de défense établi de ce côté.

Le 10 octobre, il prit avec lui MM. de Montbelliard et Bougainville, et, conduit en chaloupe par le capitaine Pèlegrin, il fit, comme un simple « maréchal des logis, une visite d'inspection le long de cette côte ».

Après avoir constaté que l'approche de Québec était impossible par le rivage sud, le général terminait ses observations en proposant le plan de défense qu'il fit prévaloir deux ans plus tard, c'est-à-dire une ligne de fortification reliée par des redoutes depuis le saut de Montmorency jusqu'à la ville. « Il n'y a d'autres moyens de la défendre, ajoute-t-il, que d'empêcher les ennemis d'en approcher; les fortifications en sont si ridicules et si mauvaises, qu'elle serait prise aussitôt qu'assiégée. »

Le 14 octobre, Montcalm écrivait à Lévis : « J'ai

ouvert hier l'avis du retranchement des tables. M. de Vaudreuil l'a adopté et a promis de donner l'exemple; toute la colonie a applaudi; l'intendant, pas trop. Il aime le faste, et ce n'est pas le cas. J'ai été d'avis d'un seul service, conformément à l'article 16 de l'ordonnance. J'ai été d'avis qu'il ne fallait de tout l'hiver ni bals, ni violons, ni fêtes, ni assemblées. Je vous exhorte, comme votre ami, à n'avoir qu'un gros dîner bourgeois à un seul service pour les officiers arrivant des quartiers, ni violons, ni bals, ni fêtes.

« ... On crie beaucoup contre l'intendant et la Grande Société, et je crois entre nous qu'on n'a pas tort. Moi, je me tais; mais j'ai un petit ami qui est homme à écrire la vérité et à la faire parvenir.

« M. de Vaudreuil n'est que d'avant-hier ici. Je lui ai déjà lâché quatre mémoires. Heureusement je les ai donnés à Saint-Sauveur[1]; l'écriture m'absorbe, et Marcel aussi. »

Quelques jours après, le général ajoutait : « ... M. de Vaudreuil m'a fait l'honneur de dîner chez moi aujourd'hui, et part demain ou après.

« ... J'ai été d'autant plus content du ton des soldats d'ici, entre nous, qu'ils ont été sollicités par le peuple à se mutiner; et cela vient de ce que ce même peuple n'a point confiance dans le gouvernement. Il croit, quoique cela ne soit pas vrai, que c'est une famine artificielle pour contenter l'avidité d'aucuns. Il a tort; mais l'exemple du passé et du présent l'autorise à cette opinion. »

---

[1] Secrétaire de Vaudreuil.

On a vu comment l'insuffisance des traitements accordés aux fonctionnaires publics avait introduit le péculat dans les diverses branches de l'administration coloniale. Cet abus, dénoncé depuis longtemps à Versailles, était toléré comme une espèce de compensation à la faiblesse des appointements; mais il devint une menace pour l'avenir, sous le gouvernement du marquis de La Jonquière, s'il faut en croire les mémoires du temps[1]. Il était réservé à l'intendant Bigot de creuser l'abîme et d'y entraîner le pays.

L'esprit qui animait ce Verrès au petit pied est tout entier dans ce billet si souvent cité qu'il adressait à Vergor, pendant que celui-ci commandait à Beauséjour :

« Profitez, mon cher Vergor, de votre place; taillez, rognez, vous avez tout pouvoir, afin que vous puissiez bientôt me venir joindre en France et acheter un bien à portée de moi. »

L'armée de satellites qui gravitait autour de l'intendant, ramassis de ce qu'il y avait de plus vil et de plus taré, ressemblait moins à une cour qu'à une troupe de chacals lâchée sur le pays. Les deux principaux chefs de cette bande : Deschenaux, secrétaire de Bigot, et Péan, aide-major des troupes, formaient avec l'intendant une espèce de triumvirat qui présidait à toutes les opérations véreuses, contre lesquelles protestaient vainement le peuple et tous les honnêtes gens. En vain les hommes d'affaires avaient-ils députe à Versailles un des leurs, le sieur Taché, citoyen

[1] L'auteur de la *Vie de La Jonquière,* publiée à Paris en 1895, s'est inscrit en faux contre ces accusations, en s'appuyant sur des preuves difficiles à réfuter.

intelligent et intègre, pour faire des représentations et demander justice, les hautes influences dont jouissaient en France les triumvirs, leurs intrigues et leur argent, avaient tout fait échouer. Grands et petits tremblaient devant ces maîtres arrogants et impérieux ; Vaudreuil lui-même, le faible et débonnaire gouverneur, n'avait ni assez de lumières pour comprendre toute l'étendue du mal, ni assez de volonté pour y résister. Sans participer directement aux fraudes, il semblait être de connivence avec les concussionnaires, en les abritant de son silence et de son nom. Son impuissance, exploitée par ses ennemis, ne pouvait manquer d'être prise pour de la culpabilité. Ce fut la grande faute de son administration, et pour lui la cause de chagrins qui amenèrent sa mort.

Joseph Brassard-Deschenaux était fils d'un pauvre cordonnier de Québec. Un notaire qui logeait chez son père lui donna des leçons de lecture et d'écriture. L'enfant, d'un esprit vif et pénétrant, fit de rapides progrès et entra fort jeune au secrétariat de M. Hocquart, alors intendant. Bigot l'y trouva, le retint à son service et le fit nommer, non sans peine, écrivain de la marine. Comme il était laborieux et souple jusqu'à la bassesse, il lui donna bientôt toute sa confiance et n'agit que par lui. Ambitieux et vain comme tous les parvenus, Deschenaux était aussi insolent à l'égard de ses inférieurs que vil et rampant vis-à-vis de ses maîtres. Sa soif de faire fortune, son amour de l'argent, étaient tels, que son proverbe était de dire à qui voulait l'entendre « qu'il en prendrait jusque sur les autels ».

Michel-Jean-Hugues Péan était fils d'un officier qui avait servi jusqu'à sa mort en qualité d'aide-major des troupes à Québec. Malgré certaines plaintes déjà portées contre lui, la cour l'avait désigné pour succéder à son père, quoiqu'il n'eût aucun talent militaire, et avait confié sa commission à M. de La Jonquière, à son départ de France, mais avec l'injonction de ne la lui remettre qu'après s'être assuré de son innocence. L'intendant l'avait lavé de toute accusation, d'après les conseils de Mme Péan, qui avait su lui plaire.

Péan avait d'ailleurs des qualités réelles, ne se laissait pas trop éblouir par son grand crédit, avait un esprit juste, et pouvait au besoin donner et faire prévaloir un bon conseil.

L'influence de Mme Péan auprès de Bigot ne fit qu'augmenter d'année en année, jusqu'à la chute du puissant fonctionnaire. Un mot tombé de ses lèvres faisait souvent la fortune d'un individu. Qu'il fût noble ou roturier, seigneur ou laquais, ignorant ou expert, il pouvait obtenir un poste lucratif, être nommé garde-magasin ou avoir un emploi qui lui permît de mettre la main dans le trésor de la Grande Société.

Le munitionnaire général, Joseph Cadet, était d'aussi basse extraction que Deschenaux. Fils d'un boucher, il fut embarqué à treize ans comme mousse à bord d'un navire, et ensuite mis au service d'un habitant de Charlesbourg pour garder les bestiaux. Peu après il embrassa le métier de son père, et ne tarda pas à se reconnaître des aptitudes pour les affaires. Son ambition accrut avec le succès; et il se lança dans des entreprises commerciales qui lui réussirent et le firent remarquer de M. Hocquart. Cet intendant l'ayant chargé de faire quelques levées de comestibles dans les campagnes, et ensuite de la fourniture des viandes pour les troupes, Deschenaux comprit que cet homme habile et intrigant pouvait lui être utile. Il le ménagea, se lia d'amitié avec lui, et ne perdit aucune occasion de le préconiser auprès de l'intendant Hocquart et ensuite de son successeur Bigot. Il méritait, au reste, une partie de ces éloges; car rarement vit-on un homme plus industrieux, plus actif et mieux entendu dans les affaires. Le triumvirat sentit la nécessité de s'attacher un tel homme et le fit nommer munitionnaire (1756). Ce ne fut pas sans étonnement, dit un contemporain, qu'on vit passer cet homme tout d'un coup du couteau à l'épée. Cadet devint le plus riche habitant du Canada. Il vivait avec la prodigalité et le faste d'un pacha, dont il avait les mœurs. Malgré son défaut d'éducation et la rudesse de ses manières, qui rappelaient son origine, il se fit pardonner une partie de ses malversations par les bons côtés de son caractère : il était bienfaisant et généreux.

Cadet avait pour homme de confiance Jean Corpron, natif de Saintonge, « homme de néant, » ancien commis, chassé, pour escroquerie, de plusieurs maisons de commerce. Ne manquant ni d'esprit ni de ressources, brisé à toute espèce de transactions, il s'était insinué dans ses bonnes grâces et ensuite dans ses affaires. Cadet l'avait fait son comptable et rendu fort riche.

Malgré la disette qui régnait au Canada et l'ordonnance qui défendait d'exporter des denrées, Cadet et Péan expédiaient des chargements de farine aux Antilles. Pour échapper à la surveillance, Cadet avait loué un moulin près de Québec, et Péan avait fait bâtir, dans sa seigneurie de Saint-Michel, de vastes hangars d'où partaient les chargements. Ils avaient, paraît-il, pour complice dans ce commerce clandestin, le contrôleur de marine Bréard.

Il n'est que juste de dire que la construction d'un grand nombre de forts, élevés sous l'administration de Bigot, à d'énormes distances sur les frontières, tels que Beauséjour, Duquesne, Machault, la Presqu'île et bien d'autres, dont l'approvisionnement était aussi difficile que coûteux, avait légitimement augmenté les dépenses de la colonie; celles de la guerre étaient ensuite venues s'y ajouter. C'était à l'intendance, dont relevaient toutes les questions de finances, à voir à ce que les magasins du roi, établis dans chaque poste, fussent pourvus de tous les approvisionnements nécessaires aux garnisons des forts et aux tribus sauvages. De concert avec le contrôleur de la marine Bréard, l'intendant était entré en société avec la maison Gradish, de Bordeaux, qui remplissait leurs commandes et les expédiait au Canada. Bigot avait fait élever à quelques pas du palais un vaste entrepôt destiné à recevoir les marchandises, et il y avait nommé comme garde-magasin un commis du nom de Clavery, que lui avait complaisamment fourni le sieur Estèbe, lequel était lui-même garde-magasin du roi. Le but secret de cette spéculation était d'accaparer le commerce et surtout de vendre aux magasins du roi; mais, pour couvrir les apparences, on faisait le commerce de détail.

Chaque année l'intendant envoyait à la cour l'état de tout ce qui était nécessaire à la colonie pour l'année suivante; il avait le soin de faire des demandes insuffisantes, et fournissait ainsi le prétexte de prendre à l'entrepôt ce qui manquait aux magasins du roi. On trouva aussi le moyen de vendre plusieurs fois la marchandise au roi, et toujours à des prix plus élevés.

Le public ne tarda pas à s'apercevoir de ces fraudes, et, ne pouvant y remédier, s'en vengea par un lazzi caractéristique : la maison interlope s'appela « la Friponne ».

L'exemple parti de si haut devint contagieux, d'autant plus que les dépositaires de l'autorité ouvraient eux-mêmes toutes grandes les portes de l'intrigue et du péculat. La Grande Société eut bientôt des ramifications jusque dans les postes les plus éloignés. Des favoris, mis à la place des fonctionnaires intègres, firent en peu de temps des fortunes aux dépens du roi.

La misère à Montréal était moins grande qu'à Québec ; mais, en revanche, le commerce y était encore plus paralysé. Varin, commissaire de la marine, et Martel, garde-magasin du roi, s'étaient emparés de tout le trafic.

On vit s'élever à Montréal une succursale de la Friponne, dont la direction fut confiée à Pénisseault et à Maurin, deux autres personnages restés en vue dans la gale : des pillards sans vergogne.

Louis Pénisseault, fils d'un avocat de Poitiers, tenait une maison de commerce à Montréal, lorsqu'il épousa (1753) Marie-Marguerite Le Moine de Martigny, issue d'une des meilleures familles du Canada. D'un caractère vif et pénétrant, alerte dans ses allures, il était excellent organisateur, habile en toute espèce de transactions, mais d'un esprit faux et d'une insigne mauvaise foi, sans mœurs d'ailleurs, comme la plupart de ses pareils. N'ayant pas eu d'enfants, il ne fut pas heureux en ménage et vécut presque séparé de sa femme. Ce fut le malheur de Mme Pénisseault. Elle était d'une rare beauté. « et avait des qualités d'esprit qui la faisaient regarder avec admiration. Sa conversation était libre et enjouée; » il y avait dans toutes ses manières quelque chose de grand qui dénotait de la naissance.

Elle menait grand train, avait un salon recherché, à cause des grâces de sa personne et de son esprit; mais elle avait le tort de manquer de discernement et d'inviter à sa table plusieurs des parvenus qui remplissaient alors les bureaux de l'administration. Mme Pénisseault attira trop l'attention du chevalier de Lévis, qui se laissa captiver par ses charmes. Son assiduité au salon de cette femme, déjà regardée comme légère, acheva de la compromettre et attira sur M. de Lévis les sévérités de l'opinion.

Le petit bossu, difforme, à la physionomie et au maintien sinistres, réputé l'être le plus laid de la colonie, qui répondait au nom de François Maurin, était natif de la Saintonge. Plein d'esprit, de talent, de ressources, expert dans le négoce, rapace, quelquefois généreux par vanité, ce petit Thersite était le digne acolyte de Pénisseault. L'un et l'autre semblaient s'être donné la main pour écraser le peuple par leur arrogance et insulter à la misère publique par leur opulence et leur faste.

Pénisseault, chargé de la visite des postes, de la construction ou de la réparation des entrepôts, de la nomination des employés, en profita pour y organiser le pillage en règle au profit de la Grande Société.

Les fonctionnaires probes furent écartés, pour faire place à des individus plus dociles, ou, comme on disait communément, « à des gens qui ne se mêlaient point d'examiner ce qu'on leur faisait faire. »

L'entretien des postes devint dès lors une ruine pour l'État. Tout fut un prétexte au pillage : la qualité des effets, leur quantité, leur transport, leur emmagasinement, leur vente, leur distribution.

Ainsi Cadet, qui s'était offert à fournir des rations aux malheureux Acadiens réfugiés au Canada, leur fit distribuer de la morue gâtée, qu'il chargea au compte du roi à un prix exorbitant.

Le contracteur chargé du transport des marchandises ou du matériel de guerre obtenait l'ordre de faire des réquisitions le long de la route. L'habitant, aimant mieux se prêter à une corvée gratis que d'être toute une campagne éloigné de chez lui, se soumettait à la réquisition ; et le contracteur en augmentait d'autant son profit.

Le commandant d'un fort, sous prétexte de gagner l'esprit des sauvages ou de les envoyer en parti de guerre, grossissait leur nombre outre mesure pour obtenir une plus grande quantité de présents. Au lieu de les distribuer, il les vendait pour des fourrures, qu'il commerçait ensuite à son profit.

L'auteur des *Mémoires sur le Canada* prétend (ce qui n'est guère vraisemblable) que Le Verrier, beaufils du gouverneur, officier ni brave, ni spirituel, commandant à Michilimakinac, fit un jour un certificat de dix mille livres au lieu de dix, et, apprenant que ce compte avait été acquitté, il continua sur le même pied. Aussi revint-il avec une fortune.

Durant les années 1757 et 1758, Cadet, Péan, Pénisseault, Maurin et Corpron firent sur l'État un profit net de douze millions, en vendant pour vingt-trois millions des effets qui ne leur en avaient coûté que onze.

Quelques années auparavant. Péan avait gagné, sans s'en apercevoir, cinquante mille écus, et voici par quelle manœuvre : L'intendant l'avait chargé d'une levée considérable de blé et lui avait fourni de l'argent du trésor pour le payer comptant. L'intendant rendit ensuite une ordonnance fixant le prix du blé beaucoup plus haut que Péan ne l'avait payé. Celui-ci le livra au roi sur le prix de l'ordonnance, et réalisa ainsi son énorme profit.

Que pouvaient contre de tels abus les colons d'un pays situé à plus de mille lieues du trône, dont les délégués étaient investis d'une autorité presque souveraine ? Quand un malheureux habitant allait porter des plaintes à l'intendance, il était arrêté sur le seuil par le cerbère du lieu. Deschenaux, de son ton insolent, lui demandait l'objet de sa visite. L'habitant intimidé avait à peine le temps de balbutier quelques mots, que le secrétaire l'interrompait et le congédiait avec une verte semonce.

Mais le temps approchait où les ministres de France allaient ouvrir les yeux, où les infâmes spoliateurs allaient recevoir un châtiment trop bien mérité, mais trop tardif.

Après avoir contemplé ce sombre tableau, doit-on en conclure que le pays tout entier fût gangrené ? Rien ne prouve mieux le contraire que l'étonnante vitalité et l'indomptable énergie que déployèrent les

Canadiens dès l'ouverture du règne suivant. L'ouragan avait passé, renversant, enlevant tout ce qui n'était pas fortement enraciné au sol. Il ne resta que de jeunes et vaillantes tiges, qui reprirent une nouvelle vigueur sous un soleil nouveau.

La petite rue du Parloir était un des principaux centres où se réunissait le beau monde de Québec. Deux salons surtout y étaient recherchés : celui de Mme de La Naudière et celui de Mme de Beaubassin, toutes deux renommées pour leur élégance et leur esprit. Montcalm s'y plaisait si bien, qu'il prend la peine d'indiquer l'endroit précis qu'occupait chacune de ces deux maisons : l'une, dit-il, au tournant de la rue ; l'autre à son encoignure. Mme de La Naudière, née Geneviève de Boishébert, était fille du seigneur de La Rivière-Ouelle, et Mme Hertel de Beaubassin, née Catherine Jarret de Verchères, était fille du seigneur de Verchères. Leurs maris servaient tous deux en qualité d'officiers de la milice canadienne. C'est aussi dans la rue du Parloir, comme je l'ai dit, que demeurait Mme Péan, dont il est souvent question dans les lettres de Montcalm.

Les charmes de la conversation de Mme de Beaubassin semblent avoir eu particulièrement de l'attrait pour Montcalm, car son salon était celui qu'il fréquentait le plus souvent. Ailleurs, comme chez l'intendant, ou chez Mme Péan, il se désennuyait, quelquefois il s'étourdissait : chez Mme de La Naudière, il s'intéressait ; mais, chez Mme de Beaubassin, il s'attachait. La condescendance ou la politesse l'entraînaient ailleurs : ici, c'était l'amitié.

A l'aide de la correspondance de Montcalm, on

ressuscite à peu près toute la société qui animait cet élégant salon. Le plus assidu était ce grand officier ingambe, que Montcalm croyait courageux, mais qu'il n'aimait pas : c'était M. de Boishébert, frère de Mme de La Naudière, qui revenait chaque hiver de l'Acadie, où il exerçait le commandement et encore plus le pillage. Un autre personnage bien plus important y apparaissait aussi, mais rarement. Quand son équipage s'arrêtait dans la rue du Parloir et que ses gens lui ouvraient la portière, les domestiques de la maison se précipitaient à sa rencontre et le conduisaient au salon, où son arrivée suspendait pour un moment la conversation. A l'élégance de son habit, aux fines dentelles de son jabot, à ses manchettes richement brodées, à ses cheveux roux, poudrés, musqués, on reconnaissait l'intendant Bigot. Péan et sa femme l'accompagnaient souvent. Puis venaient les Longueuil, les Saint-Ours, les La Naudière, les Villiers, le docteur Arnoux avec sa femme, plusieurs des officiers de l'armée de terre. Bourlamaque y portait sa figure triste et mélancolique ; Bougainville s'y faisait remarquer par son esprit janséniste, ses critiques mordantes, quelquefois par son humeur maussade ; Roquemaure par ses excentricités.

Envisagée dans son ensemble, la haute société canadienne offrait alors un spectacle navrant. L'exemple de celle qui arrivait de France lui avait été funeste, et les désordres de la guerre, la présence des troupes, achevaient de la perdre, du moins en grande partie.

On était témoin d'un état de choses qui ne pouvait durer : l'anarchie du haut en bas de l'échelle sociale. On pressentait la fin d'un règne ; on voyait venir un orage terrible. Cet orage allait-il tout engloutir? On ne le savait pas; on en détournait la tête, on ne voulait pas y penser, et l'on tâchait de s'étourdir sur le danger. Pour mieux y réussir, on se plongeait dans le plaisir; on s'y livrait avec fureur. Toute cette société aveuglée dansait sur un volcan.

« Le 26 décembre. — ... On ne parle ici, écrit Montcalm, que de cent louis gagnés, perdu cent cinquante louis, des momons de mille écus. Les têtes sont totalement tournées. La nuit dernière, Le Mercier a perdu trois mille trois cents livres. M. de Cadillac, à 4 heures après-midi hier, avait perdu cent soixante louis; avant minuit il en gagnait cent. On dit que ce sera le jour des Rois que cela sera beau. Pour moi, je joue aux cinq sols le tri, aux trente sols le piquet, aux petits écus à tourner.

« Le 30 décembre. — ... Toujours gros jeu. L'intendant, hier et avant-hier, avait perdu quatre cent cinquante louis de la perte au gain. Johanne a perdu ce soir trois cents louis. Enfin l'intendant, ayant le carnet ou les cartes à la main, est quelquefois effrayé et refuse. M. de Selles gagne de cinq à six cents louis, mais il combat encore.

« Le 4 janvier 1758. — ... Je n'ai rien à vous écrire, mon cher chevalier, et Roquemaure est en état de vous rendre compte de ma vie unie, des plaisirs de Québec et de ceux qui se préparent pour dimanche. Jamais la rue Quincampoix n'a produit autant de changements dans les fortunes Bougainville se rattrape, de Selles décline, l'intendant perd, Cadillac reprend le ton, de Brau est noyé (ce nom est heureux pour aimer le jeu), Marin continue à jouer et perd, les petites pontes se remplumaient hier; Saint-Vincent et Belot perdent, Bonneau réalise. Votre petit ami, Johanne, avait gagné cinq cents louis, mais il voulait en avoir mille; le pot au lait a versé. Le ton de décence, de politesse de société, est banni de la maison où il devrait être. Je crains d'être obligé, avant la fin du carnaval, de punir quelque joueur qui aura oublié que son camarade au jeu est l'homme du roi. Aussi je ne vais plus chez l'intendant que le matin ou un jour de la semaine avec les dames, ou dans de grandes occasions. C'est vous écrire pour avoir l'occasion de vous renouveler les assurances de la tendre amitié que je vous ai vouée pour toujours, mon cher chevalier. »

Toute la correspondance de Montcalm avec Lévis témoigne d'une amitié vraiment extraordinaire entre ces deux hommes; celle de Montcalm allait jusqu'à la tendresse.

Les réponses du chevalier de Lévis, que celui-ci a conservées, ne renferment pas d'expressions aussi chaleureuses. Son amitié était peut-être aussi solide, mais moins expansive. C'était un esprit plus froid, plus réfléchi, qui s'observait davantage et qui ne se livrait pas avec autant d'abandon.

Placé entre Vaudreuil et Montcalm, il savait ménager sa position avec une singulière habileté. Dès les premiers temps, il avait deviné que Montcalm jalousait le gouverneur, et il mettait un tact rare à ne pas blesser sa susceptibilité, sans toutefois se compromettre vis-à-vis de Vaudreuil, avec qui il fut toujours en bons termes.

A cette même date, Montcalm était engagé dans

Mgr de Pontbriand, évêque de Québec.

une correspondance bien plus sérieuse avec le commandant des troupes anglaises au sujet de la rupture de la capitulation du fort George. Les massacres et les captures faits par les sauvages, en violation du traité, avaient, non sans raison, soulevé l'indignation dans le camp ennemi. Quoique Montcalm et ses officiers eussent exposé leur vie pour arrêter le désordre, il lui était impossible de faire arriver la vérité à l'oreille de ses adversaires. Le tragique événement était trop récent pour qu'il pût être jugé avec sang-froid.

Montcalm y fait allusion dans la lettre suivante, adressée à sa femme le 19 février : « Je ne puis vous rien pronostiquer sur la campagne, les vivres, le bien ou le mal joué des ennemis, qui peuvent et doivent nous primer. Je suis ici depuis le 15 septembre ; je pars demain pour Montréal, jusqu'à ce que je me porte sur quelque frontière. J'augure de ma bonne fortune que la campagne tournera bien. Quand nous ne ferions qu'une défensive, pourvu qu'elle arrête l'ennemi, elle ne sera pas sans mérite ; nous nous sommes écrit avec milord Loudon sur la capitulation du fort George. C'est un procès qui se traite à coups de plume, en attendant de traiter quelque incident à coups d'épée, de fusil. »

Ce coup d'épée, ce fut celui de Carillon.

L'intendant, dont ni les plaisirs extravagants ni les débauches ne ralentissaient l'activité, avait appris qu'un bon nombre d'habitants tenaient secrètement en réserve une partie de leurs denrées, de crainte que le gouvernement ne vînt à les leur enlever. Il donna ordre à ses agents de parcourir les campagnes et d'exiger de chaque habitant qu'il déclarât sous serment tout ce qu'il possédait en fait de comestibles. Ce dernier acte de tyrannie acheva d'indigner le clergé, qui prit ouvertement la cause du peuple. D'après l'avis de l'évêque, il releva les habitants de cet injuste serment, disant avec raison que si le roi voulait conserver sa colonie, il devait en fournir les moyens ; que nulle puissance n'avait le droit d'arracher au peuple les dernières bouchées de pain qui lui restaient, surtout quand on ne lui laissait ni le temps de semer ni celui de récolter, et que de plus on exigeait qu'il fût le premier à verser son sang sur les champs de bataille.

On est étonné de voir jusqu'à quel point l'asservissement au roi et à la Pompadour aveuglait alors les meilleurs esprits. Montcalm lui-même, qui, comme tous les officiers français, n'attendait d'avancement que de la cour de Versailles, n'osait pas remonter à la vraie cause du mal et s'en prendre à l'incurie royale. Certains officiers autour de lui se moquaient de la pitié que témoignait Vaudreuil pour « ses chers Canadiens ». Comme au plus mauvais temps de la monarchie, le peuple était la chose taillable et corvéable à merci.

VI

VICTOIRE DE CARILLON

« La paix ! la paix ! » écrivaient à Versailles Montcalm et Lévis en ramenant de William-Henry leurs bataillons victorieux. C'était le cri du patriotisme éclairé. La politique de la France aurait dû être de fortifier sa marine pour raffermir sa puissance coloniale en appuyant Montcalm en Amérique et Dupleix en Orient, les deux seuls généraux qui soutenaient l'honneur de ses armes ; mais la France, tombée en quenouille, s'était faite l'ouvrière de ses propres humiliations et de sa décadence. Déjà Dupleix avait été abandonné, Montcalm était à la veille de l'être.

La main de la Pompadour, poussée par une autre femme, avait mis le feu aux quatre coins de l'Europe. La fière Marie-Thérèse d'Autriche avait consenti à souiller sa plume impériale en écrivant elle-même à la favorite du roi et en l'appelant : « ma cousine. » L'impératrice avait réussi : le succès fit oublier à la femme l'ignominie de sa démarche.

L'Europe se trouva ainsi n'avoir à opposer que

deux femmes aux deux plus grands génies militaires et politiques du temps : Frédéric et Pitt. La guerre de Sept ans prépara la grandeur de la Prusse et donna à la Grande-Bretagne l'empire des mers.

Rarement situation avait paru plus désespérée que celle du roi de Prusse en 1757. Sans autre allié que l'Angleterre, il s'était vu en face de presque toute l'Europe coalisée contre lui. Frédéric II était un Méphistophélès sur le trône, cynique et sublime, philosophe et historien ; César se disant Brutus. Malgré des prodiges d'audace et d'habileté, malgré d'éclatantes victoires qui l'avaient placé au rang des grands capitaines, il avait été écrasé par le nombre. Un moment, se croyant perdu, il avait songé au suicide.

« Ma chère sœur, écrivait-il à la margravine de Bayreuth, il n'y a plus de port et d'asile pour moi que dans les bras de la mort. »

Et à Voltaire :

> « Pour moi, menacé du naufrage,
> Je dois, en affrontant l'orage,
> Penser, vivre et mourir en roi. »

Le 3 novembre, le roi de Prusse avait brusquement porté son armée sur la rive gauche de la Saale. Les alliés, confiants dans leur supériorité numérique, s'avançaient vers les hauteurs pour l'envelopper et lui couper la retraite, lorsque tout à coup Frédéric, par une de ces manœuvres rapides auxquelles il avait habitué ses troupes, opéra un changement de front. Favorisé par des coteaux et des ravins qui dérobaient son mouvement, il fondit inopinément sur le flanc des Français; plusieurs batteries, démasquées sur les hauteurs, foudroyèrent en même temps l'infanterie alliée qui se pressait dans la plaine. En vain le prince de Soubise chercha-t-il, avant la fin du jour, à rétablir le combat par des charges de cavalerie : tout fut culbuté et mis en déroute. Huit mille prisonniers et trois mille morts furent laissés sur le champ de bataille : c'était la journée de Rosbach.

Le nom du vainqueur fut porté aux nues. La France elle-même, la France, honteusement vaincue, égarée par les idées nouvelles, faisant taire son patriotisme, fut la première à exalter le héros prussien. Voltaire le chanta en vers et en prose, et d'Alembert écrivit au même Voltaire :

« A Paris, tout le monde a la tête tournée du roi de Prusse; il y a cinq mois qu'on le traînait dans la boue. »

L'explication du désastre se trouvait à Versailles. Les désordres de la cour avaient pénétré dans les camps : le soldat se modelait sur le noble corrompu qui le commandait. Le jour de la bataille de Rosbach, il y avait six mille maraudeurs hors du camp ! Après la déroute, l'armée inonda la Thuringe comme une horde de cosaques et s'y livra aux plus odieux excès. Le duc de Richelieu, qui avait précédé Soubise dans le commandement, pillait et autorisait le pillage avec un tel cynisme, que les soldats l'avaient surnommé *le père la Maraude*.

« Ces armées, dit un historien, pleines de luxe et de misère, encombrées de courtisanes, de marchands et de valetailles, traînant après elles trois fois plus de bêtes de somme que de chevaux de selle, étalant des bazars ambulants d'objets de mode au milieu de leurs tentes, ressemblaient plus aux cohues de Darius et de Xerxès qu'aux armées de Turenne et de Gustave-Adolphe[1]. »

On voit par ce tableau que les déprédateurs du Canada n'étaient que les plagiaires du monde de Versailles. C'est là que plusieurs d'entre eux avaient fait leurs premières armes.

En Angleterre, le génie de Pitt organisait la victoire avec moins d'éclat et de rapidité que Frédéric, mais avec la même sûreté de coup d'œil. Quoique les événements ne lui eussent pas d'abord été favorables, la confiance du peuple anglais n'avait pas été ébranlée, depuis surtout que Georges II, qui le détestait, l'avait éloigné du ministère (avril 1757) et avait été forcé, trois mois après, de le reprendre sous le coup de l'indignation publique. Pitt était devenu le véritable souverain de l'Angleterre. L'admiration pour lui allait jusqu'au fanatisme : on le proclamait le seul politique honnête, le seul incorruptible, le seul capable de relever la fortune du royaume. Le grand *commoner* était le premier à le penser et à le dire.

« Il avait une telle confiance en sa force, dit lord Brougham, qu'il renversait la maxime des gouvernants : « Ne forcez pas un obstacle quand vous pou« vez le tourner. » Il dédaignait de s'insinuer là où il pouvait pénétrer d'assaut, et de persuader quand il pouvait commander. »

William Pitt est un des exemples les plus frap-

---

[1] Henri Martin, *Histoire de France*, t. XV, p. 520.

pants de la puissance de la parole. Il n'eut peut-être jamais d'égal au Parlement comme orateur et comme *debater*. Son éloquence franchissait l'enceinte des Communes et faisait tressaillir la nation tout entière. Pénétrant avec la même intensité dans la chaumière du paysan et dans le palais du noble lord, elle y révélait le patriotisme assoupi, faisait vibrer toutes les âmes à l'unisson de la sienne, leur communiquait cette passion pour la grandeur et la gloire de l'Angleterre qui fut le but unique de sa vie.

Ce grand homme avait les défauts de ses qualités. Sa hauteur le rendait insupportable à ses collègues, qu'il traitait comme des subordonnés, et qu'il ne cessait d'humilier en leur faisant constamment sentir sa supériorité. Il avait le ridicule des petits esprits, la vanité ; il était comédien, en prenait les airs, affectait des poses théâtrales. On sait aujourd'hui qu'il n'était pas inaccessible à la corruption.

Mais le peuple anglais ne voulait pas voir ses défauts ; il se reconnaissait en lui, sentait qu'il était son âme, son expression, sa force. Appelé à gouverner un peuple libre, Pitt aimait sincèrement la liberté. Ses concitoyens le savaient et se livraient à lui comme lui se livrait à eux, confiants dans un égal patriotisme. En un mot, il avait élevé la nation anglaise à sa hauteur.

« Tel était, dit Hume, le crédit dont jouissait le gouvernement, que le peuple souscrivit à tous les emprunts avec l'empressement le plus extraordinaire. Un esprit inaccoutumé d'audace et de résolution parut animer les armées de terre et de mer. L'amour de la gloire militaire se répandit jusque dans les dernières classes du peuple. Ce passage subit de l'indolence à l'activité, de l'indifférence au zèle, de la crainte à l'audace, fut produit par l'influence et l'exemple d'un ministre. »

Chasser la France de l'Amérique et de l'Inde, lui fermer toutes les mers et la confiner sur le continent, telle était la politique entreprise par Pitt avec sa volonté de fer. Il ne soupçonnait pas que, de son vivant même, la France s'en vengerait en faisant l'indépendance américaine.

Il avait maintenant sous la main les hommes qu'il lui fallait pour ses grands desseins. Durant la prochaine campagne, Ferdinand de Brunswick, disciple du grand Frédéric, allait venger la défaite de Cumberland au Hanovre; Clive, dans l'Inde, poursuivre sa victoire de Plassey; Wolfe, se relever en Amérique.

Ce fut vers l'Amérique qu'il tourna d'abord son attention et ses plus formidables armements. Le plan des opérations fut réglé d'après les conseils de l'homme le mieux entendu dans les affaires d'Amérique : l'illustre Franklin, alors délégué de la Pensylvanie à Londres. Trois attaques simultanées devaient être dirigées sur le Canada : l'une au nord, sur Louisbourg; l'autre au centre, sur Carillon; la troisième au sud, contre le fort Duquesne. La célérité avait fait place à la lenteur des préparatifs qui avait tout compromis l'année précédente. Dès le mois de février, deux flottes étaient en mer : l'une aux ordres de l'amiral Boscawen, pour attaquer Louisbourg, avec douze mille hommes, commandés par le général Amherst; l'autre sous l'amiral Osborn, pour croiser dans le détroit de Gibraltar et intercepter la flotte de l'amiral La Clue, prête à faire voile de Toulon ; une troisième, commandée par sir Edward Hawke, appareilla peu après pour aller bloquer devant Rochefort un convoi de munitions et de troupes destinées au Canada.

La Clue ne put franchir le détroit de la Méditerranée. Le convoi, composé de quarante bâtiments de transport, protégé par cinq vaisseaux de ligne et cinq frégates, fut attaqué à l'embouchure de la Charente. Une partie seulement parvint à gagner le large ; le reste, afin d'échapper à la poursuite, se fit échouer sur les bancs de sable de la côte, d'où il ne put être retiré qu'après avoir jeté à la mer les canons et les approvisionnements. L'expédition fut manquée, et le Canada ne vit arriver presque aucun secours.

Jamais, au contraire, les colonies anglaises n'en avaient reçu d'aussi puissants. Pitt avait fait voter par le Parlement des fonds pour une levée de vingt mille hommes en Amérique, avec promesse de nouveaux subsides pour leur entretien. Il avait fait rappeler Loudon, pour lequel il ne cachait pas son mépris, et avait proposé à sa place lord Howe, jeune officier aussi brave qu'expérimenté. D'invincibles influences l'avaient forcé de laisser le commandement au vieil Abercromby, le premier en grade après Loudon. Mais lord Howe allait être de fait la tête de l'armée. L'expédition contre Duquesne, forte d'environ sept mille hommes, était confiée au brigadier John Forbes, jeune officier comme Howe et destiné comme lui à une trop courte carrière.

Le nombre des combattants qui allaient attaquer

le Canada, y compris les milices de réserve, dépassait le chiffre total de sa population entière : hommes, femmes et enfants.

« C'était, remarque justement l'historien Garneau, rendre un hommage éclatant à la bravoure française et reconnaître la détermination invincible des défenseurs du Canada. »

Dès le 22 février, Montcalm était rendu à Montréal, afin d'être plus à la portée des partis d'éclaireurs qui se succédaient continuellement aux frontières et en revenaient avec des nouvelles de l'ennemi. Il parut bientôt évident que le point le plus menacé pour le moment était Louisbourg. M. de Boishébert reçut ordre de se tenir prêt à partir dès l'ouverture de la navigation avec cent cinquante Canadiens, Acadiens et soldats de la colonie. Il devait s'adjoindre à Miramichi quatre cent cinquante Acadiens, formant un total de six cents hommes, qui iraient prêter main forte à la garnison de Louisbourg. Son principal objet était de s'opposer au débarquement des Anglais, et, s'il n'y pouvait réussir, de harceler continuellement l'ennemi à la faveur des bois. Les militaires français auraient voulu que ce détachement partît sans délai sur les glaces et fût commandé par un officier plus actif et plus intelligent. Les événements démontrèrent qu'ils avaient raison.

Le 1er avril, la population de Québec avait été réduite à deux onces de pain. Peu de jours après, cette faible ration avait été même retranchée, ce qui occasionna une émeute de femmes dans la ville. Elles s'assemblèrent devant la maison du lieutenant de police, M. Daine, qui eut peine à les disperser. On voyait des malheureux, aux traits hâves et amaigris, chanceler dans les rues ; d'autres, ne pouvant travailler qu'en se tenant appuyés. Dans les campagnes, une partie des habitants vivaient d'avoine bouillie ; plusieurs, n'ayant pas même cette ressource, se nourrissaient de racines ou broutaient l'herbe dans les champs. Le long des rivières, les femmes et les enfants étaient continuellement occupés à pêcher et n'attendaient leur repas que d'un coup de ligne. Souvent le premier poisson qu'ils prenaient était cuit et dévoré sur le rivage même. A Chambly, la garnison affamée n'avait guère d'autre moyen de vivre ; les officiers se plaignirent même amèrement de ce que le gouvernement ne fournissait pas assez d'engins de pêche.

Le 9 mai, le régiment de la Reine, ayant épuisé tout moyen de subsistance à Québec, fut acheminé sur Carillon, où il y avait un dépôt de vivres provenant de William-Henry, « qu'il faut, dit Montcalm, extrêmement ménager, et auquel la dure nécessité force de toucher. » Ordre fut donné en même temps à Bourlamaque de former en pelotons les soldats de Languedoc et de Berry, qui ne trouvaient plus moyen de subsister chez les habitants, et de les diriger sur Saint-Jean, où ils stationneraient si on pouvait y ramasser quelques vivres, sinon de les faire passer tous à Carillon.

L'ingénieur Desandrouins raconte qu'en montant de Québec à Montréal, au milieu de mai, il trouva partout la même détresse. Nulle part il n'y avait de pain. Sans la chasse du printemps, surtout celle des tourtes, qui donnait alors en abondance, beaucoup de personnes seraient mortes de faim.

Deux navires furent dépêchés coup sur coup en France pour faire connaître l'état désespéré du pays.

« La colonie est à deux doigts de sa perte. » écrit Montcalm à la date du 15 mai. Malgré cette affreuse situation, « les habitants, remarque Lévis, conservent toujours leur bonne volonté, et les troupes se soumettent de bonne grâce à toutes les réductions de vivres qui sont jugées nécessaires. »

Les sauvages, vivant de chasses dans leurs courses, n'étaient pas arrêtés par le défaut de vivres. Leurs services devenaient inappréciables. Il ne se passait pas de semaine sans que le gouverneur en reçût quelques-uns en audience et les encourageât en leur distribuant des présents, des munitions, des marques de distinction. On se rappelle le fameux chef Kisensik, orateur des Népissings, aussi renommé par ses exploits que par son éloquence, et qui avait joué un rôle important durant l'expédition de William-Henry. Son père, guerrier aussi célèbre que lui, qui avait été présenté à la cour de Versailles et avait reçu un hausse-col des propres mains de Louis XIV, venait de mourir. Kisensik, suivi de vingt-cinq guerriers de sa nation, se présenta en habits de deuil au palais du gouverneur, et lui demanda l'autorisation d'aller frapper sur l'ennemi. Mais Kisensik ne pouvait partir ainsi ; car, d'après les idées superstitieuses des sauvages, le temps du grand deuil était un temps de malheurs, fatal aux entreprises. Le marquis de Vaudreuil lui répondit selon le cérémonial indien, lui fit ses condoléances sur la mort de son père, en fit un éloge pompeux, et releva Kisensik de son deuil en lui présentant un équipement de guerre. Le gouverneur s'offrit de le revêtir du précieux hausse-col, dont l'inscription rappelait le don du grand roi ; mais Kisensik refusa modestement, disant qu'il voulait d'abord arroser de sang anglais les cendres de son père et s'illustrer par quelque action d'éclat, afin d'être plus digne de porter cette décoration. Le chef népissing tint parole.

Sur le chemin de Carillon, son parti se croisa avec une troupe d'Abénakis, qui revenait avec des chevelures prises sur la frontière du Massachusetts, dans un moulin où, dit Montcalm, « nous avions neuf de nos malheureux Acadiens travaillant pour les Anglais. Les Abénakis, au moment de les tuer, les tenant en joue, entendent avec surprise crier : « Vive le roi ! Français ! » Ils les accueillent avec toute l'affection possible et nous les ont ramenés de Dingerfil (sic). L'Anglais a cru bien disperser ce peuple fidèle, il n'en a pas changé le cœur. »

Deux semaines ne s'étaient pas écoulées depuis le départ de Kisensik, qu'il rentrait à Carillon après s'être distingué par un éclatant coup de main. Ayant rencontré entre la Chute et la rivière au Chicot un parti de dix-huit sauvages et de cinq Anglais, il fit neuf prisonniers et quatre chevelures ; un seul Anglais s'échappa de ses mains avec neuf sauvages.

L'impatience où l'on était de voir arriver des vaisseaux de France avait fait croire qu'il en apparaîtrait dès que le fleuve serait libre de glaces ; mais les jours s'écoulaient, le mois de mai s'avançait sans qu'une seule voile se montrât à l'horizon. Enfin, le 19 mai au soir, huit navires et une prise anglaise, escortés par la frégate *la Sirène*, entrèrent dans la rade de

Québec. Toute la ville était accourue sur les quais pour leur souhaiter la bienvenue. Ils apportaient sept mille cinq cents quarts de farine et du lard en proportion. Peu de jours après, ils furent suivis par quatre autres navires. Tous ces approvisionnements réunis ne procuraient de vivres à douze mille hommes que pour cent cinq jours. Mais c'était assez pour gagner une victoire et retarder d'une année la chute de la colonie. La joie de vivre et cette espérance étaient affaiblies dans le cœur de nos soldats « par les tristes et fâcheuses nouvelles d'Europe, où, dit Desandrouins avec amertume, tout va mal pour la France en Allemagne ». Rosbach arrache ce cri à Montcalm : « Bataille perdue contre le roi de Prusse, l'Alexandre du Nord... Ce même roi bat les Autrichiens vers Breslau, marche dans l'électorat du Hanovre ; ce qui met tous nos quartiers en mouvement et sur les dents ! » Bougainville s'attriste à son tour : « Les nouvelles d'Europe, dit-il, prouvent bien la vérité de ce proverbe grec qui dit : qu'il vaut mieux une armée de cerfs commandée par un lion, qu'une armée de lions commandée par un cerf. »

A ces tristesses s'ajoutait la certitude des formidables armements de l'Angleterre contre le Canada, de l'attaque simultanée de Louisbourg, de Carillon et de Duquesne. Malgré l'avis de Montcalm, Vaudreuil avait projeté de faire une diversion contre ces deux derniers forts en poussant une pointe du côté d'Albany, espérant par ce mouvement forcer du même coup les Cinq-Nations à se déclarer pour les Français. Deux mille cinq cents hommes, composés de quatre cents soldats de l'armée régulière, quatre cents de la marine, le reste de Canadiens et de sauvages, commandés par le chevalier de Lévis, ayant sous ses ordres MM. de Rigaud, de Longueil et de Senezergues, devaient entrer, par le lac Ontario, dans la rivière Chouaguen, descendre la rivière Mohawk, ravager tout le pays jusqu'aux portes d'Albany.

Lévis écrivait à la veille de son départ : « Ma mission est délicate, importante, politique et militaire ; l'on me menace d'une infinité d'obstacles que j'aurai à surmonter, soit pour la nourriture, n'ayant que pour deux mois de farine et de graisse, ne pouvant porter ni biscuit ni pain, pas même de tentes pour nous mettre à l'abri ; je puis aussi trouver des oppositions de la part des Iroquois, partisans des Anglais. »

Ce plan aurait reçu l'approbation de Montcalm, si l'arrivée des vivres avait permis de l'exécuter à temps ; mais, à l'heure où l'on était, il affaiblissait inutilement le corps d'armée déjà si faible, destiné à protéger Carillon. Les divers bataillons qui allaient s'immortaliser devant nos murs étaient en marche dès les premiers jours de juin et se concentraient à Saint-Jean, leur lieu de relâche et de ravitaillement. On y avait préparé pour chaque soldat montant à Carillon six jours de vivres qu'il emporterait avec lui, à raison d'une livre de pain par jour, d'un quarteron de lard et d'autant de pois par ration.

Berry et Languedoc arrivèrent du 15 au 20 juin au fort Saint-Jean et firent voile immédiatement pour Carillon, où la Reine, venant comme eux de Québec, mais stationné depuis un mois à Saint-Jean, allait les précéder d'un jour.

15

Le reste de l'armée sortait du fort Saint-Jean quand Montcalm y entra, accompagné de son état-major, de M. de Pontleroy, le nouvel ingénieur en chef arrivé le mois précédent, et de plusieurs officiers de Béarn qui, « étant mariés depuis peu, étaient restés jusqu'aux derniers jours près de leurs épouses. »

Le lendemain 26, un courrier extraordinaire apporta au général la nouvelle du débarquement des Anglais dans l'île Royale et de l'investissement de Louisbourg. De ce moment tous les regards furent tournés vers cette forteresse, toutes les pensées s'y portèrent ; car, selon l'expression de Desandrouins, Louisbourg était la porte cochère du Canada.

La nouvelle de ce siège précipita le départ de Montcalm. Le jour même, l'artillerie du fort saluait le bateau qui l'emmenait vers Carillon, et qui lui répondait par des salves de mousqueterie.

A Saint-Frédéric, où le général n'arriva que le 30 juin au matin, par suite des vents contraires, il s'arrêta quelques heures, afin de donner à M. de Pontleroy le temps d'en examiner les fortifications et les positions voisines. A 3 heures de l'après-midi, le colonel Bourlamaque, le brave d'Hébécourt et les principaux officiers accueillaient le commandant sur le rivage de Carillon, pendant que le canon du fort annonçait au loin son arrivée.

Les premières paroles de Bourlamaque en lui pressant la main furent : « Mon général, dans quelques jours nous aurons les Anglais sur les bras. D'Hébécourt, que j'ai envoyé à la découverte, et tous nos éclaireurs s'accordent à dire qu'il y a vingt-cinq mille hommes à la tête du lac Saint-Sacrement. Ils ont mille chevaux et une quantité de bœufs employés à faire les transports, et ils sont à la veille de lever leur camp. »

Montcalm ne fut pas surpris, encore moins découragé. A ces forces écrasantes il n'avait cependant à opposer que ses huit petits bataillons, parmi lesquels il y avait des recrues qu'il croyait mauvaises, et le corps des Canadiens composé des milices de Québec, les moins aguerries de la colonie : « Un contre cinq, peut-être plus : voilà, résumait-il, notre position. » La seule chance de succès était dans l'activité et l'audace. Il dépêcha le soir même un courrier au marquis de Vaudreuil, pour lui exposer l'extrême danger de sa position et le conjurer d'envoyer en toute hâte tous les secours possibles.

Le lendemain, dès l'aube du jour, il fit battre la générale : ses dispositions étaient prises. La Reine, Guyenne et Béarn furent mis en marche pour aller occuper le Portage. La Sarre et Languedoc les suivirent pour se placer à droite de la Chute. Royal-Roussillon et le premier bataillon de Berry occupèrent la gauche. Le second bataillon de Berry, commandé par M. de Trécesson, joint à ce qu'il y avait de la marine et de Canadiens, stationna entre Carillon et la redoute qui protégeait la berge du côté du lac et de la rivière à la Chute.

« Ce mouvement hardi, observe Montcalm, était nécessaire pour en imposer à l'ennemi et leur faire perdre l'idée qu'ils ont de notre très grande faiblesse, et en même temps pour empêcher qu'ils ne s'emparent à l'improviste du Portage, ce qu'ils pouvaient faire par une marche de dix ou douze heures seulement sur le lac. »

Montcalm prit ensuite avec lui les ingénieurs Pontleroy et Desandrouins, et se porta sur les hauteurs qui dominent Carillon, pour déterminer un champ de bataille et la position d'un camp retranché.

La presqu'île de Carillon, formée par le confluent de la rivière à la Chute et du lac Champlain, est un plateau rocailleux, dont la pointe est tournée au sud-est. A partir du fort, qui s'élevait presque à l'extrémité de cette pointe, le terrain s'abaisse graduellement en gagnant vers l'ouest, puis s'élève en pente douce jusqu'à un coteau qui le coupe transversalement. A gauche, le plateau s'affaisse près de la décharge en pente raide, tandis qu'à droite il descend sur un plan incliné vers un bas-fond assez large que baigne le lac Champlain. C'est sur le sommet de ce coteau, à environ un kilomètre du fort, que Montcalm fit faire le tracé d'un retranchement dont il ordonna de commencer les travaux dès le lendemain.

On commença aussi à construire, sur deux bateaux solidement liés ensemble, de hautes plates-formes capables de porter des canons, des pierriers et des tirailleurs : « c'étaient des espèces de tours flottantes, » dont l'invention était due au capitaine de Fiedmond. Sur d'autres grands bateaux on plaça une pièce de canon à la proue. Des bastingages y mettaient à l'abri les artilleurs, les fusiliers et les rameurs. Ces vaisseaux de guerre improvisés étaient destinés à disputer le lac aux berges anglaises.

Les sauvages, en petit nombre, sentaient le besoin qu'on avait d'eux et se montraient d'une insolence insupportable. Ils volaient les provisions, l'eau-de-vie, le vin, tuaient les volailles, les bestiaux; en un mot, commettaient toute espèce de déprédations qu'on n'osait trop empêcher, car ils voulaient à tout prix s'en retourner. Montcalm fut obligé de tenir deux conseils avec eux pour les empêcher de partir, et n'y réussit qu'à force de distributions de couvertes, de brayets, de mittasses, etc.

Pour les remplacer au besoin, on forma deux compagnies de volontaires tirés de la ligne, et dont le commandement fut confié à M. de Bernard, capitaine au régiment de Béarn, et à M. Duprat, capitaine au régiment de la Sarre.

Montcalm, qui avait confié la garde du Portage à M. de Bourlamaque, se rendit de sa personne à la Chute pour être plus à la portée des mouvements des Anglais. Pendant qu'il était occupé à faire construire deux ponts de communication, l'un au Portage, l'autre au moulin de la Chute, il reçut l'agréable nouvelle du départ de Montréal du chevalier de Lévis avec quatre cents hommes de l'armée régulière qu'il lui amenait à marche forcée. En apprenant le danger qui menaçait Carillon, le marquis de Vaudreuil avait renoncé à son expédition contre Albany et résolu « d'envoyer toutes les forces de la colonie au secours de Montcalm [1] ».

M. de Raymond, qui apportait cette nouvelle, avait amené avec lui quatre cents Canadiens et une centaine de sauvages, qui furent dirigés immédiatement vers le camp du Portage, où ils pouvaient rendre de grands services pour les reconnaissances et les coups de main.

[1] *Journal de Lévis*, p. 135.

Dans la soirée du 3 juillet, arriva à la tente de Montcalm l'infatigable de Langy, que ce général avait en singulière estime : de tous les officiers partisans, c'est celui dont il a fait le plus bel éloge. « L'excellent Langy, » comme il l'appelait, était fils du sieur Levraux de Langy, natif de Notray en Poitou, établi au Canada depuis le commencement du xviiiᵉ siècle. Langy avait passé une partie de sa vie dans les bois et avait pris toutes les habitudes des coureurs forestiers. Il en portait le costume demi-sauvage, demi-européen, le couteau à la ceinture, avec le sac à balles, la corne à poudre passée en bandoulière, la carabine toujours à l'épaule. Comme ses pareils, il avait avec des traits accentués, hâlés par le soleil et le grand air, cette démarche vive et élastique qui dénote des jarrets d'acier. Aussi intelligent que brave, il était employé dans les missions les plus difficiles. Depuis le milieu de l'hiver jusqu'à l'heure présente, il n'avait pas eu un instant de repos, courant sans cesse de Montréal à la frontière et de la frontière à Montréal, faisant le coup de feu avec son parti jusque sous les remparts de l'ennemi, rapportant des chevelures, des prisonniers et des renseignements clairs et précis.

Il rendit compte à Montcalm de sa dernière course. Du haut d'une montagne voisine de William-Henry, il avait examiné à loisir les mouvements des Anglais. Lorsqu'il était passé sur les ruines de ce fort, quelques semaines auparavant, la même désolation, le même silence y régnaient qu'au lendemain du départ de l'armée française l'année précédente. Maintenant le vaste tapis vert que la nature avait jeté sur ces décombres et sur les environs était tout piqué de points blancs, comme si une pluie d'étoiles y fût tombée, tellement étaient nombreuses les tentes du camp d'Abercromby.

Ce général se voyait à la tête de la plus grande armée d'origine européenne qui eût jamais mis le pied en Amérique. Elle se composait de quinze mille quatre cents hommes, dont six mille trois cents soixante-sept de l'armée régulière, le reste de miliciens de la Nouvelle-Angleterre, de New-York et du New-Jersey[1]. Un parc d'artillerie considérable, des vivres et des munitions en abondance, rien n'avait été épargné de ce qui avait été jugé nécessaire pour l'envahissement du Canada.

Le commandant de cette belle armée, qui devait son avancement plus à des influences politiques qu'à ses talents, était une de ces lourdes et épaisses natures, qui semblent incompatibles avec l'activité d'esprit et de corps qu'exige le génie militaire. Aussi, quoiqu'il ne fût âgé que de cinquante-deux ans, était-il regardé par ses soldats comme un vieillard invalide et incapable. Tous leurs regards, toute leur confiance, se tournaient vers le jeune et enthousiaste lord Howe, la fleur de la noblesse et « le meilleur soldat de l'armée anglaise », au dire d'un de ses frères d'armes, qui s'illustrait en ce moment-là même sous les murs de Louisbourg, et qui, comme lui, allait trouver une

---

[1] Armée régulière 6,367
Provinciaux. 9,034
Total. . . . 15,401

Public Record Office. Am. and W. Indies. Abercromby à Pitt, 12 juillet 1758.)

mort prématurée au Canada, le général Wolfe. Arrivé à Halifax avec son régiment, au mois de juillet de l'année précédente, Howe s'était appliqué avec ardeur à l'étude du nouveau genre de guerre qu'il allait rencontrer, et avait même suivi dans leurs courses les rôdeurs de bois du major Rogers, qu'il avait émerveillés par sa résistance aux fatigues, et dont il s'était fait autant d'amis.

L'expérience qu'il y avait acquise lui avait suggéré de faire parmi les troupes des réformes dont il était le premier à donner l'exemple. Chaque homme, de quelque rang qu'il fût, ne devait avoir avec lui que le strict nécessaire ; le soldat, être accoutumé à porter dans son havresac trente livres de vivres ; l'officier, n'avoir qu'une seule couverte et une peau d'ours. On voyait Howe aller lui-même laver son linge au ruisseau et le faire sécher au soleil ; tirer de sa poche, à l'heure du repas, son couteau et sa fourchette renfermés dans une gaine, et manger, assis dans sa tente sur une peau d'ours, un morceau de lard et de pain, en devisant avec le même entrain et la même gaieté que s'il avait été à la table de son noble père. Adoré du soldat, il était l'âme de l'armée, qui acceptait de bon cœur sa rude discipline et se retrempait au contact de son stoïcisme et de sa vaillance.

Au nombre des miliciens de la Nouvelle-Angleterre se trouvaient deux jeunes officiers destinés à une carrière célèbre dans leur pays : le brave Israël Putnam, du Connecticut, et John Stark, non moins intrépide que lui, servant comme lieutenant dans un régiment du New-Hampshire. Les hommes éclairés comme eux, surtout les officiers de la vieille Angleterre, qui la plupart se ressentaient du scepticisme de leur temps, devaient s'amuser du zèle emporté que déployaient les ministres puritains attachés à l'armée. Ces prédicants, la Bible à la main, représentaient l'expédition comme une croisade contre l'impie Babylone, et rappelaient Moïse envoyant Josué combattre Amalec.

Neuf cents bateaux et cent trente-cinq berges, sans compter un grand nombre de bateaux plats chargés de l'artillerie, amarrés au rivage du lac, n'attendaient que le signal du départ. Le soir du 4 juillet, toutes les munitions, les vivres, le bagage, étaient embarqués.

Le lendemain dès l'aurore, les tentes de chaque régiment étaient repliées, le camp levé, et le soleil n'était pas haut sur l'horizon quand toutes les embarcations, chargées de l'armée entière, eurent pris le large. Elles s'avançaient sur trois divisions : les troupes régulières au centre, les milices sur les deux ailes. Chaque régiment avait ses drapeaux et sa fanfare qui remplissait l'air d'une musique martiale. Le soldat partait le cœur léger et exultant, convaincu qu'il marchait à un triomphe. À mesure qu'elle avançait, la flotte couvrait le lac, dont la surface disparut bientôt sous la multitude des embarcations. La matinée était splendide : le grand soleil de juillet plongeait ses rayons au fond de cette gorge de montagnes, et mettait des éclairs sur l'acier des armes et sur l'or des uniformes. Les plus pittoresques de tous ces costumes, à côté des couleurs écarlate et bleue des régiments anglais et américains, étaient ceux des Highlanders ou montagnards d'Écosse, avec leurs coiffures à plumets, leurs kilts ou braies aux nuances variées, leurs redoutables claymores suspendues au côté. Ils étaient aux ordres du major Duncan Campbell d'Inverawe, dont la légende a immortalisé le nom.

Vers midi, la flotte était engagée dans le chenal étroit des îles, et s'allongeait en une énorme file qui n'avait pas moins de deux lieues de longueur. A l'avant-garde venaient le major Rogers avec ses rôdeurs de bois, et le colonel Gange avec l'infanterie légère, suivis d'un corps de marins armés et disciplinés sous les ordres du colonel Bradstreet. Lord Howe commandait en personne la colonne du centre, formée du 55e, son propre régiment, qui marchait en tête, suivi du Royal-Américain, de quatre autres régiments d'infanterie et des montagnards écossais ; les milices provinciales occupaient toujours les deux ailes. Les pesants bateaux de l'artillerie, que poussaient à leur suite de vigoureux rameurs, étaient précédés de deux espèces de tours flottantes destinées à protéger le débarquement. Enfin, derrière le bagage et les munitions de toutes sortes, l'arrière-garde, composée de troupes de ligne et de milices, formait la queue de ce gigantesque et formidable serpent, qui s'avançait lentement sur le Canada.

Du sommet d'une montagne située un peu en avant, les sentinelles françaises placées en vigie ne pouvaient s'empêcher d'admirer la beauté du spectacle qu'elles avaient à leurs pieds. Entre les deux chaînes de montagnes au panache de verdure, le lac, inondé de lumière par le soleil de midi, étendait sa surface limpide, reflétant l'ombre de ses caps et de ses anfractuosités. Là-bas se dressait le front chauve de la montagne Pelée, ici le cône moussu du Pain-de-Sucre. A travers l'archipel d'îles qui, vues à distance, avec leur riche végétation de mélèzes, de pins, de bouleaux, de grandes aulnes, ressemblaient à des corbeilles chargées de feuillages, serpentait l'immense procession de bateaux, dont les rames s'abaissaient et se relevaient en cadence avec des jaillissements d'eau reluisant au soleil; et au-dessus les drapeaux flottant à la brise, et les rangées d'uniformes variés suivant les régiments, d'où montaient des roulements de tambours et les notes claires des fifres et des cuivres.

Dès que l'avant-garde avait paru à l'entrée des îles, les sentinelles françaises avaient signalé son approche en baissant et levant un drapeau blanc, signe convenu qui avait été répété de cap en cap jusqu'au camp du Portage.

Aussitôt Montcalm donne ordre aux troupes de la Chute et du Portage de renvoyer à Carillon toutes espèces d'équipages et de passer la nuit au bivouac et en éveil. Pontleroy fut averti de hâter autant que possible les travaux du camp retranché. Les bataillons du Portage devaient signaler la présence de l'ennemi à ceux de la Chute par trois décharges de coups de fusil. A ce signal, le deuxième bataillon du Berry, stationné à Carillon, devait marcher en avant et couronner les hauteurs qui dominent le fort. La compagnie de grenadiers, un piquet et cent cinquante Canadiens qui venaient d'arriver se déploieraient en tirailleurs, de manière à veiller d'abord à la sûreté du fort lui-même, et ensuite à protéger la retraite de l'armée si elle était poussée de trop près.

De chaque côté du lac George, plusieurs gardes

furent échelonnées sur les hauteurs afin d'éviter toute surprise. M. de Bernard, avec sa compagnie de volontaires, remonta la rivière de Bernetz, afin de s'assurer si les ennemis faisaient la tentative de tourner la position de Carillon, en suivant le revers de la montagne.

A 5 heures du soir, M. de Bourlamaque ordonna au capitaine de Trépezec d'aller se mettre en observation sur la montagne Pelée avec trois cent cinquante hommes, dont cent cinquante de la ligne. le reste de la marine et de la colonie, conduit par M. de Langy. et d'empêcher l'ennemi de débarquer dans les environs s'il était possible.

L'armée anglaise était venue camper à trois lieues plus haut sur la même rive du lac, à Sabbath Day Point. C'est durant cette veillée que John Stark eut, sous la tente de lord Howe. cette conversation qui fit une si profonde impression sur son esprit, et qu'il rappelait ensuite comme le testament militaire du jeune héros. Howe le questionna minutieusement sur Carillon, sur sa position, ses défenses et les meilleurs moyens de l'attaquer.

L'armée se mit en mouvement de si bonne heure. qu'à 5 heures du matin son avant-garde était en vue du Portage. Les tirailleurs français ne firent qu'échanger quelques coups de feu; car elle s'avançait en colonnes si profondes, qu'il eût été insensé de lui disputer le débarquement. Bourlamaque retira ses avant-postes, rompit le pont du Portage, brûla son camp et se replia en bon ordre à la Chute. Montcalm le fit immédiatement traverser sur la rive gauche de la décharge, l'y suivit avec ses troupes, détruisit le pont de communication, et gagna les sept bataillons qu'il avait alors sous la main en ordre de bataille sur les hauteurs voisines, afin de donner aux volontaires et aux piquets dispersés en avant le temps de se rallier.

Bourlamaque disait hautement que c'était la meilleure position stratégique qu'on pût choisir, qu'on devait s'y retrancher et s'y défendre jusqu'à l'extrémité. Par déférence pour une si grave opinion, Montcalm, quoique décidé, convoqua un conseil de guerre. Il n'eut pas de peine à démontrer, d'accord avec deux vieux officiers d'expérience, MM. de Bernetz et de Montgay, le danger de cette position, où les ennemis pouvaient dominer les hauteurs voisines et les tourner.

L'avant-garde des Anglais, guidée par lord Howe, avait mis pied à terre à l'ouest de la décharge du lac, après une légère escarmouche, et avait été suivie par le reste de l'armée. Entre la décharge et la chaîne des montagnes derrière laquelle la rivière de Bernetz se fraye un lit s'étend, jusqu'à une distance d'environ un quart de lieue, une plaine alors couverte d'épaisses forêts. La rupture des ponts obligeait de s'y engager et de suivre la courbe que fait la rivière à la Chute pour arriver sous les murs de Carillon. Rogers, avec une bande de ses rangers, et les deux régiments des colonels Fitch et Lyman avaient été envoyés en avant pour éclairer la route. L'armée se mit en marche sur quatre colonnes, à quelque distance en arrière. La forêt était si épaisse, embarrassée de troncs d'arbres renversés, de détritus couverts d'une mousse fangeuse, de broussailles si inextricables, que les rangs furent bientôt rompus et que chacun marcha au hasard. Le corps principal atteignit ainsi, non sans fatigue, mais sans incident, la tête des rapides.

Le matin de ce jour, le détachement de M. de Trépezec, arrivé la veille à la montagne Pelée, avait vu défiler sans être aperçu l'avant-garde anglaise, qui, n'ayant pas touché terre, n'avait pu être molestée. M. de Trépezec, dont la position devenait fort critique, avait dépêché un courrier pour demander des ordres à M. de Bourlamaque; mais ce courrier, fait prisonnier en route, avait été vainement attendu une partie de la matinée. Dans l'intervalle, les guides sauvages qui avaient vu le lac couvert d'innombrables embarcations, et qui savaient le petit nombre des Français, les avaient crus perdus sans ressources, s'étaient retirés furtivement à l'écart et avaient abandonné le détachement. Le seul parti était de battre en retraite vers les montagnes et de gagner la Chute, soit en suivant leur versant oriental, soit en le gravissant et descendant ensuite par la vallée où coule la rivière de Bernetz. La première route était plus courte, mais plus dangereuse : il est probable que, confiants dans l'expérience de M. de Langy et d'autres Canadiens accoutumés comme lui aux courses dans les bois, ils voulurent le suivre; mais à mesure qu'ils s'avançaient à travers ce terrain coupé de ravins profonds et de hauteurs escarpées, la forêt s'épaississait, le sol plus riche poussait une exubérance de végétation. Tandis qu'au-dessus de leurs têtes, la cime des arbres qui se touchaient formait une voûte presque impénétrable aux rayons du soleil, devant eux se dressait une seconde forêt de jeunes pousses, dont le feuillage dense empêchait de voir à quinze pas en avant. Ils reconnurent bientôt qu'ils s'étaient égarés; car, malgré la longue habitude forestière de M. de Langy et des siens, ni lui ni les autres n'avaient cet instinct inné des sauvages qui leur fait deviner leur route au milieu de ces dédales inextricables. Ils marchèrent toute la journée, par une chaleur étouffante, écartant à chaque pas les branches qui les arrêtaient, montant et descendant des côtes, contournant des rochers, traversant des bas-fonds tapissés d'une mousse humide où leurs pieds se perdaient, et croyant à chaque instant entendre le bruit des rapides de la Chute, où ils espéraient arriver; mais la forêt gardait toujours son silence, impénétrable comme ses profondeurs. Seul quelque écureuil sautant d'un arbre à l'autre à leur approche leur jetait son cri moqueur, ou une corneille croassait en s'ébaudissant au-dessus de leurs têtes dans des vagues de verdure et de lumières. Tout le détachement était exténué de fatigue et de chaleur. Enfin, vers 4 heures du soir, il arriva à la rivière à la Chute, qu'il tenta de passer; mais, n'y pouvant réussir, il rétrogradait pour trouver un gué, lorsque tout à coup des bruits de pas et de branches cassées se firent entendre en avant. « Qui vive? cria M. de Langy. — Français! » répondirent quelques voix. A l'accent anglais de cette réponse, M. de Langy ne fut pas trompé, pas plus que les siens. « Feu! cria-t-il à ses gens, c'est l'ennemi! » Le détachement venait de se heurter contre la colonne que précédait lord Howe.

Quelques coups de fusil furent échangés à travers les éclaircies de feuillage. Lord Howe, qui s'avançait au premier rang, tomba mort, frappé par une balle en pleine poitrine. Les Français, croyant n'avoir affaire qu'à un parti d'éclaireurs, se déployèrent à la manière sauvage et commencèrent une fusillade générale, qui fut accueillie par un feu tellement supérieur, qu'ils comprirent qu'ils étaient en présence de l'armée anglaise. De leur côté, les Anglais, pris à l'improviste, s'imaginèrent que toute l'armée de Montcalm était à leur poursuite. Il s'ensuivit un moment de panique. Putnam et Spark, qui trois ans auparavant se trouvaient avec Braddock, durent se rappeler alors les scènes de la Monongahéla et éprouver un instant d'épouvantables angoisses. Mais les rangers qui accompagnaient Howe, habitués à ce genre de surprise, firent bonne contenance; les officiers les imitèrent et arrêtèrent le désordre.

Cependant les deux régiments de Fitch et de Lyman, qui marchaient en avant à une petite distance, précédés de Rogers et de sa bande, entendant la mousqueterie, firent volte-face et vinrent cerner les Français, qui, se voyant écrasés, ne songèrent plus qu'à vendre chèrement leur vie. Ils se battirent avec le courage du désespoir; mais, accablés par le nombre, cent soixante-cinq, y compris cinq officiers, furent tués ou se noyèrent dans la rivière en cherchant à s'échapper, ou furent faits prisonniers. Le marquis de Montcalm, entendant une forte fusillade, lança en avant quelques compagnies de grenadiers qui bordèrent la rivière et recueillirent plusieurs des fugitifs. MM. de Trépezec et de Langy arrivèrent à la Chute baignés dans leur sang; M. de Trépezec, blessé à mort, expira le lendemain.

Les Anglais n'avouèrent pas leurs pertes en tués et

en blessés, qui furent considérables. Cet engagement était un échec sérieux pour les Français; mais la mort de Howe en fit pour les Anglais un désastre irréparable. « Ils avaient une telle idée de milord Howe, dit Desandrouins, qu'à ce qu'on leur disait que la journée du 6 nous avait été fatale, ils répondirent : « Elle ne vous a pas été moins favorable que celle du 8 ! » C'était, ajoute-t-il, principalement sur lui que reposait la réussite de cette entreprise. »

L'effet de sa mort se fit sentir du moment qu'il eut expiré. A l'impulsion décidée, hardie, qu'il avait déterminée, succédèrent l'hésitation, la lenteur. Abercromby suspendit la marche et fatigua inutilement ses soldats en leur faisant passer la nuit sous les armes.

Le lendemain, au lieu d'avancer pour ne pas donner aux Français le temps de se retrancher, il rétrograda jusqu'au Portage et s'amusa à s'y fortifier lui-même, tandis que Bradstreet, avec quelques troupes de ligne et de milice, rétablissait les ponts détruits. La journée était avancée avant qu'il remît son armée en marche, et il était nuit fermée quand ses derniers détachements arrivèrent à la Chute, où il occupa le camp abandonné la veille par les Français.

Le soir précédent, pendant que le marquis de Montcalm s'occupait à recueillir les débris du détachement en déroute, il reçut avis du capitaine Duprat, envoyé en éclaireur avec ses volontaires, que l'avant-garde anglaise avait paru sur la rive droite de la rivière de Bernetz et se préparait à y jeter un pont. Ce voisinage rendit imminent le danger d'être tourné, ce qui le décida à rétrograder le soir même. Une partie de ses troupes descendit en bateau la rivière à la Chute jusqu'à Carillon; le reste le rejoignit par terre sans être molesté. Entre 8 et 9 heures, la petite armée, toute réunie sous les murs du fort, y avait dressé ses tentes.

La retraite sur Saint-Jean aurait été facile; mais abandonner Carillon, « la clef des eaux et par conséquent du pays, » l'abandonner sans combattre, il n'y fallait pas songer!

Il y a des circonstances où un général ne doit compter le nombre de ses ennemis qu'après la bataille. Montcalm le savait. Il se prépara à se défendre à outrance. Le jour même il avait écrit à son ami Doreil : « J'ai affaire à une armée formidable. Malgré cela, je ne désespère de rien. J'ai de bonnes troupes. A la contenance de l'ennemi, je vois qu'il tâtonne; si, par sa lenteur, il me donne le temps de gagner la position que j'ai choisie sur les hauteurs de Carillon et de m'y retrancher, je le battrai. »

Montcalm ne se dissimulait pas cependant l'extrême danger de sa position : « Si j'avais eu à faire le siège de Carillon, disait-il peu après, je n'aurais demandé que six mortiers et deux canons. »

Abercromby n'aurait eu qu'à amener une partie de son artillerie, et en quelques heures il aurait fait voler en éclats les retranchements. Il aurait pu également les battre en écharpe en plaçant du canon sur le flanc de la montagne du Serpent à sonnettes, qui n'est séparée de Carillon que par la rivière à la Chute. Le feu plongeant, dirigé de ce côté, aurait rendu la position des Français intenable. Enfin, ce qui était plus à redouter encore, l'armée de Montcalm pouvait être attaquée à la fois en tête et en queue : tandis qu'une partie des troupes anglaises menacerait le front des retranchements, le reste, par une marche assez courte à travers les bois, pouvait contourner la base occidentale de la montagne et arriver en face de Carillon. Quelques pièces de campagne placées en cet endroit auraient coupé toute retraite à l'armée française, qui, privée de secours et n'ayant que huit jours de vivres, aurait été forcée de se rendre.

Montcalm avait calculé tous ces dangers, mais il n'avait que le choix des difficultés. Il avait deviné, aux tâtonnements d'Abercromby, qu'il avait affaire à un général inhabile, et il comptait sur quelques fautes de tactique : il ne fut pas trompé dans son attente.

Jusqu'au 5 juillet, les travaux des retranchements avaient progressé lentement; mais, le soir de ce jour, le général avait enjoint aux deux ingénieurs de les pousser avec vigueur. Ils y étaient dès 7 heures, le matin du 6, escortés du 2ᵉ bataillon de Berry, qui fut employé à faire des abatis. Desandrouins acheva d'étudier le terrain pour y tracer les retranchements du lendemain. Il y travaillait encore à l'heure où les troupes de la Chute, bataillon par bataillon, opéraient leur retraite et se concentraient autour de Carillon.

Le 7, dès 3 heures du matin, Pontleroy et lui étaient rendus sur les hauteurs, avec les officiers majors de chaque bataillon, et leur marquèrent l'emplacement assigné à leurs troupes respectives. A 7 heures, l'armée tout entière était à l'ouvrage. Le drapeau de chaque régiment, arboré au-dessus des retranchements, indiquait aux soldats la part qui leur était dévolue. Les officiers, uniformes à terre, en bras de chemise, une hache à la main, abattaient, ébranchaient et traînaient les arbres comme de simples manœuvres. Chaque soldat, saisi de cette fièvre belliqueuse qu'inspire un extrême danger qu'il est résolu d'affronter, travaillait avec une ardeur incroyable. Les troncs d'arbres, entassés et enchevêtrés les uns avec les autres, en zigzags, suivant les élévations du coteau, s'élevèrent bientôt à hauteur d'homme. Au sommet, des encochures faites sur les arbres formaient deux et, en quelques endroits, trois rangées de meurtrières. Sur certains points, des sacs de terre, avec des interstices pour servir d'embrasures, couronnaient le retranchement. Les angles saillants et rentrants, entremêlés de lignes droites, permettaient au feu de la mousqueterie d'embrasser tout le front d'attaque. De chaque côté, suivant le plan adopté et tracé les 1er et 2 juillet, le retranchement se prolongeait en arrière en longeant la crête du plateau, formant ainsi un demi-cercle. L'inclinaison du sol en avant formait un glacis naturel, tandis qu'à droite et surtout à gauche le terrain était accidenté. Au delà des retranchements, les arbres furent abattus jusqu'à portée du fusil et tournés la tête en avant, à côté des souches, pour embarrasser la marche de l'ennemi, mettre le désordre dans ses rangs et l'arrêter sous les coups de fusil. Enfin, au pied même des remparts, de gros arbres renversés et entrelacés, les branches affilées en pointes, présentaient leurs mille dards aux assaillants.

Les quatre cents Canadiens qui prirent part à l'action avaient eu leur place marquée « dans la plaine de droite et s'y retranchèrent de la même manière, sous la protection du retour le long de l'escarpement ». Dans la plaine de gauche étaient les deux compagnies de volontaires de Bernard et de Duprat. Enfin les canons de Carillon étaient dirigés à la fois sur le débarquement et sur la plaine de droite, en cas que l'ennemi vînt prendre l'armée en flanc. Telle fut l'ardeur mise à ces travaux, que la ligne se trouva le soir même en état de défense.

Toute la journée les volontaires avaient fait le coup de feu avec les troupes légères des Anglais, qui protégeaient leur avant-garde occupée à élever l'un devant l'autre des retranchements, dont les plus proches étaient à la portée du canon. Abercromby avait fait transporter en même temps au-dessous de la Chute plusieurs berges et des pontons montés de deux canons, qui devaient battre le camp retranché des Français par eau, pendant qu'il serait attaqué par terre.

Au crépuscule, pendant que les troupes françaises se reposaient de leur rude journée, elles firent éclater leur joie par des hourras, en apprenant que trois cents hommes du renfort amené par M. de Lévis venaient de débarquer, et que le chevalier lui-même serait à Carillon dans quelques heures avec le reste de son détachement. Lévis, à lui seul, valait une armée. En descendant à terre avec les premières berges, le capitaine Pouchot, voyant des tentes dressées autour du fort, crut que l'armée y était campée; mais il apprit bientôt qu'elle couronnait la hauteur. En gravissant la déclivité, il avisa dans un groupe le marquis de Montcalm. Le général, en lui pressant la main, lui fit parcourir les retranchements. Pouchot ne put retenir son étonnement à la vue des travaux prodigieux faits en si peu de temps, et il confirma le général dans l'idée qu'il pouvait tenir, malgré l'énorme disproportion des forces.

Vers 3 heures du matin, Montcalm, averti de l'arrivée du chevalier de Lévis, courut à sa rencontre avec tout l'empressement qu'inspiraient sa vive amitié et la situation. Les deux héros s'embrassèrent avec effusion et se félicitèrent d'avoir à combattre l'un à côté de l'autre. Lévis approuva toutes les dispositions prises par Montcalm. Les renforts que le chevalier amenait avec lui achevaient de débarquer, et défilaient en criant : « Vive notre général! »

Le matin du 8 juillet, de cette journée qui allait être désormais la plus glorieuse date de nos annales, le tambour battit aux champs aux premières lueurs de l'aurore. Officiers et soldats, endormis tout habillés, sortirent en même temps de leurs tentes et rentrèrent dans les rangs. Chaque bataillon fut dirigé vers la partie des retranchements qui lui était assignée pour la défense : la Sarre et Languedoc, avec deux piquets arrivés de la veille, à la gauche; au centre, le 1er de Berry et Royal-Roussillon avec le reste des piquets du chevalier de Lévis; à la droite, Guyenne, Béarn et la Reine. La plaine, dont l'étendue, depuis l'escarpement de la droite jusqu'au lac, était aussi large que tout le front du camp retranché, fut confiée aux Canadiens. Les deux compagnies de volontaires eurent à défendre, vers l'extrême gauche, une trouée percée entre l'aile du retranchement et la rivière à la Chute. Chaque bataillon avait derrière lui une compagnie de grenadiers et un piquet de réserve, pour l'appuyer au besoin et se porter aux endroits menacés. Le chevalier de Lévis avait le commandement de la droite:

le colonel de Bourlamaque, celui de la gauche; le marquis de Montcalm se réserva le centre, pour surveiller l'action générale. Le 2ᵉ bataillon de Berry, à l'exception de ses grenadiers, restait à Carillon, aux ordres de M. de Trécesson. Le chiffre total des combattants ne s'élevait qu'à trois mille cinq cent six. Ces dispositions réglées et la ration prise avec bonne humeur et cette gaieté qui sont les qualités distinctives du soldat français au feu, toute l'armée se remit au travail des retranchements, perfectionnant les abatis, construisant deux batteries à gauche et une redoute à droite, qui ne purent être terminées qu'après l'action. Un coup de canon était le signal convenu pour que chaque soldat courût à son poste.

Vers 10 heures du matin, le flanc de la montagne du Serpent à sonnettes, qui domine Carillon, au delà de la rivière à la Chute, se couvrit de tirailleurs ennemis : c'était un parti de quatre cent cinquante sauvages aux ordres de sir William Johnson, arrivé le jour même, et quelques troupes légères détachées par Abercromby pour inquiéter notre gauche. Ils firent un feu de mousqueterie soutenu, mais inoffensif; car les balles n'arrivaient qu'au bord de la falaise, la plupart même tombaient dans la rivière. On ne prit point la peine d'y répondre, et le travail n'en fut pas dérangé. Après s'être amusés quelque temps à cette fusillade, les sauvages passèrent le reste du jour à regarder en spectateurs oisifs les péripéties de la bataille.

Au moulin de la Chute, les Anglais étaient loin de montrer l'activité de la petite armée française. Il était tard dans la matinée quand l'ingénieur en chef Clerk, envoyé sur la montagne du Serpent à sonnettes pour examiner les ouvrages de Carillon, revint faire son rapport. Autant qu'il avait pu en juger à distance, ces travaux pouvaient être emportés d'assaut. Abercromby se décida alors d'attaquer sans délai et mit son armée en mouvement. En tête marchaient les rangers, suivis de l'infanterie légère et des marins de Bradstreet; puis venaient les régiments de la ligne, précédés de quelques troupes de milice.

A midi, l'avant-garde déboucha à l'orée du bois et commença un feu d'escarmouche. A ce bruit, les soldats français, sans attendre le signal, jetèrent leurs outils et se précipitèrent vers les retranchements. En un clin d'œil, les lignes blanches de leurs compagnies se dessinèrent à triple rang tout le long de la ceinture grise des abatis, au-dessus desquels flottaient les drapeaux de chaque bataillon. C'était pour la première fois que celui de Berry voyait le feu en Amérique. Parmi ceux qui couronnaient les retranchements de la droite défendue par les Canadiens, il en était un auquel nos milices attachaient un grand prix. C'était un don offert par les dames canadiennes : fait d'une riche étoffe, il portait au centre, sur un fond d'azur semé de lis, une image de la sainte Vierge, que ces dames avaient brodée de leurs propres mains.

Pendant que les miliciens allongeaient les canons de leurs fusils dans les embrasures, Lévis parcourut leurs lignes, s'arrêtant devant chacun des officiers commandants, MM. de Raymond, de Saint-Ours, de Gaspé, de La Naudière, leur ordonnant de veiller à ce que chaque soldat ne tirât jamais sans viser un ennemi. Au centre et à gauche, Montcalm et Bourlamaque réitérèrent les mêmes ordres.

En ce moment, nos grand'gardes et nos compagnies de grenadiers, qui tiraillaient en avant du camp, furent ramenés vivement à coups de fusil par les rangers et les troupes légères. Elles rentrèrent néanmoins en bon ordre par les barrières, qui furent aussitôt refermées. Une seule, la grand'garde de droite, qui s'était attardée à faire le coup de feu, trouva les portes fermées et fut obligée de sauter par-dessus le parapet.

C'était le prologue de la bataille. Toute la lisière de la forêt, depuis l'extrême gauche jusqu'à la droite, se couvrait d'uniformes bleus, tandis qu'en arrière, vis-à-vis des trouées ouvertes dans leurs rangs, émergeaient du bois en plein soleil trois colonnes d'habits rouges et une quatrième dont les couleurs bariolées indiquaient un régiment écossais. On entendait distinctement le commandement des officiers criant sur toute la ligne : *Fire !* De formidables décharges de mousqueterie se succédaient sans interruption, mais les Français n'y répondirent pas; car, le feu dirigé de loin, les balles arrivaient à peine, pas une ne portait dans leurs rangs. A ce silence, on aurait pu croire les retranchements abandonnés.

Cependant les colonnes rouges et celle des Écossais approchaient fièrement au pas, se tenant presque toujours à la même hauteur, malgré les obstacles de toutes sortes qui gênaient leur marche. Les deux premières appuyèrent à la gauche des retranchements, et s'avancèrent l'une contre la Sarre et Languedoc, l'autre contre Berry; les deux autres menacèrent la droite ; celle qui était près du centre marchait sur Royal-Roussillon et Guyenne ; la dernière, sur Béarn et la Reine.

Quand elles furent à bonne portée de fusil, toute la ligne des retranchements se couvrit d'un nuage de fumée, et plus de trois mille balles grêlèrent sur la tête des colonnes, dont les premiers rangs furent couchés à terre. Elles continuèrent le feu cependant sans s'ébranler ; mais tandis que la plupart de leurs balles venaient s'enfoncer dans les troncs d'arbres des abatis, celles des Français, dirigées avec précision, renversaient des lignes entières. « C'était un feu d'enfer. » disait un officier anglais échappé à cette mêlée, et qui entendait les projectiles siffler autour de ses oreilles.

Sous cet ouragan de plomb, les colonnes commencèrent à vaciller ; puis, reprenant courage à la voix de leurs officiers, elles se reformèrent et revinrent à la charge en faisant feu à mesure qu'elles avançaient. Le général Abercromby, qui se tenait au moulin de la Chute, une demi-lieue plus loin, avait donné ordre d'emporter la position à la baïonnette. L'armée, infatuée comme son chef et comme frappée de vertige depuis la mort de Howe, ne songeait qu'à pousser de l'avant, se croyant sûre de vaincre. Mais la forêt d'arbres renversés, dont les branches flétries étaient entrelacées, retardait la marche et mettait le désordre dans les rangs et dans la fusillade. Les morts et les blessés, qui tombaient de toutes parts, achevaient la confusion. L'élévation qui conduisait aux remparts de troncs d'arbres, où le soldat n'apercevait que des jets de feu avec des taches de fumée vomissant la mort, semblait de plus en plus inaccessible.

Cependant les abatis, qui donnaient un si grand avantage aux assiégés, avaient leur inconvénient : ils servaient d'abri à une nuée de tirailleurs ennemis, répandus sur les ailes et dans les intervalles de chaque colonne. Plus adroits que les troupes de la ligne, ces francs-tireurs, cachés derrière les souches et les arbres, faisaient un feu meurtrier qui éclaircissait les rangs des Français; mais ceux-ci ripostaient avec une justesse de tir plus admirable encore.

« Impossible, raconte le capitaine Desandrouins, de trouver plus de sang-froid et de bravoure qu'on en vit ce jour-là dans le soldat. J'ai été témoin qu'aucun ne tirait son coup sans viser son homme, et que la plupart attendaient souvent un assez long temps de voir paraître un tirailleur, posté derrière une souche, pour ne pas le manquer, quoique les balles plussent dru comme grêle. »

La tête d'une des colonnes parvint jusqu'aux chevaux de frise improvisés qui défendaient le pied des retranchements; mais là elle se trouva arrêtée par leurs milliers de branches aiguisées, qu'elle chercha en vain d'arracher ou de franchir, pendant que de front, de droite et de gauche, elle était criblée de balles. Après une heure de cette lutte acharnée, au milieu d'un incroyable crépitement de mousqueterie, les quatre colonnes furent rejetées jusqu'à la lisière du bois.

Abercromby, toujours au moulin de la Chute, envoya l'ordre de renouveler l'attaque. Le feu des tirailleurs recommença avec une nouvelle furie, et les baïonnettes des régiments s'abaissèrent en miroitant au soleil, au cri de : *Forward!* des officiers, entendu distinctement dans le camp. Cette fois, la tactique de leurs commandants avait changé : les deux colonnes de leur droite s'élancèrent vers la trouée gardée par les deux compagnies de volontaires. Les deux autres assaillirent l'angle droit des retranchements. Le choc fut terrible : la tête des colonnes tourbillonnait sous la tempête, sans arrêter les survivants, qui, enjambant par-dessus les morts, continuaient à combattre avec la ténacité britannique. Les montagnards écossais, toujours braves entre les braves, se faisaient tuer à quelques pas du camp. C'était pitié de voir tomber ces beaux géants qui, après s'être battus à Culloden, n'auraient pas voulu, en Europe, croiser la baïonnette avec les Français. Leur taciturne commandant, Duncan Campbell, sûr de marcher à la mort depuis que, la nuit précédente, il avait cru voir le fantôme d'Inverawe, ne s'avança pas moins avec le courage du désespoir.

De leur côté, les Canadiens tiraient à toute volée, avec la précision d'hommes accoutumés à la chasse. Seuls de tous les assiégés, ils firent plusieurs sorties. Les plus intrépides d'entre eux, MM. de Langy, de Nigon, de La Ronde en tête, sautèrent par-dessus les retranchements et, s'éparpillant à la manière indienne le long du bois, ouvrirent un feu terrible sur le flanc des ennemis. Ramenés dans leurs retranchements par une fusillade d'enfer lancée contre eux, ils réitérèrent à plusieurs reprises leurs sorties, signalées chaque fois par d'horribles trouées dans les colonnes anglaises. Ce fut grâce à ces sorties, d'après

Pouchot, que les ennemis, qui auraient pu aisément tourner le camp par son extrême droite, « s'ils avaient connu le terrain et la facilité d'y pénétrer, » n'osèrent jamais s'y aventurer.

Le chevalier de Lévis dirigeait ces attaques avec le même calme que s'il eût été à la parade. Au centre, le marquis de Montcalm donnait ses ordres sous les balles, avec le sang-froid et la sûreté de commandement d'un vieux général.

Il faisait une chaleur étouffante, et, dès le commencement de l'action, le marquis avait enlevé son uniforme en disant avec un sourire à ses soldats : « Mes amis, il va faire chaud aujourd'hui. »

Derrière lui, à sa portée, étaient massées les huit compagnies de grenadiers qu'il dirigeait tantôt sur un point, tantôt sur un autre, suivant les besoins. Sur la gauche, le colonel Bourlamaque se multipliait avec sa bravoure ordinaire et reçut à la tête une blessure dangereuse. Il fut remplacé dans le commandement par M. de Senezergues, qui ne lui cédait ni en vaillance ni en habileté.

« J'avais demandé, dit Desandrouins à M. le marquis de Montcalm, dès le commencement de l'affaire, la permission de lui servir d'aide de camp, et, comme j'allais de la droite à la gauche continuellement, les soldats me demandaient des nouvelles de ce qui se passait, et, comme j'étais dans une aile, je leur criais : « Dans l'autre aile, il y a plus de quinze « cents Anglais le ventre en l'air ; les autres sont en « déroute, et leur colonne n'ose plus s'y montrer. « Il n'y reste que de méchants tirailleurs, derrière « les souches, qu'on s'amuse à démonter. » J'avais le plaisir aussitôt de voir paraître les plus vifs transports de joie et de les entendre s'animer au combat par des cris de : Vive le roi ! »

Le centre, resté plus tranquille pendant ces attaques de flanc, craignait à chaque instant d'être tourné :

« Prenez garde à la gauche! criait-on à droite.

— Prenez garde à la droite! » répondait-on à gauche.

Vers 3 heures, une vingtaine de bateaux et deux pontons, avec du canon et des tirailleurs, parurent à l'embouchure de la Chute dans le but de prendre notre gauche à revers. Ils furent salués par les salves des volontaires et des grenadiers de Poulariés, qui bordaient le pied de l'escarpement, et par le canon du fort, qui coula deux des bateaux et mit le reste en fuite.

En ce moment, la scène de carnage était indescriptible. A l'intérieur du camp, toute la ligne des retranchements était jonchée de morts et de blessés. Au dehors, sur toute la circonférence du camp, les cadavres gisaient par centaines en masses plus ou moins compactes, selon l'acharnement du combat : les uns couchés en travers sur les arbres renversés, les autres accrochés à leurs rameaux, plusieurs se tordant encore dans les derniers spasmes de l'agonie. Des colonnes en désordre se portaient tantôt à droite, tantôt à gauche, cherchant un point vulnérable au milieu du tonnerre des décharges, du sifflement des balles et des cris secs du commandement, des vociférations des soldats avançant ou reculant dans un fouillis inextricable de feuillages et de branches.

Un curieux incident eut lieu durant l'une de ces attaques. Comme les enseignes de Guyenne agitaient leurs drapeaux chaque fois qu'on criait : Vive le roi ! la colonne qui marchait vers ce régiment crut que c'était un signal de capitulation. Une vingtaine de soldats s'approchèrent en faisant signe de leurs chapeaux et en criant : *Quarter !* Les Français hésitèrent un instant, puis répondirent : « Armes bas ! armes bas ! » en se montrant à mi-corps au-dessus du retranchement. Ces Anglais, ne sachant probablement pas le français, ne comprirent pas et continuèrent d'avancer sans obéir à l'injonction.

« Alors, dit Desandrouins, qui rapporte cet incident, Guyenne, dont les flammes vertes et isabelle avaient fait cette illusion, tira une bordée de front, tandis que Royal-Roussillon fusilla de flanc ces pauvres gens, qui s'imaginaient que les drapeaux flottants étaient de notre part un signe qu'on se rendait. »

Pouchot, qui rapporte le même fait, lui donne une cause différente, laquelle cependant peut se concilier avec la première.

« Le capitaine de Bassignac, de Royal-Roussillon, attacha, dit-il, un mouchoir rouge au bout d'un fusil et l'agita en signe de défi au-dessus du rempart. »

Les Anglais, selon lui, approchèrent en tenant leurs fusils en travers à deux mains et en criant : *Quarter !* Les Français, de leur côté, croyant à une reddition, cessèrent le feu et montèrent sur les retranchements à leur rencontre. Pouchot, qui en ce moment était venu demander de la poudre et des balles à M. de Fontbonne, l'entendit dire à ses soldats :

« Dites-leur de quitter leurs armes, et on les recevra. »

Pouchot, apercevant alors des soldats perchés sur le retranchement, jeta un coup d'œil en dehors pour en savoir la cause, et vit que les Anglais n'avaient nulle envie de se rendre. Il se mit à crier de toutes ses forces :

« Tirez ! tirez ! ne voyez-vous pas que ces gens-là vont vous enlever ? »

Sans descendre des remparts, les Français firent feu, et l'action recommença.

Les Anglais ne manquèrent pas de crier à la trahison.

« Une autre trahison des Français, écrivit un Anglo-Américain, c'était d'élever leurs chapeaux au bout de leurs fusils pour s'amuser à voir les francs-tireurs les percer de leurs balles. »

Pendant que ceci se passait à la droite, au centre, le bataillon de Berry, en grande partie composé de jeunes recrues, faiblit un moment devant une légion d'assaillants et abandonna le parapet. Les compagnies de grenadiers accoururent en toute hâte et les ramenèrent si promptement, que l'ennemi ne s'aperçut pas de ce recul.

« Des cris de : « Vive le roi ! Vive notre général ! » éclataient en ce moment sur le chemin de Carillon ; c'était une troupe de trois cents Canadiens et soldats de la marine qui venaient de débarquer, et qui accouraient au secours de leurs camarades. Ils furent échelonnés immédiatement le long des retranchements de l'extrême droite.

Cependant le jour commençait à baisser. Le soleil

allait bientôt disparaître derrière les montagnes, dans un ciel aussi pur et aussi calme qu'à son lever. Les paisibles clartés que ses rayons obliques jetaient sur le plateau de Carillon semblaient une muette protestation de la nature contre les scènes d'horreur qui s'y passaient. Le général Abercromby arriva enfin sur le champ de bataille, furieux des échecs réitérés de son armée. Avant de s'avouer vaincu, il voulut tenter un suprême effort. Il réunit ensemble les deux colonnes de sa gauche et les lança sur l'angle droit des retranchements. Les deux colonnes de sa droite, également réunies dans un même corps, se précipitèrent au fond du ravin qui borde la rivière à la Chute, et vinrent donner contre la trouée déjà si bien défendue par les volontaires de Bernard et de Duprat. Aucune des attaques précédentes n'avait été faite avec autant d'impétuosité et d'acharnement. Les volontaires, soutenus des grenadiers et du feu plongeant que faisaient du haut de l'escarpement la Sarre et Languedoc, finirent par repousser l'ennemi. Mais au rempart de la droite le danger devint imminent : la colonne anglaise et celle des montagnards d'Écosse, combattant côte à côte, rivalisaient d'audace et d'impassible opiniâtreté. Il y avait en présence l'orgueil national de deux races naguère ennemies et se redoutant encore. La fierté britannique aurait été humiliée de se voir vaincue en bravoure par les highlanders, fût-ce par les plus valeureux de leur clan. Les Écossais, de leur côté, sentaient qu'ils étaient les mêmes qu'au temps de Robert Bruce et voulaient le prouver. Cette colonne à double tête semblait avoir une poussée irrésistible. A mesure que les premiers rangs tombaient, les survivants montaient sur les cadavres. Foudroyés à leur tour, ceux-ci étaient remplacés par d'autres. Ils n'étaient plus qu'à quinze pas du retranchement ; s'ils parvenaient à l'escalader, une avalanche les suivait, et la journée était perdue.

« A droite ! à droite ! Tirez à droite ! » crient nos soldats. Guyenne, Béarn et la Reine, qui défendent le redan, vont être écrasés. Montcalm a vu le danger, il accourt avec ses grenadiers. Un instant leur triple rangée de baïonnettes brille au-dessus du parapet, puis s'abaisse. Un rempart de flammes, de fer, de plomb, de fumée, enveloppe les retranchements : Anglais et montagnards tombent pêle-mêle.

Les montagnards surtout sont décimés. La moitié de leur régiment, vingt-cinq de leurs officiers, sont tués ou blessés ; mais les mourants crient à leurs compagnons de marcher en avant et de faire triompher le drapeau. Le major Campbell d'Inverawe voit se réaliser son pressentiment. Atteint d'une blessure mortelle, il est transporté hors du champ de bataille par ses frères d'armes.

Malgré leurs pertes énormes, les ennemis semblaient se multiplier et s'acharnaient à franchir la barrière de plomb qui les arrêtait. Montcalm, tête nue, les traits enflammés, des éclairs dans les yeux, dirigeait la défense en personne sur la ligne menacée et s'exposait comme le dernier de ses soldats. Lévis, toujours impassible, quoique deux balles eussent déjà traversé son chapeau, le secondait avec cette justesse de coup d'œil qui faisait pressentir le futur héros de Saint-Foye.

Le moment était critique : le feu prenait aux

retranchements, et il fallait que des braves s'exposassent au danger, presque certains d'être tués, en sautant sur le revers pour aller l'éteindre. En prévision de cet accident, des barriques d'eau étaient toujours en réserve. Les troupes, qui combattaient sans répit depuis plus de quatre heures, étaient accablées de chaleur et de fatigue. A force de tirer, les fusils se rougissaient ; il fallait les changer pour d'autres. Et les Anglais ne reculaient pas.

Tout à coup, à l'extrême droite, un cri se fit entendre : « En avant, Canadiens ! » Le chevalier de Lévis venait de leur ordonner une sortie. Leur nombre était maintenant de sept cents, grâce aux renforts arrivés. Une nuée de coureurs des bois s'élancent par-dessus les retranchements, se répandent au milieu des abatis et sur la lisière du bois. Leurs vaillants officiers sont à leur tête. De la plaine qu'ils occupent ils dirigent le feu sur le flanc de la colonne qui s'allonge au bord du coteau, d'où elle menace le redan. Ces Canadiens, accoutumés à faire la chasse à l'homme, ne perdent pas une de leurs balles et font dans les rangs ennemis des trouées qui se referment aussitôt. Mais ce feu devient si meurtrier, que la colonne est obligée d'incliner à droite pour y échapper, et elle va donner plus au centre contre Royal-Roussillon. Efforts inutiles ! la tempête de plomb l'enveloppe de front, de droite et de gauche, et elle est enfin rejetée au bord de la forêt. La dernière sortie des Canadiens avait été décisive. C'est sans doute l'habileté de leur tir dans la position avantageuse qu'ils se donnaient par leurs fréquentes sorties, et aussi la crainte qu'ils inspiraient, comme les sauvages, dans ce genre de combat où ils n'avaient pas d'égaux, qui empêchèrent les ennemis de pousser une attaque directe dans la plaine ouverte qu'ils occupaient[1].

Vers 6 heures, une dernière attaque fut aussi infructueuse que les précédentes, et, à partir de ce moment jusqu'à 7 heures et demie, il n'y eut plus qu'un feu de tirailleurs intermittent pour masquer la retraite définitive de l'armée anglaise. Sous le couvert de cette fusillade, faite par les rangers et les francs-tireurs coloniaux abrités dans les plis du terrain, derrière les abatis ou sur la lisière du bois, une partie des blessés furent enlevés et transportés à la Chute, où l'armée se retirait en désordre.

Quelques soldats de Béarn, à l'insu de leurs officiers, sautèrent par-dessus les retranchements en criant : « Tue! tue! » et attaquèrent des tirailleurs cachés derrière des arbres, les mirent en fuite, firent quelques prisonniers, dépouillèrent quelques morts et rentrèrent triomphants.

Le crépuscule d'une magnifique nuit de juillet étendit son voile mystérieux sur l'hécatombe humaine couchée autour du camp de Carillon. Parmi les officiers français qui avaient trouvé une mort héroïque dans cette immortelle journée, et qui gisaient dans leur sang, sur le gazon, se voyaient le brillant chevalier du Coin, capitaine dans Royal-Roussillon; de

---

[1] En parlant des sorties des Canadiens, M. de Lévis dit qu'il les « fit répéter plusieurs fois pendant tout le temps que l'ennemi attaqua la droite des hauteurs ». *Journal*, p. 137. « Ils s'y comportèrent avec beaucoup de zèle et de courage, » ajoute-t-il ailleurs, p. 141. — Cf. *Journal de Malartic*, p. 186.

Fréville et le chevalier de Parfouru, le premier capitaine, le second lieutenant dans Languedoc; le brave Dodin, lieutenant des grenadiers, et huit autres officiers de divers grades. Deux autres étaient blessés mortellement. Le chiffre total des morts était de cent quatre, et deux cent quarante-huit blessés. Le colonel Bourlamaque, comme on l'a vu, avait été atteint dangereusement; Bougainville, Malartic, de Montgay et l'intrépide d'Hébécourt, légèrement.

Les Anglais avouèrent une perte de dix-neuf cent quarante-quatre hommes, officiers et soldats[1]. Mais les Français ont toujours persisté à dire que cette perte avait été beaucoup plus considérable.

« On sait, dit Pouchot, qu'on doit peu compter sur leurs relations. Le gouvernement, ayant plus à ménager qu'en France les esprits, ne cherche qu'à les tromper, soit en augmentant ses victoires, soit en diminuant ses défaites. »

Montcalm, couvert de poussière, mais la figure illuminée de joie, parcourut avec son ami Lévis toute la ligne des retranchements, félicita les soldats de leur noble conduite et leur fit distribuer de l'eau-de-vie, du vin et des rafraîchissements.

Toute l'armée, après avoir nettoyé ses armes, coucha le fusil au côté, le long des retranchements, de crainte d'une surprise nocturne; car l'ennemi avait encore une telle supériorité numérique, que l'on n'osait croire à une retraite définitive. Mais les sentinelles placées aux avant-postes n'entendirent, durant

---

[1] C'est le chiffre indiqué par Abercromby dans son rapport officiel. (*Public Record Office. Am. and W. Indies. Abercromby à Pitt. 12 juillet 1758.*)

le cours de cette belle nuit étoilée, que les gémissements de quelques blessés agonisant sur le champ de bataille et les cris sinistres des oiseaux de proie planant au-dessus des cadavres.

A l'aube du jour, Montcalm, déjà sur pied, fit battre la générale et border les retranchements. Les Anglais, à la Chute, sachant qu'il attendait des renforts considérables, crurent qu'il marchait contre eux et précipitèrent leur fuite. Pendant qu'on ramassait les blessés abandonnés sur le champ de bataille et qu'on perfectionnait le camp retranché, les volontaires détachés en avant revinrent avec la nouvelle que les retranchements élevés par les ennemis à mi-chemin de la Chute étaient abandonnés. Ce jour-là, faute de sauvages, on ne put envoyer plus loin à la découverte. Mais, dès l'aurore du 10, le chevalier de Lévis sortit du camp avec les grenadiers, les volontaires et cent Canadiens. Il trouva à la Chute les ruines fumantes du moulin incendié, et partout, jusqu'au Portage, les débris d'une retraite précipitée, des blessés gisant au bord du chemin, de grandes quantités de haches, de pioches, de souliers abandonnés dans un bourbier, beaucoup de quarts de farine éventrés et cent cinquante jetés à la rivière, qu'il fit retirer et porter à Carillon. On découvrit même plusieurs jours après, dans la forêt, aux environs du Camp-Brûlé, un grand nombre de cadavres sur des civières. Telle avait été la panique des vaincus, qu'ils y avaient abandonné ces malheureux blessés, morts depuis sans aucun secours. Des éclaireurs envoyés jusque vers le milieu du lac s'assurèrent qu'il était libre. L'armée d'Abercromby, qui avait descendu ce même lac en chantant des airs de triomphe anticipé, l'avait remonté précipitamment quatre jours après, vaincue, découragée, couverte de confusion. Elle ne s'était crue en sûreté qu'après être rentrée dans ses retranchements à la tête du lac, où elle continuait à se fortifier.

Le 9 au matin, Montcalm avait chargé son aide de camp, M. de La Rochebeaucour, d'aller porter au gouverneur un récit abrégé de la victoire; il lui annonçait, en même temps, « qu'il se mettait en mesure de recommencer ce matin-là, si les Anglais en avaient envie. » Puis il ajoutait :

« Les Canadiens nous ont fait regretter de n'en avoir pas en plus grand nombre. M. le chevalier de Lévis s'en loue beaucoup; M. de Raymond et les autres officiers, de Saint Ours, de La Naudière, de Gaspé, se sont signalés. Je n'ai eu que le mérite de me trouver général de troupes aussi valeureuses. »

En passant à Chambly, à 3 heures du matin, M. de La Rochebeaucour alla frapper chez M. Péan pour lui annoncer la victoire.

« Il m'a pensé faire mourir subitement, écrivit celui-ci au chevalier de Lévis. Il m'a trouvé encore endormi... Je me réveille en sursaut, et la première chose que je lui demande fut : « Quelles nouvelles? » Il me dit : « Elles sont bonnes, et M. le chevalier de « Lévis a reçu deux balles. » Je fis sur-le-champ un cri que je ne pus retenir; mais il acheva : « Dans « son chapeau. » Je vous assure que j'ai senti dans ce moment comment je vous suis attaché. »

Le 12 au matin l'armée française, rangée en bataille sur le plateau de Carillon, chanta l'hymne de la victoire au bruit des fanfares, des tambours et du canon. Une grande croix, dressée par ordre de Montcalm, portait cette inscription que lui-même avait composée, et dont il avait écrit au-dessous la traduction en vers français :

> Quid dux? quid miles? quid strata ingentia ligna?
> En signum! en victor! Deus hic, Deus ipse triumphat.
>
> Chrétien, ce ne fut point Montcalm et sa prudence,
> Ces arbres renversés, ces héros, leurs exploits,
> Qui des Anglais confus ont brisé l'espérance :
> C'est le bras de ton Dieu vainqueur sur cette croix.

Le temps n'a pas respecté ce monument éphémère. Le fort lui-même a été démantelé ; mais le nom de Carillon est resté à jamais inscrit dans nos fastes militaires. Le drapeau arboré par les milices canadiennes au jour de la bataille fut rapporté troué de balles et suspendu aux voûtes de l'église des récollets de Québec. Échappé presque miraculeusement à l'incendie de cette église, en 1796, il a été conservé depuis comme une précieuse relique d'un autre âge. Aux jours des solennités publiques, quand les Canadiens veulent rappeler les exploits de leurs pères, ils promènent en triomphe le drapeau de Carillon.

Montcalm s'était d'abord livré à tout l'enivrement de la victoire. Sur le champ de bataille même, au moment où, à 8 heures du soir, les derniers tirailleurs anglais, chassés des abatis, se repliaient sur leur arrière-garde, il écrivit, probablement sans autre appui qu'un tambour, les lignes enthousiastes qui suivent, adressées à M. Doreil, commissaire des guerres, alors à Montréal. Ce petit billet, qui semble voir gardé l'odeur de la poudre, fut confié encore humide au chevalier Le Mercier, choisi à l'instant même pour accompagner M. de La Rochebeaucour.

« L'armée et trop petite armée du roi vient de battre ses ennemis. Quelle journée pour la France ! Si j'avais eu deux cents sauvages pour servir de tête un détachement de mille hommes d'élite, dont j'aurais confié le commandement au chevalier de Lévis, il n'en serait pas échappé beaucoup dans leur fuite. Ah ! quelles troupes, mon cher Doreil, que les vôtres ! Je n'en ai jamais vu de pareilles. »

Le marquis ajoutait dans son rapport au ministre :

Le succès de la journée est dû à la valeur incroyable de l'officier et du soldat... Les officiers qui composaient cette armée ont donné de si grandes preuves de courage, que chacun d'eux mériterait un éloge particulier. »

L'ivresse du général et de son armée avait été d'autant plus vive, que le succès était plus inespéré. Mais quand la fumée du combat fut dissipée, quand les dernières notes de l'hymne triomphale se furent évanouies, l'enthousiasme s'affaiblit peu à peu au contact des difficultés du présent et des menaces de l'avenir. On en trouve l'expression dans ce passage de Montcalm au maréchal de Belle-Isle (12 juillet) :

Si jamais il y eut un corps de troupes digne de grâces, c'est celui que j'ai l'honneur de commander. Aussi je vous supplie, monseigneur, de l'en combler. Pour moi, je ne vous en demande pas d'autre que de me faire accorder par le roi mon retour. Ma santé s'use, ma bourse s'épuise. Je devrai, à la fin de l'année, dix mille écus au trésorier de la colonie. Et, plus que tout encore, les désagréments, les contradictions que j'éprouve, l'impossibilité où je suis de faire le bien et d'empêcher le mal, me déterminent à supplier Sa Majesté de m'accorder cette grâce, la seule que j'ambitionne...

« En attendant d'obtenir cette grâce, je servirai comme j'ai fait jusqu'à présent. Si cette journée peut me procurer quelque gloire, je la partage avec MM. de Lévis et de Bourlamaque. »

La cour de Versailles connaissait déjà l'antagonisme qui existait entre le gouverneur et Montcalm. Celui-ci, vainqueur dans chacune des trois campagnes qu'il avait conduites au Canada, montrait, en demandant son rappel, qu'il était aussi fin politique qu'excellent général. Sachant bien que jamais la cour ne consentirait à l'enlever à son armée dans de telles circonstances, il espérait qu'elle le débarrasserait d'une façon ou d'une autre de l'importun gouverneur, soit en neutralisant son autorité et confiant le contrôle de la guerre à celui qui la dirigeait si bien, soit même en rappelant le marquis de Vaudreuil.

En attendant, la querelle qui les divisait allait s'aggraver encore, éclater au grand jour, partager en deux camps les officiers civils et militaires, et pénétrer jusque dans les rangs inférieurs de l'armée.

Les troupes de ligne étaient justement fières de la victoire de Carillon : c'est à elles qu'en revenait l'honneur, du moins en très grande partie; mais elles en prirent occasion d'affecter un mépris plus insultant que jamais pour les Canadiens, qui avaient contribué pour leur part au succès de la journée, et qui en réclamaient la gloire avec d'autant plus d'âpreté qu'elle leur était contestée. L'animosité, déjà si prononcée entre ces deux corps, devint telle, qu'ils semblaient prêts à en venir aux mains. Vaudreuil, qui en était la première victime, s'en plaignit amèrement. « Il n'a tenu qu'à lui, dit Desandrouins en se déclarant l'un des coupables, d'avoir l'original des lettres qui eussent pu perdre celui qui les avait écrites. Imprudence de nous autres jeunes gens, ajoute-t-il, excités par la jalousie que nous témoignent ceux que nous sommes venus défendre. Il est vrai que nous portons si loin cette fougueuse licence, naturelle aux Français, que dans cette matinée même où M. de Montcalm a assemblé les chefs de ce corps à ce sujet, on a trouvé sur la table de la salle une chanson des plus mordicantes contre le gouverneur général et tout ce qui est colon. »

Desandrouins termine par cette réflexion attristée, qui aurait dû lui ouvrir les yeux à lui-même et le ranger du côté du chevalier de Lévis, le seul des commandants français qui se montrât au-dessus de ces mesquines passions[1] : « Gémissons sur la désunion qui ruine les forts, et à plus forte raison les faibles ! »

Le commissaire des guerres Doreil, ami intime de Montcalm, se signalait par son hostilité contre tout

---

[1] Lévis écrivait au marquis de Paulmy peu de temps auparavant : « Je ne puis toujours que me louer de la confiance et de l'amitié que MM. les marquis de Vaudreuil et de Montcalm me témoignent. » *A M. le marquis de Paulmy*, 22 avril 1758.

Qui sait si la colonie n'aurait pas été sauvée, si ces deux hommes avaient profité de ce bel exemple !

ce qui était canadien, et par son acharnement contre Vaudreuil. « La négligence, disait-il au ministre, l'ignorance, la lenteur et l'opiniâtreté du gouverneur, ont pensé perdre la colonie;... l'ineptie, l'intrigue, le mensonge, l'avidité, la feront sans doute périr. » Après plusieurs dépêches écrites avec la même violence, il crut que ses dénonciations avaient fait une assez forte impression sur les ministres pour oser demander le rappel de Vaudreuil et son remplacement par Montcalm.

« Si la guerre doit durer encore, oui ou non; si l'on veut sauver et établir le Canada solidement, que Sa Majesté lui en confie le gouvernement. Il possède la science politique comme les talents militaires. Homme de cabinet comme de détail, il est grand travailleur, juste, désintéressé jusqu'au scrupule, clairvoyant, actif, et n'a en vue que le bien; en un mot, il est homme vertueux et universel... Quand M. de Vaudreuil aurait de pareils talents en partage, il aurait toujours un défaut original : il est Canadien. »

Le gouverneur, entouré d'amis trop officieux, était instruit de toutes les intrigues qui se tramaient autour de lui, et dont l'écho arrivait jusqu'à Versailles. Il finit par en être exaspéré et se laissa entraîner aux mêmes récriminations que ses adversaires.

Dans une lettre au ministre de la marine[1], où éclatait sa jalousie contre Montcalm, il dénonça la conduite du général à son égard et à l'égard des Canadiens. « Ils ne peuvent qu'être rebutés, dit-il,

---

[1] M. de Massiac.

par la façon dont il les fait servir... Ils ont rendu les plus grands services; maintenant on les avilit par la dureté avec laquelle on les commande... Ils acceptent sans murmurer les corvées dont on les charge continuellement; ils ne demandent pas mieux que d'être placés dans les lieux les plus exposés, soit dans les campements, les découvertes et même à la vue de l'ennemi. Ils se sont distingués dans la journée du 8... M. le marquis de Montcalm, oubliant sans doute l'éloge qu'il m'avait fait d'eux, ne leur rendit pas la même justice dans la relation qu'il m'envoya; il prit, au contraire, un soin particulier de taire leurs actions. Je crois inutile de vous rapporter les propos de M. le marquis de Montcalm à mon égard. Depuis la campagne dernière, j'ai affecté de les ignorer; je l'ai prévenu de politesses; j'ai eu des conférences avec lui pour satisfaire à l'envie qu'il a d'être consulté, quoique j'aie éprouvé plusieurs fois qu'aussitôt que je lui avais fait part de quelque projet, il devenait public... Je passe sous silence toutes les infamies ou propos indécents qu'il a tenus ou autorisés. D'après toutes ces raisons, monseigneur, je croirais manquer à ce que je dois au service du roi et à la confiance dont vous m'honorez, si je ne vous suppliais de vouloir bien demander à Sa Majesté le rappel de M. le marquis de Montcalm. Il le désire lui-même et m'a prié de vous le demander. Bien loin de penser à lui nuire, j'estime, monseigneur, qu'il mérite de passer au grade de lieutenant général... Personne ne rend plus de justice que moi à ses excellentes qualités, mais il n'a pas celles qu'il faut pour la guerre de ce pays. Il est nécessaire d'avoir beaucoup de douceur et de patience pour commander les Canadiens et les sauvages... »

Vaudreuil concluait en désignant le chevalier de Lévis comme le meilleur successeur de Montcalm : « Il réunit en lui toutes les bonnes qualités de l'officier général; il est généralement aimé, et il mérite de l'être. »

Il y eut entre Vaudreuil et Montcalm un échange de lettres et quelques tentatives de rapprochement. « Nous comptions n'avoir tort ni l'un ni l'autre, disait Montcalm; il faut donc croire que nous l'avons tous deux, et qu'il faut apporter quelque changement à notre façon de procéder. »

Les tracasseries excitées entre les chefs par des subalternes intéressés à brouiller[1] empêchèrent le rapprochement.

Dans les colonies voisines, la même antipathie régnait entre les troupes d'Angleterre et celles des provinces, de même qu'entre leurs chefs. La plupart des officiers d'outre-mer étaient des fils de famille, chez qui la morgue britannique était traditionnelle. Ces officiers devaient en général leur grade moins à leurs états de service qu'à leurs privilèges héréditaires. Imbus de préjugés et d'idées exclusives puisés dans les cercles aristocratiques, d'où ils n'étaient guère sortis, ils regardaient avec un superbe dédain tout ce qui n'appartenait pas à leur caste, et plus encore ce qui était étranger à leur île. Les colons d'Amérique, d'un autre côté, non moins attachés à leurs préjugés et à leur esprit local, mais sentant déjà naître parmi

[1] *Bougainville au ministre*, 10 août 1758.

eux un patriotisme nouveau, étaient profondément blessés dans leur orgueil démocratique de trouver des maîtres là où ils n'espéraient voir que des égaux.

Les chefs des troupes régulières aggravaient le mal par leur conduite au lieu d'y remédier; ils ne se donnaient pas même la peine d'inviter aux conseils de guerre les commandants de milices, qui n'étaient pas plus instruits des opérations que les derniers subalternes. On vit des compagnies entières, exaspérées du ton des officiers anglais qu'on leur avait imposés, se débander en un jour et regagner leurs foyers. Le ressentiment de ces affronts se répandit dans les provinces, où il resta gravé dans les esprits et ne fut pas étranger à l'éclatante rupture qui amena l'indépendance des États-Unis.

Le 12 juillet et les trois jours suivants, les divers détachements de troupes coloniales expédiés, par le marquis de Vaudreuil, sous le commandement de son frère Rigaud, vinrent grossir l'armée de Carillon, qui se trouva portée à six mille six cent soixante-neuf combattants, y compris quatre cent soixante-dix sauvages. Ce mouvement, nécessité par les circonstances, rendait inexpugnable pour cette compagne la frontière du lac Champlain, mais avait complètement dégarni celle du lac Ontario, sur laquelle marchait le général Forbes, qui allait bientôt être suivi d'une autre armée dirigée contre Frontenac. Telle était l'infériorité numérique de nos armes et la multitude toujours croissante des ennemis, qu'il n'y avait pas de talent militaire capable d'en arrêter le torrent. La tactique de Montcalm dut se réduire à inquiéter Abercromby pour le retenir dans ses retranchements et à compléter les fortifications de Carillon. L'armée y travailla sans relâche, excepté les jours de pluie et les dimanches, encore pas tous. Les anciennes fortifications furent perfectionnées, de nouvelles furent construites de chaque côté de la plaine qui borde la pointe de Carillon. On fit creuser des fossés, élever des terrassements, dresser des palissades, poser des redoutes, construire des casemates, blinder des ouvrages; on établit plusieurs batteries; on fit de Carillon une position telle, qu'on pût parfaitement s'y défendre en cas d'un retour offensif des Anglais.

Les troupes de la marine et de la milice avaient été formées en deux bataillons de mille hommes chacun, dont le premier, sous les ordres de M. de Rigaud, campait à la Chute. Le second, commandé par M. de La Corne, à la sortie du lac Saint-Sacrement, avait ordre de pousser des découvertes sur le lac pour obtenir des nouvelles de l'ennemi, et d'entretenir des patrouilles dans les bois afin d'éviter d'être surpris. En même temps de forts détachements furent confiés aux meilleurs coureurs des bois pour faire des incursions sur le territoire ennemi.

Le 17 juillet, M. de Courtemanche partit avec deux cents sauvages et autant de Canadiens et de soldats de la marine, remonta le lac Champlain et la rivière au Chicot jusqu'à mi-chemin entre le fort Édouard et le lac du Saint-Sacrement. Les Anglais venaient d'y construire, sous le nom de Halfway's Brook, un nouveau fort pour servir d'entrepôt et protéger leurs convois. Courtemanche y surprit une escorte d'une cinquantaine d'hommes qui passait dans le voisinage, et la mit en fuite. Au bruit de la fusil-

Sauvages et coureurs des bois.

lade, trois cents hommes sortis du fort accoururent à la rescousse. C'était le moment qu'attendait le commandant pour les laisser s'engager dans les bois, les cerner ensuite et les écraser ; mais les sauvages, à leur ordinaire, n'écoutèrent ni ordres ni conseils, se mirent immédiatement à la poursuite, levèrent une vingtaine de chevelures, firent huit prisonniers, et reprirent le chemin de Carillon, où le détachement arriva le 21 suivant. Il n'y avait eu que deux Canadiens et deux sauvages de blessés.

Les dépositions des prisonniers, parmi lesquels il y avait un Iroquois des Cinq-Nations, révélèrent la marche du général Bradstreet, détaché de l'armée d'Abercromby avec un corps de milice considérable, douze pièces de canon et quatre cents sauvages, lesquels remontaient la rivière Mohawk pour se porter sur le lac Ontario. Montcalm et Lévis s'empressèrent de communiquer cette nouvelle alarmante à Vaudreuil, sans pouvoir détacher aucune de leurs troupes au secours de cette frontière menacée.

Le succès de M. de Courtemanche et l'arrivée d'une flottille portant quelques centaines de Népissings et d'Iroquois du lac des Deux-Montagnes, sous la conduite de M. de Saint-Luc, capitaine dans la marine, déterminèrent le marquis de Montcalm à organiser une expédition importante, destinée à aller frapper au même endroit, après avoir suivi la même route. Cette expédition, composée de quatre cents sauvages et de deux cents Canadiens, soldats de la marine ou miliciens, fut confiée au même M. de Saint-Luc, parent de M. de La Corne Saint-Luc, qui commandait en ce moment le corps de milice stationné au Portage.

Le départ de ce détachement, fixé au 22 juillet, fut retardé de deux jours par un incident qui peint bien les mœurs des sauvages et les traits de ressemblance qu'ils avaient avec les héros de l'antiquité. Bougainville, qui paraît avoir été un des officiers de l'armée les mieux nourris des classiques, était extrêmement frappé de ces points de similitude, et en fait la remarque en plusieurs endroits de son *Journal*.

Une joute rappelant les jeux olympiques allait s'engager entre deux tribus rivales : celle des Abénakis et celle des Iroquois. Il s'agissait de l'amusement favori des sauvages, le jeu de la crosse, auquel les guerriers se livraient et se livrent encore dans l'ouest avec toute l'ardeur de leur violente nature, c'est-à-dire avec une fureur voisine de la rage. On jugera de l'importance de cette partie de plaisir par l'enjeu qu'on y avait mis, et dont la valeur s'élevait à mille écus en colliers et en grains de porcelaine.

Aux extrémités du terrain choisi par les chefs, sont plantés deux grands poteaux qui servent de ralliement à l'un ou à l'autre des groupes rivaux. Chaque joueur est armé d'un bâton recourbé en forme de crosse ; au centre est placée une balle que les deux partis se disputent et qu'ils cherchent à lancer sur le poteau de leurs adversaires, en les empêchant de l'approcher du leur.

Il est facile de se représenter la scène curieuse et pittoresque qui animait le plateau de Carillon durant la journée du 23 juillet. Montcalm et Lévis, entourés d'un grand nombre d'officiers, rehaussaient par leur présence ce tournoi d'un nouveau genre et paraissaient y prendre d'autant plus d'intérêt, que les sauvages étaient plus que jamais difficiles à retenir depuis la victoire de Carillon, qu'ils étaient extrêmement jaloux d'avoir vu gagner sans eux. Une foule de soldats désœuvrés de divers régiments, quelques-uns en déshabillé, revenant du travail, faisaient cercle autour des joueurs. Un bon nombre d'Indiens, avec leurs femmes et leurs enfants, appartenant à des tribus étrangères à la lutte, la regardaient en simples spectateurs. Des groupes de Canadiens, des coureurs des bois, accoutumés à de pareilles scènes, y prenaient une moindre part et restaient étendus nonchalamment sur le gazon. Les tentes dressées autour des glacis et des bastions du fort, les huttes des miliciens, les wigwams des sauvages, les palissades, les retranchements, les redoutes qui couronnaient le promontoire, formaient un encadrement en harmonie avec le théâtre naturel où jouaient les farouches acteurs des bois.

Au signal donné, les deux partis s'étaient précipités sur la balle, l'avaient fait rouler quelque temps à leurs pieds, puis l'avaient lancée en l'air et s'étaient mis à sa poursuite avec l'agilité et la vitesse de chevreuils traqués par une meute. Tantôt ils se groupaient pour se disputer la balle, tantôt ils s'éparpillaient pendant qu'elle volait au-dessus de leurs têtes, se bousculant, se culbutant, se prenant corps à corps, luttant les uns contre les autres comme pour un combat à mort, au milieu de cris, de vociférations, d'éclats de voix inouïs. Presque tous le corps nu, n'ayant que le brayet autour de la ceinture, leurs longs cheveux noirs et leurs panaches de plumes flottant au vent, ils ressemblaient, avec leurs visages tatoués, leurs yeux flamboyants, leurs gestes forcenés, à des bandes de sorciers courant au sabbat, ou mieux encore à des démons sortis de l'enfer. Les spectateurs les poursuivaient de leurs applaudissements et de leurs éclats de rire, acclamaient les plus agiles et les plus adroits, et les encourageaient à de nouvelles prouesses. Enfin, après bien des péripéties, des chances variées, la balle, lancée d'un bond irrésistible, alla frapper le poteau et mit fin à la partie. Les vainqueurs, couverts de sueur et de poussière, accablés de fatigue, vinrent recevoir les félicitations des commandants et le prix de leur victoire. Un festin, selon la coutume, termina la fête, et les guerriers, fiers et heureux comme de grands enfants. reprirent les préparatifs de l'expédition.

Le 28 juillet, le parti de M. de Saint-Luc était embusqué entre le fort Édouard et Halfway's Brook. Vers midi, il vit venir un convoi d'une quarantaine de chariots chargés de vivres, de boissons et de marchandises, escortés par cinquante soldats sous les ordres d'un enseigne du régiment de Blackney. Plusieurs femmes, enfants et marchands, faisaient route avec eux.

Avant qu'ils eussent eu le temps de se reconnaître, ils furent cernés, tués ou pris. La charge des chariots fut dispersée et pillée par le détachement. Trois soldats avaient été tués et un Canadien blessé. « Nous avons eu, dit Montcalm, un Iroquois tué et deux blessés. Toujours les Iroquois perdent quelqu'un; c'est que de tous les sauvages ils sont les plus braves. Sarégoa, leur chef de guerre, est celui qui a conduit l'entreprise. Lorsque dans un détachement les sauvages sont les plus nombreux, ils font la loi et décident sans appel. C'est un bonheur quand celui d'entre eux qui est le plus accrédité a une bonne tête, et celle de Sarégoa est très bien organisée. »

En apprenant la mésaventure arrivée à son convoi, Abercromby jeta dans des bateaux un fort détachement de rangers, de miliciens et d'infanterie légère avec Rogers, et leur fit descendre le lac George pour aller couper la retraite à M. de Saint-Luc en traversant l'étroite chaîne de montagnes qui sépare ce lac de la tête du lac Champlain. Mais M. de Saint-Luc, prévoyant qu'il serait poursuivi, avait précipité sa marche et dépassé ce lieu avant l'arrivée de Rogers, qui l'y attendit vainement. Comme celui-ci revenait sur ses pas, il reçut un message d'Abercromby lui enjoignant d'intercepter d'autres troupes de maraudeurs signalés aux environs du fort Édouard. Montcalm avait en effet lancé dans cette direction une nouvelle bande de Canadiens et de sauvages, ayant cette fois pour chef l'audacieux Marin, beau-frère de M. de Rigaud.

Joseph Marin, sieur de Saint-Martin, que ses relations de parenté avec la famille de Vaudreuil avaient rendu très influent dans la colonie, était peut-être le coureur des bois le plus brave de cette époque. Il était né à Montréal (1719), mais avait passé presque toute sa vie en des courses aventureuses. Accusé, comme son beau-frère, de spéculations véreuses dans les postes où il avait commandé, il rachetait ses pilleries par les services éminents qu'il rendait à la guerre. On ne comptait plus les actions où il s'était distingué.

Il était en froid en ce moment avec M. de Rigaud, qui, paraît-il, par un sentiment de jalousie indigne de son rang, avait choisi parmi les Canadiens les moins aguerris les soldats destinés à son expédition. Marin était parti de Carillon le 4 août, vers 5 heures du soir, avec M. de La Rochebeaucour, Langy l'aîné, quelques autres officiers et cadets, cent Canadiens, une quarantaine de soldats de la colonie et environ cent trente sauvages, en tout près de trois cents hommes. Il remonta le lac Champlain jusqu'aux Deux-Rochers, c'est-à-dire à trois lieues plus haut, débarqua sur la rive droite, où il cacha ses canots dans un épais fourré, et continua sa marche à travers les bois, laissant à sa droite la rivière au Chicot, qu'il côtoya à quelque distance, jusqu'à trois lieues de l'ancien fort abandonné connu sous le nom de fort de la Reine-Anne. On était au 8 août, à 1 heure du matin. La troupe, fatiguée d'une longue marche nocturne, fit une courte halte et reprit sa route tortueuse à travers le terrain inégal et les hautes futaies dont la cime était à peine éclairée par les vagues lueurs d'une nuit d'été. Il était grand jour quand la tête de la colonne déboucha sur l'ancien chemin du fort Anne au fort Édouard. Aucun indice ne laissait soupçonner le voisinage d'un ennemi. L'oreille même des sauvages, si fine, si exercée, si attentive, n'entendait sortir des profondeurs d'alentour d'autres bruits que le chant matinal des oiseaux et la brise qui, se levant avec le soleil, secouait la rosée sur les branches. Officiers, soldats et Peaux-Rouges s'étendirent tranquillement sur la mousse et se préparaient à prendre leur frugal déjeuner, lorsque tout à coup des détonations d'armes à feu se firent entendre à quelque distance. Nul doute que ce ne fût un parti d'ennemis; c'était en effet celui de Rogers, qui, revenu sur ses pas, avait campé dans la clairière ouverte autour du fort Anne. Son expédition comptait en tout sept cents hommes, dont quatre-vingts rangers, un corps de milice du Connecticut sous le major Putnam, et le reste formé de troupes légères appartenant à l'armée régulière aux ordres du capitaine Dalzell, excellent officier, qui, cinq ans plus tard, devait trouver une mort héroïque devant le fort du Détroit, assiégé par Pontiac.

Rogers, qui d'ordinaire était si prudent, qui pour cacher sa marche ordonnait le silence dans les rangs et faisait éteindre les feux dans son camp à la tombée de la nuit, s'était oublié ce jour-là. Croyant que les incursionnistes qu'il avait eu ordre de poursuivre étaient déjà loin sur le chemin de Carillon, il s'était amusé, avec le lieutenant Irwin, de l'infanterie légère, à tirer à la cible sur un objet placé dans la clairière. C'étaient ces coups de fusil qui avaient donné l'éveil à la troupe de Marin, dont le plan d'embuscade avait été aussi vite exécuté que décidé. Prévoyant bien que la colonne anglaise allait s'engager dans le chemin pour retourner au fort Édouard, il avait disposé ses soldats, entremêlés de sauvages, à la droite de cette route abandonnée, qui n'était plus qu'un étroit sentier depuis que les jeunes pousses l'avaient envahie. Si dense et si sombre était la feuillée, fléchissant sous l'abondante rosée, que le regard du lynx s'y serait perdu.

Quand le pari engagé entre Rogers et Irwin eut

été décidé, l'ordre de marche fut donné. Chaque soldat endossa le havresac, et, le fusil à l'épaule, reprit son rang. La colonne traversa la clairière, et, longeant les palissades croulantes du fort Anne, s'enfonça, un seul homme de front, dans la trouée étroite qui marquait encore le vieux chemin. Il était 7 heures du matin quand les derniers soldats disparurent sous la sombre voûte. Putnam, avec ses gens du Connecticut, ouvrait la marche, suivi de l'infanterie légère de Dalzell; Rogers, avec ses rangers, formait l'arrière-garde. Tous marchaient sans précaution et sans défiance, les officiers jetant au besoin un cri en avant ou en arrière, décelant ainsi d'assez loin leur présence. Cependant à deux pas d'eux, sur leur droite, le rideau de feuillage cachait des rangées d'ennemis qui, retenant leur haleine, les laissaient passer. Soudain l'air retentit d'épouvantables hurlements et de coups de fusil qui semblaient sortir de terre. Les balles déchirent le feuillage, et, pendant qu'elles grêlent à bout portant sur la longue file en mouvement, une légion de Peaux-Rouges sautent comme des tigres sur le sentier, le tomahawk à la main. A ce premier assaut, un chef de Caughnawaga s'élança sur le major Putnam, qui tenait la tête de la colonne. Celui-ci n'eut que le temps d'armer son fusil et de le diriger sur la poitrine de l'Indien; mais le coup ne partit pas, et Putnam, saisi et entraîné dans le fourré, y fut garrotté avec un lieutenant du nom de Tracy et trois soldats faits prisonniers en même temps que lui. Les Canadiens, dont la plupart n'avaient jamais vu le feu, lâchèrent pied en grand nombre et ralentirent par leur fuite la première ardeur des assaillants. Cependant une partie des sauvages, des soldats et des Canadiens, suivant l'exemple de Marin, de Langy et du brave Sarégoa, continuèrent le feu en poursuivant le détachement du Connecticut, qui se repliait en désordre dans l'épaisseur du bois.

Dalzell, accouru au bruit de la mousqueterie, rallia les fuyards et dirigea seul le combat jusqu'à l'arrivée de Rogers. Peabody et Humphreys, tous deux biographes de Putnam, blâment sévèrement le commandant des rangers de s'être fait longtemps attendre ; il avait craint une attaque sur ses derrières et avait d'abord adossé ses hommes à la rivière au Chicot, à quelque distance des combattants.

Les Anglais, selon leur coutume et pour pallier leur timide attitude devant un ennemi si inférieur en nombre, exagérèrent le chiffre de ses pertes. Un parti des leurs, envoyé sur les lieux après l'action, prétendit avoir enterré cent Français et sauvages, tandis que Montcalm, s'accordant avec Desandrouins, affirme que treize morts en tout, dont cinq sauvages, avaient été abandonnés sur le champ de bataille.

Les Anglais avouèrent qu'ils avaient eu quarante-neuf hommes de tués, sans compter un grand nombre de blessés. Ils rendirent témoignage, aussi bien que les Français, de la bravoure exceptionnelle des sauvages en cette occasion. Un de leurs officiers rapporte qu'un Indien s'élança en plein milieu de la troupe anglaise et tua deux hommes à coups de hache. Il monta ensuite sur un tronc d'arbre et se mit à les défier tous. Un soldat essaya de le tuer à coups de crosse de fusil ; mais, quoique le sang jaillit de sa blessure, il ne tomba pas et aurait immolé son adversaire, si en ce moment Rogers ne l'avait tué raide d'une balle.

Aucun exploit de Marin ne lui fit plus d'honneur que ce combat. Il avait tenu tête pendant deux heures à des troupes d'élite plus du double des siennes ; et telle était la terreur qu'il leur avait inspirée, qu'elles le laissèrent enlever ses dix blessés et ses cinq prisonniers sans oser le poursuivre.

On touchait à la mi-août : le peu de céréales que les habitants avaient pu ensemencer étaient déjà trop mûres et s'égrenaient dans les champs. Cependant les militaires français, de plus en plus injustes et exigeants envers les Canadiens, à mesure que les dissentiments entre les chefs éclataient davantage dans le public, se révoltaient à la pensée de voir partir les miliciens et maugréaient contre Vaudreuil, qui les rappelait pour les moissons. On est toutefois plus porté à plaindre qu'à blâmer ces braves officiers, en songeant au sort si dur que leur faisait la France, après les avoir jetés sur ces lointains rivages pour défendre son drapeau. Elle ne répondait à leurs héroïques faits d'armes que par de stériles applaudissements, et les abandonnait à eux-mêmes, tandis qu'elle livrait en Europe ses trésors et ses armées aux caprices d'une courtisane.

Montcalm fit un choix parmi les Canadiens, renvoya les plus vieux et les chefs de famille dans leurs paroisses, et garda les plus aguerris et les volontaires au nombre de six cents, ce qui réduisit l'armée de Carillon à trois mille cent quatre-vingt-neuf combattants. Ce départ, qui eut lieu du 10 au 17, ne pouvait manquer de réveiller l'inconstance des sauvages ; tous demandèrent à grands cris de partir. La cause de cette débandade était évidente ; pourtant certains officiers s'en prirent aux interprètes, les accusèrent même de s'être vendus aux Anglais et d'exciter sous main les sauvages à la désertion. On tint conseil sur conseil pour les engager à rester ; on ne ménagea ni les flatteries ni les présents. On les assura qu'ils n'auraient plus de longues courses à faire, mais seulement des découvertes autour de l'armée ; qu'on aurait surtout bien soin d'eux, et qu'on leur donnerait à l'ordinaire un coup d'eau-de-vie. La plupart finirent par rester.

Il n'y a nullement à s'étonner de cette défection des sauvages. Elle surgissait de la situation même. L'étoile de la France pâlissait, et ces peuples d'enfants qu'elle ne guidait plus s'en allaient vers l'astre brillant qui montait à l'horizon, mais dont l'éclat devait être mortel.

Ils avaient trop de perspicacité pour ne pas voir l'abandon où la France laissait sa colonie, et l'énorme disproportion des forces entre les deux armées. Ils étaient surpris de la bravoure de nos troupes, encore plus de nos victoires, mais ne s'aveuglaient pas sur l'issue finale. Ainsi, le prestige et l'influence de la France diminuaient parmi eux à mesure que grandissaient l'influence et le prestige de l'Angleterre.

Un déserteur, entré à Carillon sur ces entrefaites, apporta des nouvelles fort inquiétantes. Il confirma d'abord la marche du général Bradstreet vers le lac Ontario, et ajouta qu'Abercromby avait encore quatorze ou quinze cents berges sur le lac George, avec une barque portant dix-huit canons; qu'outre les milices, les compagnies franches de Rogers et deux cents sauvages mohicans, il y avait huit mille hommes de troupes régulières; qu'enfin il venait d'établir un poste avancé sur le lac.

Ces informations furent confirmées par Marin, qui, avec son audace ordinaire, avait pénétré avec dix Mississagués et trois Français jusqu'aux abords du camp anglais, où il avait entendu calfater des bateaux.

Ainsi, aux inquiétudes qu'inspiraient d'un côté Louisbourg et de l'autre la frontière des lacs, vint se joindre celle d'une attaque de Carillon. On se prépara plus que jamais à se défendre. Et il ne fallait pas perdre de temps; car, assurait-on, « l'ennemi devait revenir avant huit jours. L'armée tout entière fut employée aux retranchements, » excepté un homme par chambrée pour faire la soupe; elle s'y porta avec un zèle infatigable.

Cependant les nouvelles de Louisbourg devenaient plus rassurantes, et les vainqueurs de Carillon applaudissaient à l'énergique défense de leurs frères d'armes. D'après les dernières nouvelles de M. de Drucour, datées du 7 juillet: « l'ennemi n'a pu encore ouvrir la tranchée... Nous nous défendons avec science et valeur, et l'ennemi attaque très mal, ce qui nous donne lieu de bien augurer. »

On était sous cette heureuse impression lorsque, le 3 septembre, Bougainville, qui avait parié avec les officiers anglais qu'ils n'auraient pas de sitôt la place, reçut d'un neveu du général Abercromby « une gazette rapportant la capitulation de Louisbourg le 26 juillet[1] ».

Ce fut un coup de foudre ; on se refusa d'abord d'y croire : la nouvelle demandait confirmation. Qu'était-il advenu à Louisbourg ?

[1] *Le maréchal de camp Desandrouins.*

VII

SIÈGE DE LOUISBOURG

Le Cap-Breton, qui n'est séparé de la Nouvelle-Écosse que par l'étroit *gut* de Canceau, semble être un prolongement de cette presqu'île. Il a la forme singulière d'un fer à cheval, avec le lac Bras-d'Or pour mer intérieure, et est extrêmement redouté des marins, à cause de sa situation au milieu d'une région de brumes et de tempêtes. Sur la côte de cette île, qui regarde l'Europe à plus de mille lieues de distance, s'ouvre un havre spacieux et profond, fermé à tous les vents par deux longs promontoires, contre lesquels viennent se briser les vagues de la mer. Ce port, toujours libre de glaces en hiver, offrait un refuge aux navires pêcheurs bien longtemps avant que Champlain l'eût entendu désigner sous le nom de Port-aux-Anglais. Il paraît aujourd'hui presque aussi inhabité qu'à cette époque reculée ; mais, quand on y descend, on ne tarde pas à s'apercevoir que le sol a été remué en plusieurs endroits par la main des hommes. Sur la pointe méridionale gisent les ruines d'une ville fortifiée, à moitié ensevelie sous le gazon, avec ses portes et ses murs renversés dans les fossés par les boulets et la mine. Quelques pans d'édifices aux vastes proportions, des casemates qui ont résisté à la poudre, étalent leurs ouvertures béantes au soleil et servent d'abri contre le vent et la pluie à quelques moutons et vaches qui paissent parmi ces décombres et dans le cimetière voisin, où dorment des légions de vaillants soldats. Quand on parcourt cette cité morte et déserte, dont le silence n'est troublé que par le tintement des clochettes des bestiaux et par le roulement mélancolique des vagues, on se croirait au milieu des ruines de Pompéi.

Du haut d'un monticule qui fut autrefois la citadelle, l'œil embrasse toute la rade, où dorment quelques barques de pêcheurs sur une eau tranquille, tandis que au dehors la grande houle de l'Océan vient déferler et rejaillir en écume blanche sur la pointe de Rochefort, sur l'île de l'Entrée et sur le promontoire opposé. Les hauteurs rocailleuses qui s'étagent aux alentours sont couvertes d'une végétation de sapins et d'épinettes rabougris d'un vert dur, dont les branches barbelées rendent un sifflement triste et monotone en se balançant aux vents du large. On croirait entendre les lamentations lointaines de quelque invisible Jérémie. Çà et là, quelques huttes de pêcheurs, dont les filets sèchent sur les galets et sur les courtines écroulées. Voilà tout ce qui reste de Louisbourg, surnommé le Dunkerque de l'Amérique.

La fondation de Louisbourg date du traité d'Utrecht (1713). Ses premiers habitants furent les pêcheurs de Plaisance, que la France fit transporter en cet endroit lorsqu'elle évacua l'île de Terre-Neuve, cédée à l'Angleterre en même temps que l'Acadie, par une clause du même traité. Jusqu'à ce moment, la France avait regardé d'un œil fort indifférent l'île du Cap-Breton ; mais, après qu'elle eut signé la paix d'Utrecht, elle comprit la faute impardonnable qu'elle avait commise en laissant l'Angleterre maîtresse de tout le littoral de l'Atlantique, depuis la Floride jusqu'à la baie d'Hudson, à la seule exception du Cap-Breton. Cette île attira alors toute son attention, et, pour montrer l'importance qu'elle y attachait, son nom fut changé en celui d'île Royale, et le petit établissement du Port-aux-Anglais s'appela Louisbourg, en l'honneur du roi de France. Des colons y furent attirés et favorisés. Les groupes acadiens de la Nouvelle-Écosse furent même sur le point de venir s'y fixer, à l'exemple des habitants de Plaisance. Ils y étaient poussés par le double motif de rester sujets de la France et de profiter des avantages qu'elle leur promettait. Ils avaient même construit des embarcations pour se transporter avec leurs familles et leurs effets ; mais les gouverneurs de la Nouvelle-Écosse les avaient retenus malgré eux, contrairement aux clauses du traité d'Utrecht et aux ordres formels de la cour d'Angleterre. Un petit nombre seulement parvinrent à s'établir au Cap-Breton. Mais ce fut surtout sur Louisbourg que se concentra la sollicitude du gouvernement français. Il voulut en faire une station navale du premier ordre et son principal entrepôt entre le Canada et la France. A partir de l'année 1720, d'immenses sommes d'argent furent dépensées pour y construire des fortifications, et si les trente millions qui, dit-on, y furent jetés, avaient été judicieusement employés, Louisbourg serait devenu une forteresse imprenable. Malheureusement la mauvaise administration du règne de Louis XV se fit sentir là comme ailleurs. Il suffit de dire que M. Bigot y était commissaire-ordonnateur, et qu'il y faisait l'apprentissage des dilapidations qu'il devait continuer sur une si vaste échelle au Canada. Les matériaux employés pour la maçonnerie des remparts étaient si mauvais, qu'une partie des murailles croulaient d'elles-mêmes peu de temps après leur construction, et qu'il fallut combler les vides avec des fascines.

C'est dans cet état que se trouvaient les fortifications quand Louisbourg fut attaqué à l'improviste, en 1745, par une armée de plus de quatre mille miliciens de la Nouvelle-Angleterre, aux ordres du colonel Pepperell, soutenue par une flotte anglaise de dix vaisseaux. Cette expédition, conçue avec autant d'audace qu'exécutée avec bonheur, réalisa pleinement les espérances qui l'avaient fait naître ; tout sembla concourir à son succès : les éléments, l'imprévoyance du gouvernement français, l'incapacité du commandant[1], enfin les dissensions intestines.

Au mois d'octobre précédent, la garnison s'était mise en révolte parce que le commissaire s'obstinait à refuser la solde due aux soldats pour les travaux qu'ils avaient faits aux fortifications. La sédition fut apaisée par une demi-mesure de justice ; mais le sourd mécontentement qui subsista parmi les troupes

---

[1] Duchambon, père du trop fameux Verger.

paralysa la défense et fut une des causes de la perte de Louisbourg, qui entraîna celle du Cap-Breton. La ville capitula après quarante-neuf jours de siège et resta au pouvoir des Anglais jusqu'en 1758, où elle fut restituée à la France par le traité d'Aix-la-Chapelle.

Au printemps de 1758, Louisbourg avait pour commandant un brave officier, dont le nom mérite d'être associé à ceux de Montcalm et de Lévis. A la suite de l'événement qui mit fin à l'histoire de cette forteresse, M. de Drucour faisait un triste tableau des quatre années qu'il y avait passées. Il aurait voulu, écrivait-il à un de ses amis de Paris, les effacer de sa mémoire. Le mauvais état de la place, l'impossibilité de l'améliorer, la question de la subsistance de la garnison et des habitants, menacés de famine une fois par mois, étaient des sujets de continuels embarras et d'anxiétés pour tous ceux qui étaient obligés d'y pourvoir. La cour de Versailles, effrayée des millions qu'avait coûtés Louisbourg et du nombre de soldats qu'exigeait sa défense, avait renoncé à l'idée d'en compléter les fortifications, qui plus que jamais tombaient en ruines et avaient le grave désavantage d'être à proximité de hauteurs d'où ils pouvaient être battus en brèche, à l'est, du côté de la falaise qui domine l'Océan, et encore plus à l'ouest, du haut des monticules qui s'échelonnent vers l'horizon. L'accès de la rade était défendu par deux batteries dont les feux se croisaient : la grande batterie ou batterie royale, placée en face de l'ouverture unique du port, et la batterie de l'île de l'Entrée.

Quatre mille habitants, la plupart pêcheurs, peuplaient la ville, dont les rues assez larges, bordées de maisons en bois, avaient une apparence simple, mais régulière. Il n'y avait guère de constructions en pierre que les édifices publics, l'arsenal, les casernes, l'hôpital Saint-Jean-de-Dieu, le couvent de la Congrégation de Notre-Dame et le château du gouverneur, le plus remarquable de tous, dominant le bastion du Roi, avec sa chapelle attenante, servant d'église paroissiale.

Depuis la fin de l'hiver, la population de Louisbourg avait vécu dans l'attente d'une crise inévitable.

Durant les intervalles où le soleil d'avril dissipait les brumes et les brouillards de neige, plusieurs vaisseaux étaient aperçus au loin sur la ligne de l'horizon, s'approchant ou s'éloignant au gré des vents, et parfois venant cingler presque à portée de canon de la place. L'escadrille anglaise, aux ordres de sir Charles Hardy, était déjà prête à intercepter les secours de France destinés à Québec et à faire le blocus de Louisbourg. Elle ne put cependant empêcher quelques vaisseaux français d'y arriver.

Dans la persuasion où était le chevalier de Drucour que la place était incapable de soutenir un siège, il adopta un système de défense qui devait servir de modèle à Montcalm devant Québec durant sa dernière campagne : celui d'empêcher une descente.

De chaque côté de la baie, le rivage de la mer est bordé de précipices et de rochers escarpés, contre lesquels grondent sans cesse les vagues, et qu'elles couvrent d'un vaste rideau d'écume aux heures de tempêtes. La côte est cependant accessible en plusieurs endroits à l'ouest de la ville, sur un parcours d'une lieue et demie, entre le cap Noir, voisin du bastion de la Princesse, et l'anse de la Cormorandière. M. de Drucour y fit élever des travaux de défense et placer du canon sur les trois points les plus faibles : à la Pointe-Blanche, à la Cormorandière et à la Pointe-Plate, à mi-distance entre ces deux endroits. A la Cormorandière, la côte s'affaisse et se termine par une plage de gravier : c'est le lieu le plus favorable à un débarquement. L'armée de Pepperell y avait abordé en 1745. Drucour y fit faire un large abatis, qui dissimulait huit pièces de canon. Les arbres, renversés la tête du côté de l'Océan et serrés les uns contre les autres, produisaient l'effet d'un champ de verdure percé çà et là de quelques touffes d'épinettes et de sapins. Les troupes pouvaient y attendre la descente de l'ennemi sans être vues.

La garnison de Louisbourg se composait de deux mille neuf cents hommes de troupes régulières, répartis entre les régiments de Bourgogne, d'Artois, de Cambis, et des volontaires étrangers, outre les citoyens de la place et quelques Indiens. Les murs de la ville et les batteries extérieures étaient armés de deux cent dix-neuf canons et de dix-sept mortiers. Cinq vaisseaux de ligne et six frégates, qui avaient réussi à échapper aux poursuites des flottes anglaises, étaient ancrés dans la rade et s'apprêtaient à prendre part au siège.

A l'aurore du 1er juin, toute la ville fut mise en émoi par la nouvelle de l'apparition de la flotte anglaise. Une foule anxieuse, accourue aux remparts, avait les yeux fixés dans la même direction. La ligne de l'Océan était, en effet, toute blanche de voiles qui grandissaient d'heure en heure et augmentaient en nombre à mesure qu'elles approchaient.

La flotte, commandée par l'amiral Boscawen, était partie de Spithead le 19 février, sans attendre le général Amherst, retenu en Allemagne. Amherst était entré à Halifax au moment où l'amiral, lassé de l'attendre, appareillait pour l'expédition. Il avait été rejoint dans l'intervalle par les contingents de milices fournis par les colonies anglaises. Le 28 mai au matin, cent cinquante-neuf voiles, c'est-à-dire vingt-deux vaisseaux de ligne, dix-sept frégates, deux brûlots et cent dix-huit transports, portant douze mille hommes de débarquement, sortirent du havre d'Halifax et mirent le cap sur Louisbourg. Ils avaient été séparés durant le trajet par les vents contraires ; mais, le 3 juin, les derniers transports avaient rejoint le reste de la flotte dans la baie de Gabarus.

Avant de quitter Halifax, Amherst avait pris ses dispositions pour la descente : il avait divisé ses troupes en trois brigades, dont le commandement, désigné d'avance par Pitt lui-même, était confié aux brigadiers généraux Whitmore, Lawrence et Wolfe. Le plus jeune de ces officiers, Wolfe, qui n'avait que trente et un ans, avait attiré tout particulièrement l'attention du grand ministre. Il avait connu sa belle conduite lors de l'infructueuse expédition contre Rochefort, et avait deviné en lui un capitaine capable de relever la gloire des armes anglaises.

James Wolfe était né à Westerham, dans le comté de Kent, d'une famille originaire de Limerick. Il avait montré dès l'enfance un goût si prononcé pour la vie militaire, qu'à l'âge de treize ans et demi il s'était embarqué avec son père, le lieutenant-colonel Edward Wolfe, pour l'expédition qui alla si inutilement se faire décimer devant Carthagène. Une maladie, due à son faible tempérament, le rendit à sa mère avant le départ de la flotte. Il semble qu'une santé aussi délicate aurait dû le porter vers une carrière paisible; mais sa jeune ambition avait été allumée par les récits de son père, qui avait conquis ses grades dans les armées de Marlborough et du prince Eugène; il ne rêvait que la gloire militaire. Il avait seize ans lors de sa première campagne dans les Flandres. C'était alors un grand jeune homme mince, d'une constitution en apparence trop faible pour le métier de la guerre. Il était d'ailleurs franchement laid, avec des cheveux roux, un front et un menton fuyants, qui lui donnaient un profil semblable à un angle obtus, dont la pointe serait au bout du nez. Son teint, ordinairement pâle, mais diaphane, s'animait facilement et prenait une teinte rose au feu de la conversation ou de l'action. Rien ne révélait en lui le militaire, qu'une bouche ferme et des yeux d'où jaillissaient des éclairs à travers des prunelles d'un bleu d'azur. Avec tout cela il y avait, dans sa personne et ses manières, quelque chose de sympathique qui attirait vers lui.

Il est représenté dans ses derniers portraits en uniforme écarlate, serré à la taille, à la façon anglaise. Le col à revers laisse voir la dentelle de la chemise. Ses cheveux noués retombent entre ses épaules, et sa tête est coiffée d'un chapeau tricorne galonné d'or.

Des guêtres aux pieds, l'épée à la ceinture, il porte un crêpe au bras, car il était à cette date en deuil de son père. C'est ainsi que le représente également la statue, exécutée peu de temps après sa mort, qui se voit à l'encoignure de la rue du Palais, à la haute ville de Québec.

Avec les talents et la passion qu'il avait pour son art, le jeune Wolfe ne pouvait manquer de monter rapidement en grade. Il prit part à la victoire de Dettingen, et s'y distingua par sa bravoure et son sang-froid. Au lendemain, il fut créé adjudant, puis lieutenant, et capitaine la campagne suivante.

Du continent, Wolfe passa en Écosse et assista à la bataille de Culloden. Certains historiens lui font jouer après la victoire un rôle magnanime au détriment de son général. Le duc de Cumberland, traversant avec lui le champ de bataille, aperçut un Highlander qui, malgré de graves blessures, se tenait appuyé sur un bras et les regardait passer avec un sourire de défi.

« Tuez-moi cet insolent vaurien, qui ose nous regarder avec tant de mépris, dit le duc à Wolfe.

— Ma commission est entre les mains de Votre Altesse, répondit le brave officier; mais je ne consentirai jamais à devenir un bourreau. »

A vingt-trois ans, il était déjà lieutenant-colonel. L'étude du latin, du français et des mathématiques, absorbait toutes ses heures de loisir. Il eut vers ce temps un chagrin d'amour qu'il chercha à oublier en se plongeant dans une suite de dissipations qui ne pouvaient durer, car elles n'étaient pas dans son caractère.

Stationné à Inverness, qui était alors un trou infect, au milieu d'une population vaincue d'hier et encore frémissante du joug, toujours en lutte avec une santé déplorable, il sut se mettre au-dessus du découragement et gagner les bonnes grâces de tous, même des Highlanders. Il avait un fonds inépuisable de bonne humeur, ce que les Anglais appellent *good spirits*. Avec cela, avait-il coutume de dire, un homme peut passer à travers tous les obstacles. Il trouva cependant longs les cinq ans qu'il passa dans les montagnes d'Écosse, car il appréhendait de se rouiller au milieu du vide intellectuel qui l'entourait.

A l'ouverture de la guerre de Sept ans, sa bonne étoile le conduisit devant Rochefort, où il fit éclater sa supériorité sur les commandants de l'expédition. Ce fut, comme on l'a vu, le commencement de sa fortune militaire.

Le capitaine Knox, qui vit Wolfe pour la première fois à Halifax, disait qu'il y avait de l'Achille dans ce jeune brigadier.

Impétueux, irascible, se laissant aller parfois à des emportements occasionnés par sa nature souffreteuse, d'un esprit plutôt celtique que saxon, désintéressé, plus dévoué à sa patrie qu'à son ambition, modèle de piété filiale, prompt aux épanchements et à l'amitié qu'il savait garder; avec cela exact au devoir, ferme sur la discipline, soldat avant tout, et sachant par suite se faire aimer de l'officier et du soldat, tel était en résumé le caractère de Wolfe.

La traversée de l'Océan avait été pour lui, comme il l'avait prévu, un supplice. Après la prise de Louisbourg, il écrivait à sa mère qu'il aimerait beaucoup mieux faire un siège que passer quatre semaines en mer.

Une partie de la flotte avait devancé le vaisseau qui le portait. Enfin le 2 juin, vers midi, le voile de brume épaisse qui l'enveloppait se déchira et découvrit les falaises de l'île, hérissées d'arbres coniques et sombres, avec la forteresse de Louisbourg à leurs pieds, ceinte de murailles grises au-dessus desquelles flottaient les couleurs de France. Le soir même, Amherst et Wolfe longèrent la côte pour en reconnaître les points accessibles, et fixèrent la descente au lendemain, à l'aube du jour; mais une succession de brumes et de gros vents la retarda jusqu'au 8.

La veille de ce jour, à la nuit fermée, l'amiral Durell alla examiner la mer au bord du rivage et s'assura que l'approche en était possible. A minuit, chacune des trois brigades prit place dans les chaloupes et attendit l'ordre d'avancer. Celles de Withmore et Lawrence devaient faire de fausses attaques : la première à la Pointe-Blanche, la seconde à la Pointe-Plate. Un quatrième corps, composé du 28ᵉ de ligne, devait achever de tromper l'ennemi en passant devant la rade de Louisbourg et simulant une descente à une lieue plus haut, dans la baie de Laurembec, tandis que la brigade de Wolfe tenterait le débarquement à la Cormorandière. Chacune de ces brigades était plus nombreuse que toute la garnison de Louisbourg. Celle de Wolfe, choisie parmi l'élite de l'armée, était composée du 78ᵉ régiment des Highlanders, qui ne comptait pas moins de mille quatre-vingt-quatre hommes, d'un corps d'infanterie légère de cinq cent cinquante hommes, outre douze compagnies de grenadiers et cinq de rangers.

Plusieurs vaisseaux étaient déjà embossés, à portée de canon, vis-à-vis des trois endroits menacés. Dès que les premières lueurs du jour eurent dessiné nettement les lignes de la côte, ils donnèrent le signal de l'attaque par une furieuse canonnade dirigée contre les postes français. Au même instant tous les équipages des chaloupes firent force de rames vers la terre. Du haut des falaises, les détachements français échelonnés de distance en distance embrassaient du même coup d'œil tout ce mouvement. Le poste de la Cormorandière n'était défendu que par un millier de troupes régulières aux ordres du lieutenant-colonel de Saint-Julhien, commandant du régiment d'Artois, et quelques Micmacs; les autres postes, d'un abord moins facile, étaient pour cela moins gardés. Quand ils virent s'avancer contre eux cette triple nuée d'embarcations chargées d'innombrables soldats, ils furent déconcertés. Malgré les difficultés que présentait la côte, elle était accessible sur une trop grande étendue pour qu'elle pût être bien gardée par des forces si inférieures en nombre. Les troupes le comprirent et perdirent toute confiance.

L'avant-garde de Wolfe devança les deux autres brigades, et s'approcha pour mettre pied à terre sur la grève de l'anse de la Cormorandière; mais, dès qu'elle fut à portée du fusil, elle fut assaillie par des décharges de mousqueterie et de canons si bien nourries, que Wolfe, reconnaissant l'impossibilité d'une descente en cet endroit, agita en l'air son chapeau pour signifier aux premières embarcations de reculer.

Mais les lieutenants Hopkins et Brown, qui les commandaient, crurent que c'était au contraire un ordre d'avancer et poussèrent à toutes forces jusqu'à une pointe de rocher, à droite de l'anse, derrière laquelle ils trouvèrent un abri contre les projectiles. Cet escarpement, qui paraissait inaccessible, n'était pas gardé. Les braves officiers, suivis de quelques soldats, s'y élancèrent, et, s'accrochant aux broussailles, commencèrent à le gravir. Le vent avait fraîchi, et la mer s'y brisait avec violence. Quelques embarcations y furent crevées ou renversées, et quelques soldats noyés. Malgré cela, une partie de l'infanterie légère eut bientôt gravi la hauteur, où elle s'établit solidement derrière les taillis et les angles des rochers. Wolfe, apercevant le succès de cette audacieuse tentative, lança toute sa brigade dans cette direction et fit prendre les devants à son canot, qui toucha un des premiers le rivage. Aidé d'une canne, qu'il tenait à la main, il sauta de récif en récif aux applaudissements de sa troupe, qui le distinguait à sa taille haute et mince. Il escalada la falaise et rangea ses troupes, à mesure qu'elles arrivaient, en ordre de bataille, autant que le terrain le permettait. Elles ne rencontrèrent qu'un petit nombre de soldats et d'Indiens, qui firent le coup de feu à travers les taillis et leur tuèrent ou blessèrent quelques hommes.

Le vent, qui poussait la fumée du combat vers le rivage, avait dérobé ce mouvement aux Français. Lorsqu'ils s'en aperçurent, Wolfe avait déjà ordonné aux premières compagnies de pousser de l'avant et de charger à la baïonnette.

M. de Saint-Julhien accourut avec une partie de

ses troupes; mais déjà les Anglais étaient en nombre maîtres de la position. Les Français, qui n'étaient pas préparés à un combat à l'arme blanche, ne firent qu'une faible résistance et reculèrent jusqu'à leurs batteries. La nouvelle se répandit en ce moment parmi eux que la brigade de Whitmore avait opéré sa descente à la Pointe-Blanche et menaçait de leur couper la retraite. Cette brigade, au contraire, avait rétrogradé avec celle de Lawrence et pris terre sans beaucoup de résistance sur le côté opposé de l'anse aux Cormorans, où Amherst les suivit avec le reste de ses troupes. Le détachement de M. de Saint-Julhien, assailli de droite et de gauche, fut obligé d'abandonner ses canons et de battre en retraite. Une partie regagna Louisbourg en suivant les bords de la mer, le reste en faisant un circuit à travers les bois. Les Anglais s'emparèrent successivement des batteries de la Pointe-Plate, de la Pointe-Blanche, et poursuivirent les fuyards jusqu'à l'entrée de la clairière ouverte autour de la place, où ils furent arrêtés par le feu des canons que le chevalier de Drucour fit tirer des remparts pour protéger la rentrée de ses troupes.

Cent neuf hommes tués, noyés ou blessés, du côté des Anglais; cinquante tués et soixante-dix prisonniers, du côté des Français, voilà tout ce qu'avait coûté cette journée, qui décida du sort de Louisbourg.

« Triste et fatale journée pour l'État, » écrivait à Montréal un témoin de cet échec, l'ingénieur Franquet, qui, mieux que personne, connaissait les défauts de la forteresse et prévoyait sa chute inévitable.

Amherst choisit pour l'emplacement de son camp

une rangée de hauteurs inégales entre lesquelles coule un ruisseau qui se décharge dans la mer, au fond d'une petite anse, à l'est de la Pointe-Plate. Cette anse, d'un abord facile, moins éloignée de Louisbourg que la Cormorandière, était tout indiquée comme le point de communication entre la flotte et l'armée. Le débarquement des tentes, des munitions et du matériel de siège, y fut commencé le jour même.

Durant la nuit, la rade de Louisbourg fut illuminée par des jets de flamme, qui s'étendaient tout le long du rivage, depuis la ville jusqu'au delà de la grande batterie. M. de Drucour avait résolu d'abandonner cette position et faisait incendier tous les édifices qui l'entouraient : maisons de pêcheurs et autres constructions qui auraient pu servir d'abri aux ennemis. Les jours qui suivirent, le débarquement fut retardé par la fréquence des bourrasques et des brumes, qui rendaient l'atterrissement presque impossible. Un grand nombre d'embarcations furent crevées ou démolies dans le cours des opérations.

Ce ne fut que le 18 que les grosses pièces d'artillerie purent être amenées. Dans l'intervalle, l'installation du camp sur une ligne irrégulière de deux milles de longueur se fit avec activité. Le terrain débarrassé des arbres fut nettoyé, et un réseau de chemins tracé du rivage aux tentes. A un demi-mille en avant du camp, trois redoutes le protégeaient contre les sorties des assiégés ; à quelque distance de l'aile gauche, formée de l'infanterie légère, deux blockhaus, solidement assis sur des éminences, d'où l'œil domine au loin les ondulations du terrain, étaient gardés par des piquets de soldats qui pouvaient signaler d'avance l'approche des partis de Canadiens et de sauvages qu'on savait venir de l'intérieur de l'île ; enfin une dernière redoute construite à la Cormorandière garantissait les derrières du camp contre une surprise du rivage.

La destruction de la grande batterie, rendue nécessaire depuis la descente des Anglais, avait amené l'abandon des autres postes extérieurs, à l'exception de l'île de l'Entrée. Drucour s'était vu forcé, par la faiblesse de sa garnison, de concentrer sa défense dans l'intérieur des murs. Les Anglais se trouvaient ainsi maîtres de la campagne. Wolfe, que sa bouillante ardeur recommandait pour les coups hardis, s'avança à l'ouest de la ville avec douze cents hommes, rangea les coteaux qui s'arrondissent autour de la rade et vint s'emparer du promontoire qui, au nord-est, resserre l'entrée de cette rade[1]. Les Français avaient construit, sur un escarpement qui domine les environs, une batterie qu'ils venaient d'abandonner après l'avoir enclouée. Wolfe la rétablit et en monta d'autres le long du rivage, pour canonner l'île de l'Entrée et les vaisseaux français. La flotte anglaise, qui l'appuyait du côté de la mer, lui fournissait par la baie de Laurembec tous les approvisionnements de bouche et de guerre dont il avait besoin ; du côté de terre, une chaîne de postes fortifiés par des redoutes maintenait ses communications avec l'armée.

Dans la nuit du 18, il démasqua ses batteries et

[1] Ce promontoire, sur lequel s'élevait un phare, était appelé la tour de la Lanterne.

ouvrit un feu formidable contre la flotte française, qui y répondit avec une égale vigueur. Cette canonnade, dont le bruit fit trembler les échos de la rade toute la nuit et tout le jour suivant, produisit cependant peu d'effet, soit d'un côté, soit de l'autre. A l'ouest de la ville, le canon des remparts n'avait cessé d'inquiéter les mouvements des ennemis, qui à cette date n'avaient pas encore ouvert la tranchée. Ils s'étaient occupés à perfectionner leurs travaux de défense et à ouvrir des chemins pour les pièces de siège, ce qui n'était pas très facile dans ce terrain rocailleux, coupé de marécages et exposé en partie au feu de la place. Une sortie, forte de trois cents hommes, avait été dirigée en plein jour sur une des redoutes en construction et avait soutenu un vif engagement contre des forces supérieures, devant lesquelles elle avait dû se retirer.

Le gouverneur de Louisbourg fondait des espérances sur la lenteur qu'il croyait remarquer dans les opérations du siège : il se flattait que les secours qu'il avait demandés au marquis de Vaudreuil arriveraient à temps. M. de Boishébert était, en effet, débarqué au Port-Toulouse, à l'extrémité méridionale de l'île, et s'avançait avec un corps considérable de Canadiens, d'Acadiens et de sauvages. Mais cet officier montrait en ce moment une incapacité, agissait avec une lenteur qui ressemblaient à de la trahison et ne justifiaient que trop l'opinion de Montcalm, qui, comme on l'a vu, aurait préféré pour cette expédition un commandant d'une autre trempe.

Si Boishébert avait eu l'activité qu'on attendait de lui, il aurait eu le temps d'arriver à Louisbourg avant la descente des Anglais, après avoir grossi sa troupe sur son chemin d'une foule d'Acadiens qui ne demandaient qu'à combattre, et qui, au dire de l'abbé Maillard, auraient porté son détachement à quinze cents hommes, Français et sauvages. Ce missionnaire, qui était alors sur l'île du Cap-Breton, fait retomber en grande partie sur M. de Boishébert la responsabilité de la chute de Louisbourg; car, si le chevalier de Drucour avait eu à sa disposition quinze cents hommes de plus, il aurait pu peut-être empêcher le débarquement du 8 juin.

Dans une lettre écrite à Québec, trois semaines après la capitulation, l'abbé Maillard a raconté les mouvements de l'expédition dont il avait été témoin et tracé un portrait peu flatteur de son chef.

« Voici ce que c'est que M. de Boishébert, écrit-il : jeune homme de vingt-neuf à trente ans; fils unique d'une dame qui faisait dans tout le Canada la pluie et le beau temps sous le généralat de M. de Beauharnois; protégé et favorisé plus que personne, dès ses plus tendres années, pour aller commander dans des postes où il avait plus à s'enrichir par le commerce qu'à s'illustrer par des faits militaires; toujours et constamment favori de la fortune, jusqu'aux temps présents; par conséquent richissime, et qui, par rapport à cet état heureux où il se trouve, passe pour Achille sans du tout l'être; d'un génie si mince, qu'à peine lui en connaît-on; uniquement appliqué à ce qui se nomme affaire de commerce et de trafic en tout genre; dépensant considérablement au roi, sans avoir encore réellement rien fait pour son service. »

Cinq jours après l'ouverture du siège, le chevalier de Drucour avait envoyé un exprès à l'abbé Maillard, avec une lettre dans laquelle il le conjurait de presser la marche de M. de Boishébert, ajoutant qu'à son entrée à Louisbourg il recevrait la croix de Saint-Louis, que le roi avait envoyée par les derniers vaisseaux pour l'en décorer.

« Quand je lui eus fait lecture de cette lettre, continue l'abbé Maillard, j'ajoutai en présence de tous ses officiers :

« — Monsieur, vous voyez quelle confiance a en vous monsieur notre gouverneur; votre faible détachement se trouve ici tout à coup accru du triple; tous les sauvages qui vous attendent depuis longtemps vous suivent, et tous les jeunes gens, jusques aux pères de famille du Port Toulouse, etc., vous suivent aussi. Nous avons eu l'idée que vous ne voudrez pas autrement avoir la croix qui vous attend à Louisbourg, que comme David eut Michol[1]. »

« La réponse qu'il me fit n'est pas digne de vous être écrite. »

Boishébert ne chercha que des prétextes pour temporiser et licencier son camp. Il en trouva un dans le manque de provisions, quoiqu'il en eût suffisamment et que Drucour lui eût dépêché deux goélettes chargées de vivres et de munitions dans la baie de Miré, d'où le commandant lui avait écrit. Le gouverneur lui envoyait en même temps la croix de Saint-Louis, avec une lettre pressante dans laquelle il lui annonçait une sortie du moment qu'il apercevrait

---

[1] Lettre de l'abbé Maillard.

certains signaux convenus en arrière du camp anglais. Boishébert n'en fit rien, malgré les murmures de ses soldats, des Acadiens surtout, dont le sort dépendait de Louisbourg, et des sauvages mêmes.

« — Nous vivrons des bestiaux que nous saurons bien trouver et qui t'ont échappé, lui dirent les Micmacs. Munis-nous de fusils, de plomb et de poudre, et laisse-nous faire la petite guerre. »

« Boishébert leur tint alors de si tristes propos, qu'ils concertèrent entre eux de revenir à la mission, qui n'est qu'à huit lieues de là, mais auparavant d'envoyer ceux d'entre eux qui étaient armés à la découverte du côté de Gabarus, de Laurembec et dans le grand chemin de Miré. »

Les deux premières bandes trouvèrent les Anglais si bien gardés, qu'elles ne purent faire coup; mais celle qui avait pris le chemin de Miré à Louisbourg, au nombre de trente-deux hommes, auxquels s'étaient adjoints vingt-cinq Acadiens, surprit un détachement de six cents Anglais marchant à la découverte. Elle s'était rangée de chaque côté d'un impénétrable taillis, les avait attendus au passage et mis en fuite en faisant sur eux une décharge qui leur avait tué cinq hommes et blessé plusieurs autres. Les Anglais, qui appréhendaient les sauvages plus que la foudre, raconte l'abbé Maillard, s'étaient crus traqués par une armée de ces barbares et avaient été pris d'une panique irrépressible. Les Micmacs et les Acadiens s'étaient alors mis à leur poursuite et avaient fait trois prisonniers, dont un sergent, de qui ils tirèrent tous les renseignements qu'ils voulurent. Ce coup de main, rendu inutile par la lâcheté de Boishébert, servit du moins à démontrer ce qu'il aurait pu faire s'il avait voulu profiter du courage et de la bonne volonté de ses troupes.

Le jour même que Drucour avait expédié un message à l'abbé Maillard, il avait dépêché au marquis de Vaudreuil la frégate *l'Écho*, qui avait réussi à sortir du port à la faveur d'une brume épaisse, sans toutefois échapper à la vigilance des vigies anglaises. Deux des meilleurs voiliers de l'amiral Boscawen, le *Scarborough* et la *Junon*, lui donnèrent la chasse, l'atteignirent et vinrent triomphalement passer devant Louibourg avec leur prise, pavoisée des couleurs britanniques.

Amherst s'était enfin décidé à ouvrir la tranchée : il lui avait fallu plus de temps pour s'y mettre que n'en avait pris Montcalm pour débarquer devant le fort George, l'assiéger et le prendre. Dans la journée du 17, on l'avait vu parcourir à cheval, en compagnie de l'ingénieur en chef, le colonel Bastide, et de deux autres officiers, les environs de la ville pour déterminer l'emplacement d'une première parallèle. Le havre de Louisbourg s'étend à une assez grande distance à l'ouest du site où était la ville; il forme à son extrémité, par le prolongement d'une langue de sable, une espèce de lac appelé Barachois. Tout auprès s'élève un monticule connu sous le nom de la Hauteur-Verte, que les Anglais traduisent par celui de *Green Hill*. Cette colline, distante d'environ un kilomètre des remparts, fut choisie comme point d'appui pour tracer une parallèle dans la plaine marécageuse, couverte de mousse, de nénuphars et de joncs, qui se prolonge à l'est et au sud. Un épaulement construit de fascines, de gabions et de terre, haut de neuf pieds, large de soixante, sur une longueur de quinze cents pieds, fut élevé afin de protéger les travailleurs.

Durant le cours de ces ouvrages, faits en grande partie pendant la nuit et les heures de brume, Wolfe, toujours de l'autre côté de la rade, avait augmenté ses batteries de grosses pièces et recommencé contre l'île de l'Entrée et la flotte un feu destructeur qui dura nuit et jour, jusqu'à ce que la batterie de l'île fût réduite au silence. Toutes les pièces avaient été démontées, les parapets démolis; les murailles ne présentaient plus qu'un amas de ruines. La flotte, gravement endommagée, avait été forcée de lever l'ancre et de se rapprocher de la ville, malgré les protestations et le murmure général de la garnison, qui déjà avait accusé de pusillanimité le commandant Desgouttes et ses principaux officiers, parce qu'après la descente des Anglais ils avaient manifesté l'intention de reprendre la mer pour éviter la destruction de leurs vaisseaux. La rade de Louisbourg se trouvait désormais ouverte à la flotte anglaise. Il ne restait plus qu'une dernière ressource pour l'arrêter : c'était de couler des vaisseaux dans l'étroite passe qui relie le bassin à l'Océan. Drucour profita de quelques heures de brume pour y faire amener quatre frégates : l'*Apollon*, la *Fidèle*, la *Chèvre* et la *Biche*, qu'il fit couler bas au milieu du chenal, après avoir lié ensemble leurs mâts coupés à fleur d'eau. Le lendemain, il y fit également couler la *Diane* et le navire *la Ville de Saint-Malo*, ce qui réduisit la flotte française enfermée dans la rade à cinq vaisseaux de ligne et une frégate.

L'intrépide commandant de l'*Aréthuse*, Vauquelin, était venu s'embosser depuis plusieurs jours près du Barachois, d'où il entretenait un feu meurtrier sur les assiégeants. Il leur tuait beaucoup de monde en croisant ses feux avec ceux de la place, et détruisait chaque jour une grande partie des travaux qu'ils avaient faits pendant la nuit.

Drucour essaya de tirer parti de la forte position occupée par l'*Aréthuse* en faisant une sortie dans la matinée du 1ᵉʳ juillet. Il s'avança le long du Barachois et soutint un combat acharné avec l'infanterie légère, accourue en nombre supérieur sous les ordres de Wolfe, qui finit par le ramener sous les murs de la ville. Wolfe, dont le coup d'œil militaire était rarement en défaut, comprit tout l'avantage qu'il pouvait tirer du moment de confusion qui s'ensuivit et de l'ardeur qu'il venait de communiquer à ses troupes. Il revint en hâte sur ses pas, tourna la pointe du Barachois et s'empara, à son extrémité nord, d'une éminence qui commande la rade et la ville. En quelques jours il y construisit une redoute et une batterie qui forcèrent l'*Aréthuse* à abandonner sa position et lancèrent sur la ville et les vaisseaux un feu plongeant qui donna une supériorité définitive aux assiégeants. Ils allaient en prendre une bien plus grande les jours suivants, en démasquant au sud-est de la ville de nouvelles batteries de canons et de mortiers, dont Wolfe avait surveillé l'érection, qui battirent en brèche les deux bastions du sud, ceux de la Reine et de la Princesse, et jetèrent une pluie de bombes dans l'intérieur des murs. Le courage des assiégés n'était cependant pas encore ébranlé ; il était soutenu par l'héroïsme du gouverneur et de sa femme, non moins brave que son mari. Mme de Drucour, digne émule de Mlle de Verchères, donnait l'exemple de l'intrépidité à la garnison en paraissant chaque jour sur les remparts et tirant de sa propre main plusieurs coups de canon.

Durant la nuit du 9 juillet, un détachement d'un millier de soldats sortit de Louisbourg par les portes de l'est et du sud, et, favorisé par l'obscurité augmentée de brouillards, longea la falaise entre le cap Noir et la Pointe-Blanche, s'approcha, sans être aperçu, de la redoute érigée près des batteries ennemies, et surprit les sentinelles. La redoute fut sur le point d'être emportée. Lord Dundonald, qui y commandait, fut tué avec plusieurs des siens ; un plus grand nombre furent blessés et quelques-uns faits prisonniers, entre autres le capitaine Bontein, du corps des ingénieurs, et le lieutenant Tew. Les Anglais, avertis par le bruit du combat, amenèrent des forces écrasantes qui obligèrent les Français à la retraite. Ils la firent en bon ordre, emmenant leurs blessés et leurs prisonniers. Ils avaient perdu une vingtaine d'hommes, parmi lesquels un brave officier, le capitaine Chauvelin, sans compter plusieurs blessés et cinq prisonniers.

Dans la nuit du 11 juillet, une grande lumière, reconnue pour un signal, illumina la forêt qui bordait l'horizon du côté de la route de Miré. C'était, en effet, Boishébert qui annonçait son approche. Honteux du succès obtenu par une cinquantaine d'Acadiens et de sauvages, il avait rougi de son inaction et s'était porté en avant avec deux ou trois cents hommes. Cette tentative, qui au mois précédent aurait peut-être pu sauver Louisbourg, était dérisoire en ce moment ; car les assiégés étaient enfermés dans les murs de la ville, dont les brèches béantes allaient bientôt être prêtes pour l'assaut. Les Anglais, qui avaient aperçu le signal de Boishébert, se portèrent à sa rencontre avec des forces supérieures, et dispersèrent sa troupe après une légère escarmouche.

L'abandon du Barachois avait réduit à l'inaction, ou du moins à peu d'utilité pour la place, l'*Aréthuse*, comme le reste de la flotte, dont la perte était certaine depuis que le sort de Louisbourg était fixé. La plupart des officiers et des matelots débarqués à terre se battaient vaillamment à côté de la garnison, dans la seule espérance de retarder de quelques jours la capitulation. Vauquelin, incapable de rester inactif, proposa au commandant Desgouttes un coup d'audace dont le succès pouvait sauver l'*Aréthuse*. Durant la nuit du 15, il déploya ses voiles par une brume intense, se lança à travers la barre de chaînes et de mâtures qui fermait l'entrée du port, la franchit heureusement et prit la route de France. Il n'avait cependant pu échapper à l'œil perçant des vigies anglaises. Sir Charles Hardy mit à sa poursuite plusieurs de ses vaisseaux ; mais l'audacieux Vauquelin, aussi habile pilote que vaillant soldat, couvrit de toile sa fine voilière et devança ses ennemis. On apprit plus tard qu'il était rentré sain et sauf dans le port de Brest.

Les Anglais, désormais sûrs de la chute prochaine de Louisbourg, poussaient leurs travaux avec une ardeur extrême. Chaque jour était marqué par un nouveau progrès, malgré la pluie de projectiles que jetaient les Français dans leurs tranchées. Quelques-unes de leurs batteries n'étaient plus qu'à cinq cents verges de la porte de l'ouest. A cette courte distance, le service des pièces devenait très difficile, à cause de la multitude de francs-tireurs que Drucour entretenait en avant des glacis, et qui, cachés dans les plis du terrain ou dans des trous pratiqués en terre, visaient sans cesse et souvent abattaient les canonniers sur leurs pièces. Wolfe résolut de les déloger, et le 16, à la tombée de la nuit, il s'élança dans la plaine ouverte avec un fort détachement et les rejeta dans les fossés. Il courut de là s'emparer du coteau nommé la Hauteur-de-la-Potence, qui n'était qu'à trois cents verges du bastion du Dauphin. Favorisé par la nuit qui s'avançait et par l'abri naturel qu'offrait le coteau, il commença à s'y retrancher et s'y maintint malgré la grêle de fer et de plomb lancée des remparts. Toute une nuée de sapeurs l'avaient suivi et eurent bientôt ouvert une deuxième parallèle aux clartés intermittentes du canon et de la mousqueterie. Au jour, ils étaient à couvert et assistés de nouvelles escouades de travailleurs, qui terminèrent en quelques jours une tranchée de six cents verges de longueur avec ses boyaux de communication. Les pièces de gros calibre dont elle fut armée commencèrent à tonner contre les fortifications avec un effet effroyable, abattant des pans entiers de murailles et ruinant les batteries. Au reste, ces fortifications étaient tellement mauvaises, que la seule commotion produite par le canon de leurs batteries les faisait crouler. Les Anglais eux-mêmes s'en étaient aperçus dès les premiers jours du siège. Leur feu devenait de jour en jour plus chaud sur toute la ligne de leurs batteries, tandis que celui des Français, dont la plupart des canons étaient démontés, se faisait plus rare.

Le 21, une troisième parallèle fut commencée à l'extrémité est de la seconde et poussée obliquement vers la rade jusqu'à deux cents verges des remparts. Un des boyaux de l'extrême gauche arrivait même à cent verges de la porte de l'ouest, d'où les Français entendaient distinctement le bruit des pics et des pioches durant les intervalles des détonations.

On était à la fin de cette journée, une des plus rudes du siège. Le soleil venait de se coucher derrière les cimes vertes de l'île. Assiégés comme assiégeants, accablés de fatigue, laissaient tomber leurs instruments de travail et dérougir leurs pièces pour respirer la brise fraîche qui montait de la mer, lorsque tout à coup une détonation épouvantable fit trembler la forteresse et tout le rivage : un immense jet de flammes monta du milieu des vaisseaux français ancrés dans le port : c'était le *Célèbre*, sur lequel venait de tomber une des dernières bombes qui avait mis le feu à la soute aux poudres. L'explosion avait fait voler en éclats ses œuvres mortes et jeté une si grande quantité de débris enflammés sur l'*Entreprenant* et le *Capricieux*, mouillés auprès, qu'en un instant leurs cordages et leurs voiles furent en feu du haut en bas de leurs mâtures, et que, malgré les efforts inouïs du petit nombre d'hommes restés à bord, il fut impossible de l'éteindre, d'autant plus que les Anglais ouvrirent un feu à boulets rouges sur les trois vaisseaux pour entretenir l'incendie. Pendant la nuit entière, le triple brasier répandit ses sinistres lueurs sur toute la rade, et ce fut à grand'peine que les marins purent sauver les deux seuls vaisseaux restés intacts dans le port, le *Prudent* et le *Bienfaisant*; car les canons chargés des navires en feu lançaient des boulets de tous côtés, à mesure que l'incendie les atteignait. Le vent, qui soufflait de l'est, activé par ce vaste foyer de flammes, les fit dériver jusqu'au Barachois, où leurs carcasses brûlaient encore au lever du soleil. Du haut des remparts, les citoyens de Louisbourg avaient suivi d'un œil consterné les progrès de ce désastre, qui leur présageait la ruine finale.

La garnison continua cependant de faire vaillamment son devoir, encouragée par Drucour et ses officiers, qui avaient à cœur de prolonger le siège jusqu'à la dernière extrémité, afin de sauver, sinon Louisbourg, du moins le Canada pour cette année; car, le mois de juillet passé, la saison serait trop avancée pour que la flotte anglaise risquât une attaque contre Québec.

Du côté du cap Noir, les tirailleurs français tenaient encore la campagne; mais, à l'ouest, les Anglais avaient fini par se frayer une voie jusqu'au pied des glacis, d'où ils faisaient le coup de feu sur tout ce qui paraissait dans le chemin couvert.

Une autre catastrophe suivit de près celle de la flotte. Le matin du 22, pendant que les coques des trois vaisseaux achevaient de se consumer, une bombe tomba sur le toit du château du gouverneur, qui avec le bastion formait la citadelle. La bombe pénétra jusque dans l'étage inférieur, où elle éclata dans la chambrée des soldats, et mit le feu dans tous les appartements voisins. En quelques minutes, le centre de l'édifice et la chapelle qui le terminait au nord-ouest furent en flammes. Les Anglais, en apercevant le feu et la fumée au-dessus du toit, firent pleuvoir dans cette direction une quantité prodigieuse de projectiles. Malgré cela, les citoyens, aussi bien que les soldats et les marins, se jetèrent au milieu du danger et parvinrent, à force de travail, à sauver l'aile du château occupée par le gouverneur et sa famille.

De chaque côté du bastion du Roi régnait une rangée de casemates attenant à la muraille qui reliait le bastion à la courtine : celles de droite servaient aux officiers blessés; celles de gauche aux femmes et aux enfants, qui y étaient entassés les uns sur les autres, faute de plus amples refuges. Devant les ouvertures étaient empilées une quantité de grosses pièces de bois destinées à les protéger contre les éclats d'obus. Au plus fort de l'incendie, le feu, poussé par un vent violent, faillit prendre à ces monceaux de combustibles, et la fumée s'engouffra dans les casemates, menaçant de suffoquer la multitude qui s'y trouvait enfermée. Les femmes et les enfants, affolés et poussant des cris, se précipitèrent au dehors en courant de côté et d'autre pour chercher un abri contre l'ouragan de fer qui tombait du ciel.

Les désastres se succédèrent désormais sans interruption. Il n'en pouvait être autrement : un millier de boulets, de bombes, de grenades, de projectiles de toutes sortes, pleuvaient chaque jour sur la ville, sans compter les fusées qui mettaient le feu, qu'on n'arrivait pas à éteindre : c'était l'image de l'enfer. Les citoyens, sans autre abri que leurs caves, vivaient dans des transes continuelles. Les marins, presque tous à terre depuis la destruction de la flotte, avaient d'abord logé sous des tentes ou des appentis improvisés ; mais les alertes y étaient devenues trop fréquentes pour qu'il fût possible d'y fermer l'œil. On se gabionnait comme on pouvait le long des murailles ou des parapets, contre lesquels on appuyait, en guise de toiture, des pièces de charpente reliées ensemble. En face du bastion de la Princesse avaient été construites, au temps de l'occupation anglaise, de vastes casernes en bois occupées pendant le siège par la garnison. C'était, au dire d'un des assiégés, un véritable château de cartes, aussi inflammable qu'un paquet d'allumettes. Le séjour en était devenu tellement dangereux, que le gouverneur l'avait fait évacuer. Les soldats en étaient réduits, comme les marins, à se créer des abris dans tous les recoins. Dans la nuit qui suivit l'incendie du château, un obus chargé de matière combustible éclata en plein milieu des casernes et en fit en moins d'une heure un immense bûcher, sur lequel les Anglais concentrèrent leur canonnade. Les débris enflammés volaient de toutes parts et exposaient la ville à une conflagration générale. Citoyens et soldats étaient sur pied et couraient partout où se montrait le péril. Pour achever cette scène d'horreur et de confusion, au plus fort du danger, pendant que l'orage de projectiles grêlait autour de l'édifice croulant, les régiments anglais, qu'on apercevait aux lueurs sinistres qui se projetaient sur la campagne, se rangèrent en bataille en face des glacis comme pour monter à l'assaut.

De tous les assiégés, les plus à plaindre étaient les

malades et les blessés, dont le nombre s'élevait au tiers de la garnison. Vers le commencement du siège, le chevalier de Drucour avait demandé au général anglais d'épargner l'hôpital et les maisons adjacentes, où il y avait déjà des malades. Amherst répondit en offrant pour ambulance l'île de l'Entrée ou la côte voisine, mais que pour l'hôpital il ne garantissait rien. Soit que ses ordres ne fussent pas exécutés, soit qu'il n'en donnât point, l'hôpital ne fut pas plus à l'abri que le reste de la ville. A toute heure du jour et de la nuit, les pauvres malades, étendus partout sur des matelas et incapables de bouger, entendaient des cris d'alarme et demandaient en vain du secours. Les chirurgiens, au milieu de leurs opérations, tressaillaient aux cris de : « Gare à la bombe ! » et s'éloignaient de leurs patients, dont souvent un éclat de fer venait terminer les souffrances. Le chirurgien des volontaires étrangers fut tué au milieu d'une opération, et deux religieux de la Charité qui l'assistaient blessés dangereusement.

Le 26, entre minuit et 1 heure, pendant qu'une brume impénétrable couvrait le port, une flottille de berges montées par six cents soldats et marins anglais glissa dans un profond silence le long de l'île de l'Entrée, et passa à portée de voix de la ville sans être aperçue. Afin de détourner l'attention de ce côté, Amherst faisait tirer ses batteries à toutes volées et marcher ses troupes armées d'échelles comme pour l'assaut. Le gouverneur était accouru au bastion du Roi, et le commandant des troupes, M. de La Houlière, au bastion du Dauphin. La garnison tout entière bordait les remparts. « Nous tirions à mitraille du peu de pièces que nous avions, » dit M. de Drucour. Pendant ce temps-là, la flottille, divisée en deux escouades, s'approchait des deux vaisseaux *le Prudent* et *le Bienfaisant*, dont les fanaux trahissaient la présence, tandis qu'autour d'eux tout était brouillard et ténèbres. Les berges arrivèrent jusque sous les flancs des vaisseaux sans être aperçues ; ce ne fut qu'à l'instant où elles accostèrent que les sentinelles jetèrent le cri d'alarme, auquel les Anglais répondirent par de formidables hourras en montant à l'abordage. Les équipages, dont la plus grande partie était à terre, n'eurent pas le temps de se reconnaître et ne firent qu'une faible résistance. Au bruit du combat, les batteries du rivage et celle de la pointe de Rochefort firent feu, au risque de tuer quelques-uns des leurs. Puis tout rentra dans le silence au milieu du port. Une heure après, une grande lueur perça le voile de brume qui l'enveloppait : le *Prudent* se trouvant échoué à marée basse, les Anglais y avaient mis le feu, et ils touaient le *Bienfaisant* hors de la portée du canon et l'ancraient sous la protection de leurs batteries au nord-est de la rade.

Ce dernier désastre hâta le dénouement. La situation de la ville était lamentable ; il n'y avait pas une maison qui n'eût reçu quelques projectiles. Le tiers de la garnison, comme on vient de le voir, était aux ambulances ; on ne rencontrait pas un habitant qui ne fût en deuil de quelques parents ou amis. Les officiers, les soldats, accablés sous un travail de jour et de nuit, n'avaient pas un réduit sûr pour prendre une heure de repos ; et pourtant ils montraient encore de l'ardeur. Toute la ligne des remparts du côté de terre n'était plus qu'un monceau de ruines, si bien qu'après la capitulation la foule circulait par les brèches tout autant que par les portes. Les pièces d'artillerie démontées gisaient parmi les décombres, à côté de leurs affûts; il ne restait plus que quatre canons en état de servir, et leurs coups intermittents ressemblaient moins à une défense qu'au glas funèbre de la cité expirante. Les ennemis, de leur côté, étaient parvenus jusqu'au pied des glacis; sur les hauteurs de la gauche, leur feu enfilait le chemin couvert, tandis que de celles de la droite leurs batteries balayaient toute la ligne des fortifications de l'ouest à l'est. Le matin du 26, la dernière pièce avait été réduite au silence.

La veille, le chevalier de Drucour, accompagné de l'ingénieur Franquet et des officiers supérieurs, passa une partie de la journée à faire le tour du chemin couvert pour se rendre un compte exact de l'état des fortifications. De bonne heure, le lendemain, un conseil fut convoqué, auquel assistèrent les commandants de terre et de mer, La Houlière et Desgouttes. Franquet, dont le point d'honneur était engagé parce qu'il avait surveillé les derniers travaux faits à la forteresse, fut le seul à soutenir que le siège pouvait être prolongé. Il s'ensuivit une longue et vive altercation; mais on finit par s'accorder à demander unanimement la capitulation.

A 10 heures du matin, le drapeau blanc fut arboré devant le bastion du Dauphin, et un officier de l'armée régulière, M. Loppinot, fut envoyé au camp anglais, avec une lettre dans laquelle M. de Drucour offrait de se rendre aux mêmes conditions que celles accordées aux Anglais à la prise de Mahon. Amherst et Boscawen tenaient conseil en ce moment même, et venaient de décider de forcer l'entrée du port et de bombarder la ville par mer et par terre. Le général répondit avec une dureté indigne de la belle défense des Français. Il exigea que la garnison se rendît prisonnière de guerre, ajoutant que si dans une heure il n'avait pas de réponse, il ferait donner l'assaut.

La lecture de cette lettre souleva un mouvement d'indignation dans le conseil. Le gouverneur chargea le lieutenant-colonel des volontaires étrangers, M. d'Anthonay, d'aller demander de meilleurs termes ; mais Amherst ne voulut pas le recevoir.

« Eh bien ! répondit fièrement Drucour, nous subirons l'assaut. » Et il envoya M. Loppinot porter au camp anglais la note qui contenait ce défi. Cet officier venait de sortir, lorsque arriva au château le commissaire-ordonnateur, M. Prévost, avec une requête des citoyens suppliant en grâce le gouverneur d'accepter la capitulation. Cette requête représentait en substance que le conseil ne se composait que d'hommes de guerre obligés par état d'affronter tous les périls les plus extrêmes et n'envisageant que la gloire de la France et l'honneur de ses armes, mais qu'il y avait dans Louisbourg quatre mille citoyens non moins utiles au pays que ses soldats, et qui avaient droit d'être écoutés. La garnison s'était vaillamment défendue et avait fait tout ce qu'exigeait l'honneur militaire ; mais il était évident qu'elle ne pourrait repousser un assaut. Que deviendraient alors les quatre mille citoyens et les douze cents malades enfermés dans les hôpitaux ? Ils seraient livrés à la rage d'un vainqueur irrité et avide de pillage, qui les massacrerait peut-être jusqu'au dernier, pour venger le malheur arrivé à la prise de William-Henry. L'humanité, autant que l'intérêt bien entendu de la France, exigeait qu'on acceptât la capitulation.

En présence de cette requête si bien motivée, le gouverneur ne put se refuser à revenir sur sa décision, et, de l'avis du conseil, il ordonna au chevalier de Courserac de courir après M. Loppinot et de lui redemander sa lettre. Ce messager, conseillé probablement par M. Prévost, ne s'était pas pressé de partir; car il avait à peine franchi le pont levis quand il fut rejoint par M. de Courserac. D'Anthonay et Duvivier, major du régiment d'Artois, et le même M. Loppinot, furent dépêchés aux quartiers généraux anglais avec pleins pouvoirs de conclure la capitulation.

Ils revinrent au château à 11 heures de nuit avec les articles convenus, auxquels le chevalier de Drucour apposa sa signature.

Ces articles portaient que la garnison de Louisbourg serait prisonnière de guerre et transportée en Angleterre sur les vaisseaux de Sa Majesté britannique; que les îles du Cap-Breton et Saint-Jean (Prince-Édouard) passeraient sous le domaine de la Couronne; que les blessés et malades des hôpitaux auraient les mêmes soins que ceux des Anglais; que la population de la ville qui n'avait pas porté les armes serait transportée en France; qu'enfin, le lendemain matin, à 8 heures, la porte Dauphine serait livrée aux troupes anglaises, et qu'à midi la garnison livrerait ses armes et ses couleurs sur la place de l'Esplanade.

A 8 heures précises du matin, les lignes rouges des soldats anglais défilèrent, musique en tête, sur le pont-levis de la porte Dauphine, et se rangèrent autour du bastion. Les salves d'artillerie de la flotte et du camp saluèrent le drapeau britannique qui montait au-dessus des remparts. Dans l'intérieur de la ville, les régiments français débouchèrent à travers les décombres sur l'Esplanade, où ils s'alignèrent sous leurs uniformes usés, gris de poussière et maculés de sang, seule marque de leur héroïque défense qu'on n'avait pu leur arracher. Mornes et silencieux, les traits accablés, la rage et le mépris au cœur, les soldats jetèrent leurs armes au milieu de la place.

Le même jour, Wolfe écrivait à sa mère : « Je suis entré à Louisbourg ce matin pour rendre mes devoirs aux dames ; mais je les ai trouvées si pâles et si amaigries par leur long emprisonnement dans les casemates, que ma visite a été très courte. Les pauvres femmes ont été terriblement effrayées, et elles avaient raison de l'être ; mais aucun malheur réel ne leur est arrivé soit pendant, soit après le siège. Dans un jour ou deux elles auraient été entièrement à notre merci. J'étais résolu de sauver autant de vies et d'empêcher autant de violences que possible, parce que j'étais sûr qu'une telle conduite, digne d'un militaire, aurait votre approbation. Louisbourg n'est qu'une petite place, où il n'y a qu'une seule casemate à peine assez grande pour abriter les femmes. »

Mme de Drucour, dont le courage avait excité l'admiration des Anglais autant que des Français, fut entourée d'hommages et de respect. Les principaux officiers voulurent lui faire leur cour; en un mot, raconte un témoin oculaire, « elle obtint tout ce qu'elle voulut. »

L'embarquement des prisonniers de guerre pour l'Angleterre fut suivi de près du départ des habitants dirigés sur la France. La ville déserte, où l'on ne voyait plus que des toitures défoncées et des murs éboulés, fut confiée à la garde de quatre régiments anglais, dont les soldats oisifs, mourant d'ennui dans cet isolement complet, ne soupirèrent plus qu'après la ruine totale et l'abandon de cette forteresse perdue dans les brumes du pôle. Deux ans après, il ne restait plus pierre sur pierre de ce qui avait été Louisbourg. Le temps s'est chargé depuis de couvrir ce que la pioche et la mine n'avaient pu niveler.

La tactique de Drucour en prolongeant le siège avait réussi : l'amiral Boscawen et Amherst comprirent que la saison était trop avancée pour tenter une expédition contre Québec. Wolfe, qui avait attiré tous les regards de l'armée par sa brillante conduite, et dont l'impétueuse nature s'accommodait mal du repos, aurait souhaité plus d'audace. Déjà il avait écrit à son père : « Nous avons été bien lents dans nos opérations; j'espère toutefois que nous aurons encore assez de beau temps pour frapper un autre coup..., le plus tôt sera le mieux. »

Et, dans une lettre à son oncle, le major Walter Wolfe : « Si nos forces avaient été bien conduites, c'eût été la fin de la colonie française dans l'Amérique du Nord; car nous avons, outre nos matelots et nos troupes de mer, près de quarante mille hommes sous les armes. »

Enfin, le 7 août, il disait ironiquement dans une lettre à son père : « Nous cueillons des fraises et autres fruits sauvages de ce pays, sans avoir l'air de nous occuper de ce qui se passe dans les autres parties du monde. »

Wolfe ne fut tiré de cette inaction que pour être chargé d'une besogne qui révoltait sa noble nature : celle d'incendier et de détruire les établissements français du golfe Saint-Laurent, depuis Miramichi jusqu'à Gaspé ; d'en enlever les habitants et de les embarquer sur des navires qui les transporteraient en Europe. Lord Rollo était parti avant lui, avec plusieurs vaisseaux, pour exécuter les mêmes ordres sur l'île Saint-Jean. Ces mesures, plus nuisibles qu'utiles à l'Angleterre, étaient d'autant plus barbares qu'elles étaient prises contre les restes de l'infortunée population acadienne qui, trois ans auparavant, avait été expulsée de ses foyers par les Anglais eux-mêmes.

« Sir Charles Hardy et moi, écrivait Wolfe à son père, le 21 août, nous nous préparons à voler aux pêcheurs leurs filets et à brûler leurs chaumières. Quand ce grand ouvrage sera fini, je retournerai à Louisbourg et de là en Angleterre, à moins que d'ici là il ne m'arrive des ordres qui me retiennent. »

D'après le rapport même de Rollo, il n'y avait pas moins de quatre mille cent habitants dans l'île Saint-Jean, avec dix mille têtes de bétail et beaucoup de terres en culture. Il y avait également une population considérable et de beaux établissements au sud du Cap-Breton, à l'Ardoise, au Port-Toulouse, dans l'île Madame, etc.

Le fer et le feu furent promenés sans merci d'une

extrémité à l'autre de cette région. Tous les villages et jusqu'aux moindres constructions aperçues de l'ennemi furent rasés, les familles qu'on put atteindre enlevées, les autres chassées dans les bois, où une partie périt de misère. Le reste ne survécut que pour être soumis à de nouvelles déportations.

A son retour à Louisbourg, Wolfe ne put s'empêcher d'exprimer à Amherst la répugnance qu'il avait éprouvée à exécuter l'odieuse besogne dont il l'avait chargé. Ce général venait d'arriver à New-York, où il s'était hâté de se rendre avec une partie de ses troupes, en apprenant la défaite d'Abercromby. « Vos ordres ont été exécutés, lui écrit Wolfe. Nous avons fait beaucoup de mal et répandu la terreur des armes de Sa Majesté dans toute l'étendue du golfe; mais nous n'avons rien ajouté à sa réputation. »

En Angleterre, où la prise de la forteresse française avait soulevé l'enthousiasme public, le surnom de héros de Louisbourg était sur toutes les lèvres, quand Wolfe arriva à Londres, où il reçut les compliments de Pitt et les embrassements de sa mère. Sa santé était plus que jamais altérée par les fatigues de la guerre et de la traversée; il ne lui restait cependant que trois mois avant de s'embarquer pour sa dernière et immortelle campagne.

TABLE

I. — Premières années de Montcalm. — La Nouvelle-France.................................... 17
II. — Expédition contre le fort Chouaguen........... 50
III. — La société canadienne. — Les jeux de hasard... 98
IV. — Siège et prise du fort William-Henry. — Le massacre...................................... 131
V. — L'hiver de 1757. — Disette dans la colonie..... 187
VI. — Victoire de Carillon......................... 213
VII. — Siège de Louisbourg........................ 288

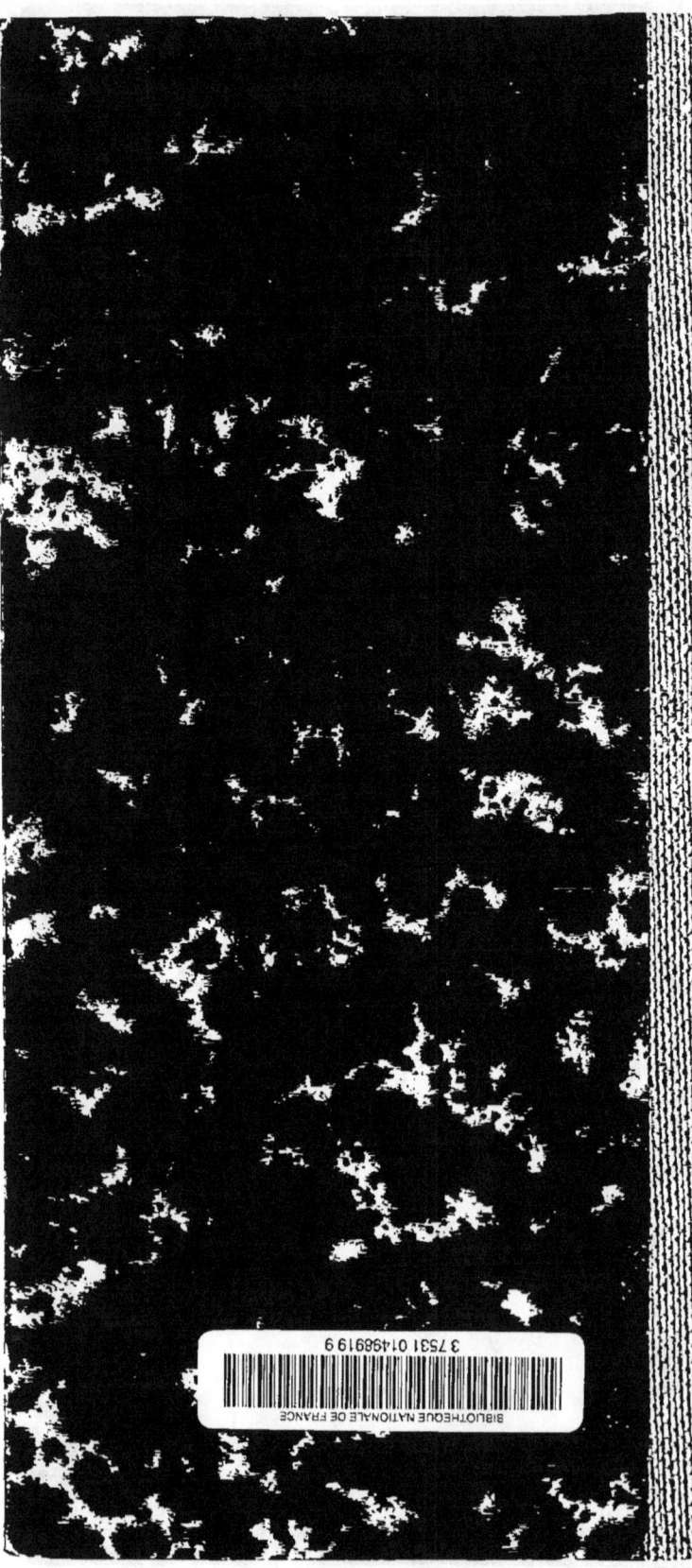

www.ingramcontent.com/pod-product-compliance
Lightning Source LLC
Chambersburg PA
CBHW072006150426
43194CB00008B/1016